**꼬마빌딩
찐부자의
생존
비법**

펴 낸 날	2024년 12월 12일 초판 1쇄
지 은 이	다크호스 조태호
펴 낸 이	박종천
편 집	김정웅, 민영신, 윤서주
책임편집	김현호
책임미술	롬디
마 케 팅	이경미, 박지환
펴 낸 곳	모모북스
	경기도 파주시 지목로 89-37 (신촌로88-2) 3동1층
	전화 010-5297-8303 02-6013-8303 팩스 02-6013-830
	등록번호 2019년 03월 21일 제2019-000010호
	e-mail pj1419@naver.com

ⓒ 다크호스 조태호, 2024
ISBN 979-11-90408-65-3 03320

'평범한 직장인에서 당당한 건물주로'
대한민국에서 가장 빨리 부자를 만드는 '부동산 투자'의 힘!

꼬마빌딩 찐부자의 생존 비법

다크호스 조태호 지음

모모
북스

다들 투자니 사업을 한다고 하면 누군가는 '불로소득'이라 쉽게 말하고 장밋빛 화려한 명품과 외제차를 떠올리지만 정말 직접 경험해본 사람들은 압니다. 그 과정이 얼마나 치열하고 끝까지 버텨내는 데까지 많은 시련과 고통이 필요한지를…

평범한 월급쟁이가 회사를 박차고 나와 가장의 책임감으로 근로소득에서 투자소득과 사업소득으로 바꿔가는 치열한 현실의 과정을 진솔하게 풀어낸 성공한 투자자 다크호스에게 찬사를 보냅니다.

이 책은 월급만으로는 평범하게 먹고 살 수 없는 지금 시대에, 어쩔 수 없이 필수적으로 투자하며, 악착같이 자본주의와 싸우고 있는 우리 모두의 지친 마음을 위로하는 유일한 책입니다.

- 네이버/유튜브 부동산 흐름 분석 전문가 <손품왕> 김우재

투자 인생 15년, 앞만 보며 달려왔지만
끝나버린 안정적인 삶!
어제까지의 나는 무너졌고
진짜 고난의 행군이 시작되다.

지난 3년간 긴 부동산 하락·조정·폭락장을 거치면서 마치 그 시간이 30년처럼 길게 느껴졌고, 지켜왔던 자존감은 바닥을 쳤고, 깊은 우울감과 무기력증에서 헤어 나오지 못하는 인생 최악의 암흑기가 지나고 있었습니다.

나는 도대체 왜 살아가는 걸까? 무엇 때문에 세상에서 하나밖에 없는 귀중한 가족들을 고생시키는 걸까? 네가 뭔데? 너 뭐 되니? 너 때문에 가족들을 그렇게 희생시키는 게 맞는 거니? 뭔 부귀영화를 누리겠다고 있는 돈 없는 돈 다 끌어 모아 14년 넘는 동안 부동산투자를 하고 있는지?

이제는 무기력의 긴 터널에서 바닥을 찍고 다시 세상 밖으로 나가보려고 저를 중심으로 제 가족, 제 친구, 투자동료, 유튜브를 통해 만난 상담자들의 실제 사례를 바탕으로 90% 이상 경험담으로 이 글을 썼습니다.

때로는 친근한 동네 형, 오빠, 친구처럼 감성적인 공감과 유머를 곁들여 지친 현실에 소소하게 위로해드릴 수 있는 글이었으면 좋겠고, 한편으로는 대문자T의 성향을 탑재하고 현실적이면서도 정확하고 이성적인 현실 조언을 드린다 생각하고 제 생각을 그대로 적어나갔습니다.

지난 14년간의 다사다난했던 부동산투자 경험, 5년간의 개인자영업자 경험, 10년간의 원룸다가구건물 임대운영 경험, 유튜브 통해 부동산&재무 관련 300명 이상의 상담사례를 바탕으로 내용을 정리했습니다.

꼭 서울이 아니라 지방에서도 10년 동안 열심히 일해 돈 모아 내 자가건물에서 장사하며 애들 키우면서 행복하게 그리고 경제적으로 부족하지 않게 살아갈 수 있다는 것을 증명해 보여드리고 싶었습니다.

대한민국의 무너져가는 40대 모든 친구, 동료, 누님, 형님, 동생들에게 이 책을 바칩니다. 우리는 이겨낼 수 있고 반드시 경제적 자립과 독립을 스스로 만들 것입니다. 내 자녀들에게만은 지독한 가난을 대물림하지 않겠다고 다짐합니다.

끝으로 유튜브 채널을 5년 넘게 운영하면서 만난 300명 이상의 재테크&투자 상담자 분들, 제 주변 친구, 지인, 동료 분들 그리고 제 와이프와 두 아들 상우와 민기와의 직간접적인 경험을 통해 이 콘텐츠가 세상에 나올 수 있었음에 다시 한 번 큰 감사의 인사를 전합니다.

목차

PART 1

대한민국 평범한 40대 가장들이 처한 현실과 먹고사니즘

- feat. 투자, 창업, 퇴사, 이직, 부동산, 돈

PART 2

지방 32년차 복도식 16평 아파트에 사는 못난 가장의 고백

전쟁터인 직장에서 뛰쳐나와 생지옥인 자영업시장에 겁 없이 뛰어든 40대 가장

2025년은 피벗(pivot)의 시대! 이제부터는 수익형부동산으로 현금흐름을 만들 시간!

PART 5

N잡러만이 생존한다!
글로 쓰고 영상도 만들었더니 돈이 되는 시대

대한민국 평범한
40대 가장들이 처한
현실과 먹고사니즘

- feat. 투자, 창업, 퇴사, 이직, 부동산, 돈

PART 1

1

4인 가족 40대 가장에게 찾아온 인생 최대 위기! 현금이 말라버리자 마른오징어가 된 '나'

"죄송합니다! 돈은 어떻게 해서든 구해서 늦지 않도록 입금하도록 하겠습니다! 정말 죄송합니다! 네, 어떻게든 다음 임차인을 계약해서 보증금을 내드리던 아니면 아파트를 팔아서라도 계약 끝나고 이사 나가실 때 문제없도록 입금해 드릴게요. 너무 걱정하지 마세요. 네, 저도 지금 최선을 다하고 있습니다. 곧 다음 분 계약될 거니 염려 마시구요."

나는 연신 바닥에 머리를 조아리며 죽을죄를 진 듯 빌고 또 빌고 있다. 독 안에 든 쥐다. 막다른 골목 앞에 선 도둑처럼, 밤잠을 뒤척이며 모두가 조용한 새벽 3시, 나는 또다시 악몽을 꾸고 눈을 뜨고 핸드폰 시계를 본다. '아, 현실이 아니었구나. 또 악몽이었네.' 식은땀이 나고 온몸에 땀이 흥건히 젖고 아, 영화처럼 그러진 않았네. 뭐지? 아파트 임차인

분께 전세금을 못 돌려 드리는 이런 악몽을 몇 차례 반복해서 꾸고 있는지 모르겠다. 2년 전부터 전세금 반환에 대한 내용증명 서류를 서너 번 받았었다.

'10년 넘게 부동산을 사고팔고 임대한 죄'로 남들 곤히 잠든 새벽에 꿈에서도 이렇게 전쟁을 치르고 있다. 이 악몽은 언제쯤 끝이 날까? 끝이 있긴 할까? 가슴이 조여 오고 심장이 빨리 뛴다. 살아있다는 안도감이 드는 동시에 다시 고통스러운 하루가 반복된다는 두려움의 상반된 감정들이 뒤섞여 나를 온전히 지배한다. 지난 3년 넘는 시간 동안 부동산 시장이 좋지 않았다. 여러 물건을 전국에 보유하고 있는 다주택자이자 적폐세력인 나는 3년 전부터 고금리 이자폭탄, 단기간 매매가 폭락, 역전세, 원룸 장기공실 문제로 시름시름 앓고 있는 중이다.

원룸 건물 3채를 운영하고 있었고 전국 각지에 아파트를 보유하고 있던 나는 몇 달간 동시에 총 48개 원룸 호실 중 10개 이상 공실이 유지되어 숨만 쉬어도 건물 담보대출 이자가 나가고 있었고, 다수의 아파트들이 기존에 계약했던 전세금보다 이번에 전세 계약할 시세가 더 낮아진 역전세 또한 3년 동안 지속되면서 오히려 내드려야할 현금이 점점 커지고 있는 상황이었다. 전세금을 내드리기 위해 일부 아파트를 팔려고 내놨지만 매매가 또한 지난 2~3년 전보다 30~40% 가격이 하락한 상황이다.

과감히 손해를 보고서라도 정리를 하고 전세금을 안전하게 제 날짜에 내드려야만 임차인분들 피해가 없을 것이다. 모두 다 내가 시작한 부동산투자이니 누굴 탓하라. 중간에 세금이 아까워 무리하게 보유하며 팔지 못했던 내 욕심과 탐욕이 만든 결과이겠거니 현실을 인정하고 받아들이고 있다.

힘든 일과를 마치고 밤에 누워 잠을 제대로 잘 수 없던 날들이 거의 1,000일 넘게 지속되고 있었다. 지금도 여전히 진행 중이다. 다시 눈을 감는다. 바로 잠이 오지 않는다. 불면증상 또한 지난 힘든 기간과 동일하게 겪고 있다. 2011년부터 부동산투자를 했던 나는 지난 3년간 너무나도 힘든 시간을 보내고 있다. 아직 현재진행형이다.

큰 손해를 보고 매도한 부동산 물건들도 많았다. 절약하고 아끼고 모은 돈을 역전세금으로 돌려드렸다. 역대급으로 상승한 금리로 인해 원룸 건물 대출이자는 눈덩이처럼 커져있었다. 같은 돈을 빌렸지만 이자가 2배가 되니 갚아야 할 돈 또한 2배로 커졌다. 전세 반환대출 몇 번을 더 받았더니 이자는 눈덩이처럼 커져있었다. 월세를 받아 감당하기에 너무나 큰 이자님이시다. 3년을 힘겹게 버티고 버텨 이제 어느 정도 정리가 되어간다. 그동안 나는 정말 많이 겸손해졌고 시장 앞에서 아무것도 아닌 존재가 되었다. 아니 원래 아무것도 아니었다. 나란 놈은 자신감도 바닥이고 자존감은 이미 내 몸과 정신에서 사라진 지 오래다.

그래도 다행이다. 지금까지 단 한 차례도 전세금 반환을 못해 줬다거나 제날짜에 내드리지 않은 적이 없었다. 어느 정도 현금 흐름을 만들어 놓은 건물과 아파트 월세로 불어난 이자 비용을 버티고 있는 중이다. 남들이 사기꾼이다 적폐세력이다 탐욕스러운 다주택자라고 손가락질하고 욕하더라도 난 떳떳하다. 남들보다 세금도 많이 내고 있고 10년 넘는 시간 동안 수백 명의 임차인분들께 양질의 임대물건을 공급한 민간 임대사업자로 살아왔다. 그러면 뭐하나. 다른 사람들이 그렇게 생각하지 않는데 어서 빨리 잠들고 싶다. 여러 가지 잡생각들로 내 머릿속은 전쟁터다. 한두 시간 그렇게 또 매번 반복되는 도돌이표 생각이 내 몸을 잠식해버렸다. 그렇게 새벽시간은 흘러간다.

내가 사는 아파트 맨 꼭대기 15층 베란다 창문을 통해 새벽 3시 아무것도 들리지도 보이지도 않는 암흑 속 고요한 적막을 깨는 소음이 들린다. 아파트 1층에서 시끄러운 소리가 내 귀를 파고든다. 일반 쓰레기와 음식물 쓰레기를 수거해 가시는 업체 차량의 쓰레기 탑재소리가 요란하다. '윙~ 윙~ 끼익~ 철컥~ 퍽!' 저분들은 몇 시에 잠자리에 드시는 걸까? 지금 새벽 3시인데 몇 시부터 일을 시작하시는 걸까? 남들 다자는 새벽시간에 일을 하는 건 어떤 느낌일까? 악몽 때문에 잠을 깬 나는 다시 밖에서 들리는 소음 때문인지 일하시는 분들에 대한 궁금증으로 머릿속에 온갖 생각이 꼬리에 꼬리를 무는 것 때문인지 몸은 피곤한데 도저히 잠이 들지 않는 이게 불면증인가. 아, 뇌가 각성 상태로 잠들기 싫어하는 상황인건가. 이러다 정말 2시간도 못자겠어. 자야 해. 생각하지 말고 자자 어서.

'떵떵 띠리리~ 딩떵떵~.' 새벽 6시 알람 소리가 내 머리 위에서 시끄럽게 울린다. 스마트폰에 설정되어 있는 알람을 얼른 끄고 조용히 이부자리를 정리한다. 8월의 한여름 어느 날 우리 네 가족은 거실에 모여 잔다. 2층 침대 2층에선 와이프, 1층에선 두 아들이, 나는 침대 옆에 에어매트를 깔고 잠을 잔지 10일째가 넘어가고 있다. 에어컨이 거실에만 있기 때문이다. 다행히 와이프와 아이들은 아직 꿈나라다. 조용히 씻고 나와 어제 설거지 해둔 그릇을 싱크대 상단 장식장에 넣는다. 그릇에 물기가 싹 사라졌다. 주방 한쪽 어항에선 금붕어들이 나를 보고 입을 뻐끔뻐끔 거린다. 배가 고픈 걸까? 와이프가 어느 날부터 물멍을 취미로 만들고 난 후 키우기 시작한 물고기들이다. 좁은 어항에 갇혀 있는 자기들의 인생을 알까? 방학이라도 아이들이 학교 돌봄 교실로 가기 때문에 도시락통을 준비한다. 냉장고에 있는 시원한 물도 물통에 채워준다. 보리차 물이다. 나도 시원하게 한 컵 따라 마신다. 식도를 타고 물이 내려가며 내 식도를 얼려버린다. 내가 먼저 출근하고 와이프는 애들 아침밥을 차려주고 그 이후에 출근한다.

식탁 의자에 앉아 양말을 신는데. 발밑에 축구공이 발에 걸린다. '애들이 어제 발밑에서 가지고 놀던 거네. 아, 근데 내가 애들하고 밖에서 축구한 적이 언제였더라. 어서 이 무더위가 지나고 서늘해지는 가을이 오면 애들 데리고 나가야겠다. 여름이 가고 가을이 오듯 이 위기 또한 지나가겠지. 그래, 그렇게 되어야지. 나도 숨 좀 쉬고 살자 이제는 휴~.' 크게 심호흡을 해본다. 집안에 온통 가득 찬 산소를 빨아들여본다. 노트북이 들어있는 백팩을 매고 문 앞으로 걸음을 옮긴다. 아차, 잊은 것이 하나 있었다. 매일 새벽마다 하는 나만의 루틴. 내 귀를 조심스럽게 아이들 가슴 위에 둔다. 심장이 이렇게 빨리 뛰는구나. 조금 천천히 뛰어도 될 거 같은데. 심장이 고장 나지는 않겠지. 그 뒤에 나는 내 귀를 조심히 깨지 않게 아이들 입에 갖다 댄다. 숨도 잘 쉬고 있고. 이놈들 언제 이렇게 컸지.

첫째 얼굴을 보고 머리를 쓰다듬는다. '녀석, 잘 생겼네. 너무 다행이다. 나와 닮지 않고 엄마를 닮아서 휴~.' 엄마처럼 피부도 뽀얗고 살결도 부드럽고 눈썹은 숯 검댕이가 울고 갈 정도로 어떻게 이런 놈이 나왔을까? 뭐하나 닮은 곳이 없나 한참 생각해보니 아차, 손톱 발톱이 닮았지. 손톱 발톱 모양만 닮는 것도 신기하네. 뽀뽀할까 하다 '아니야. 못하겠다. 너무 컸어. 가족끼리 이러는 거 아니지. 암, 잘 때는 천사가 따로 없네. 근데 저거 혹시 코밑에 뭐지? 어, 솜털이 아니네? 면도기 사줘야겠다. 이놈, 이제 정말 남자가 되어가는구나.'

둘째는 무슨 일인지 180도 반대로 누워 자고 있네. 녀석, 몸부림을 저렇게 치네. 다리가 언제 이리도 길었지? 둘째 볼에다 내 입을 갖다 댄다. 입에 뽀뽀하기는 너무 뭐라 그럴까 아깝다고 해야 하나, 닳을 거 같다. 헉, 근데 형과는 너무도 다른 모습. 얼굴도 새까맣고 피부결도 음, 얼굴은 더군다나 잘 생겨 아니 귀엽네. 영락없는 나다. 어릴 때 내 모습과 완전 싱크로 100% 흠칫 놀란다. 지켜주지 못해 아빠가 미안해. 아마 넌 착하게 잘 클 거야. 공부도 형보다 더 잘하고. 그래, 그렇고말고. 귀엽게 하품하는 녀석을 보며 나는 다시 마음을 다잡는다.

그래 이 녀석들 덕분에 힘이 나는구나. 중문을 열고 신발 신고 흐트러진 신발이 보인다. 신발을 정리했다. '첫째 녀석 발이 언제 이렇게 컸지? 엄마보다 더 크네.' 문을 열고 복도식 아파트에 나가니 떠오르는 태양이 나를 정면에서 반겨준다. 매미 소리가 15층까지 들린다. 며칠간 긴 장마 끝에 이제 드디어 제대로 된 무더위 시작인가? '아, 대구, 대프리카의 여름, 44년째인가, 올해도 제발 무사히 지나가자.' 2024년 8월초를 지나 중순을 향해가고 있다. 엘리베이터를 잡아타고 내려가면서 수많은 생각이 내 머리를 스친다. 엘리베이터 층 숫자가 15층에서 1층으로 숫자가 줄어드는 것처럼 내 머릿속 고민과 걱정거리도 줄어들면 좋겠다.

30년 넘은 구축 복도식 16평 아파트에서 지금 저렇게 곤히 잠자고 있는 가족들. '내가 정말 제대로 살고 있는 게 맞을까? 나 때문에 저런 좁고 낡은 아파트에 먹고 자고 뒤엉켜 살아가는 게 정말 최선일까? 남들은 신축 브랜드 역세권 33평 아파트에 그것도 초등학교 입학하기도 전에 아이들 방 하나씩 마련해 준다던데. 난 뭐지. 너 뭐하는 놈이야? 인마! 이렇게까지 너 하나 때문에 가족들 개고생 시키는 게 맞는 거냐고?'

내 출퇴근을 책임져주는 자전거까지 걸어가는 동안 내 머릿속에서 감정과 이성이 두 번째 전쟁을 치른다. 감정이 말한다, 모든 걸 내려놓고 모든 부동산매물 다 팔고 어서 넓고 좋은 집으로 이사 가라고, 욕심 내려두라고, 너만 결심하면 된다고! 이성의 생각은 다르다. 아니야, 아직은 지금 팔면 너무 손해야. 1년만 더 있다가 아니, 2년만 더 있다가 팔자, 지금은 정말 아니야.

자전거 잠금장치를 풀고 오늘도 열심히 일할 매장으로 힘차게 페달을 밟는다. 새벽이라 공기가 시원하다. 일단 오늘 할 일에만 집중하자. 그래! 난 5년차 자영업자니까! 한 여자의 남편이고! 두 초등학생 아이들의 아빠이고! 수십 명의 임차인들과 계약관계를 맺고 있는 임대사업자이다! 여기서 포기하고 모든 걸 내려놓는다면 나는 정말 아무것도 아닌 존재이다! 포기하지 말자! 3년째 힘든 고비를 넘겼는데, 이제 바닥 찍고 올라가야지!

더군다나 기름 값이 이렇게 비싼데 자전거로 출퇴근도 하면서 없는 시간 쪼개 운동까지 하는 이 시대의 개념 있는 40대 가장이라고! 나 혼자 잘 먹고 잘 살며 부귀영화 누리려고 이 개고생 하는 부동산 투자자의 길로 들어선 게 아니라고! 반드시 나는 내 가족을 잘 먹고 잘살게 만들 것이다!

근데 뭐지, 이 느낌은? 구멍이 숭숭 뚫린 가슴에 바람이 숭숭 들어오는 뭔가 공허하고 허공 속에서 섀도복싱하며 희망 회로만 돌리고 있는 게, 새벽부터 혼자 북 치고 장구 치고, 참, 영화 찍고 있네. 감상에 젖어 있는 시간도 사치다. 인마! 정신 차리자!

새것이 된 부동산과 헌것의 부동산!
그 차이는 하늘과 땅

　매일 새벽 집을 나설 때마다 반드시 잊지 않고 챙기는 게 있다. 재활용 쓰레기와 음식물 쓰레기. 특히 음식물 쓰레기는 단 1분 1초라도 내 집안에 있는 게 싫다. 가만히 엘리베이터 버튼을 눌렀다. 엘리베이터 문에 비친 내 모습이 보인다. 누구지? 이 동네 아재는? 엘리베이터가 곧 내가 사는 층까지 올라온다. 오늘따라 유난히 더웠던 엘리베이터를 내려서 쓰레기를 각자 자기들이 있어야할 위치에 버린다. 쓰레기를 버리는 그 순간의 쾌감이 있다. 터벅터벅 걸어 자전거가 세워져있는 곳에 가서 잠금장치를 풀고 매장으로 갈 시간이다. 이 자전거도 거의 1년째 타고 있다. 당근 거래로 좋은 녀석을 착한 가격에 가져올 수 있었다. 큰 문제없이 내 육중한 무게를 감당해줘서 고맙다. 오늘 왠지 좋은 일이 생길 거 같다.

8월 중순 한여름이지만 새벽 공기는 시원하다. 출근하는 대부분의 길이 내리막이라 땀도 덜 난다. 매장까지 가는 길에 반드시 지나야 하는 동네가 있다. 바로 상업 건물이 즐비한 약 500미터 정도 되는 거리. 오늘이 월요일이라 그런지 어제의 흔적들이 눈에 띈다. 사이좋게 손 붙잡고 운동 나오신 중년부부, 길에서 열심히 쓰레기를 청소하시는 환경미화원분들, 바쁘게 출근하시는 평범한 사람들, 새벽 특히나 월요일 새벽의 풍경과 모습이 나에게 주는 에너지는 다른 날과는 조금 달랐다. 한 아파트 오른편을 돌고 있는데 경비아저씨 한분이 긴 집게로 벽에 붙어 있는 쓰레기를 뽑아내고 계셨다. 뭐지? 쓰레기가 벽에 꽂혀있나? 은근슬쩍 옆으로 가서 그 황당한 광경을 내 눈으로 직접 확인했다. 벽돌로 쌓여진 아파트 경계벽 사이사이 공간에 각종 쓰레기가 들어있었다. 쓰다 남은 종이컵, 일회용 플라스틱 커피컵, 휴지뭉치, 담배꽁초, 다 피고 남은 담뱃갑, 맥주 캔 등등. 방금까지 기분 좋았던 새벽의 갬성에 금이 가버리는 순간이다. 경비아저씨의 노곤한 뒷모습을 앞지르며 나는 다시 내 길을 갔다.

새벽 6시가 넘었는데 아직도 술을 먹고 밤샌 사람들, 밖에서 싸우는 남녀 커플, 술 먹고 울면서 편의점 탁자 앞에 엎드린 사람, 밤새고 삼삼오오 자기들끼리 모여 큰소리로 떠들고 담배 피며 누가누가 침을 많이 뱉나 내기하는 청년들. '헉, 팔과 다리에 무슨 그림이 저렇게 예술적으로 그림 그릴 데가 없나. 스케치북이라도 하나 사줘야 하나. 어서 피해야지. 도망가자, 눈도 마주치지 말아야지. 저 동생들 눈이 풀려서 혹시 나를 보면 어떡하지? 갑자기 나를 불러 세우면 어쩌지? 어쩌긴 뭘 어째? 당당히 못들은 척하고 그냥 가버려야지.'

어젯밤부터 오늘 새벽까지 내가 자는 그 순간에도 또 다른 역사가 만들어지고 있는 것이다. 나도 20대 때 저런 시절이 있었다. 돈은 없지만 친구가 좋아 뭉치고 같이 있을 때가 마냥 좋았던 그 시절, 그렇게 시간은 또 흘러간다. 바로 옆 공원에서 어르신 분들이 운동기구를 이용해서 새벽부터 열심히 운동을 하고 계신다. 날도 더운데 대단하시다. 한쪽은 젊음을 무기로 독한 술과 안주로 몸을 채우고 한쪽은 하루라도 더 건강하게 살기 위해 땀으로 온몸을 적신다. 같은 시공간에 모두 다 다른 인생을 산다. 모든 사람들은 각자 자기만의 인생이 있다.

새벽은 어김없이 환경 미화원분들의 시간이다. 새벽부터 나오셔서 길거리를 깨끗하게 치우고 계신다. 이분들이 없다면 깨끗한 환경이 존재할 수 있을까? 항상 감사의 마음을 잊지 말아야겠다. 매장 주변에 최근 들어 새로 지어진 아파트들이 많아지고 있다. 상업지역 땅이라 그런지 층수도 15층 20층이 아닌 최소 35층 이상이고 높은 건 49층짜리도 있다. 그 옆에 낮았던 건물이나 모텔을 허물고 아파트 같은 오피스텔(아파텔)도 입주한 지 1년이 넘었다. 길 하나를 사이에 두고 한쪽은 남들이 원하는 역세권 신축 대단지 브랜드 아파트, 반대쪽은 2층 양옥집(단독주택)

이나 오래된 다가구 다세대빌라 건물들이다. 한쪽은 상업지역의 땅 반대쪽은 일반주거지역의 땅 10미터 길 하나를 두고 땅의 가치는 이렇게 다르다. 시간이 지날수록 땅 가격 또한 점점 벌어질 것이다.

아파트를 소유하는 집주인과 전세나 월세로 살고 있는 임차인들과의 격차! 주거지역 원룸이나 상가주택을 보유하고 있는 즉, 수십 수백 평 땅을 보유하고 있는 땅주인과 그 건물에서 임차로 살고 있거나 장사를 하고 있는 임차인들과의 격차! 우리는 같은 시공간에 숨 쉬며 살고 있지만 다 같은 시간이 아니며 다 같은 가치가 아니다. 누군가는 조용히 돈을 벌고 소유한 자산의 가치가 커지고 있고 누군가는 시끄럽게 돈을 쓰고 있고 자산은커녕 시간이 지날수록 하루하루 먹고 살기 팍팍해져간다. 세상사람 그 누구한테도 보이지 않지만 가끔 나는 그 벽이 느껴지고 보일 때도 있다.

나는 과연 언제 저런 신축아파트에 살아볼까? 내가 비싸고 남들 부러워하는 비싼 아파트에 와이프와 아이들과 함께 실거주할 수 있을까? 투자를 시작한 2011년부터 난 투자와 실거주를 철저히 분리했었다. 상대적 하급지 저렴한 주거지에 살면서 월급 받아 차곡차곡 모은 돈을 전부 다른 부동산을 사는데 썼다. 내 엉덩이에 큰돈을 깔고 앉는다는 건 지금까지는 상상조차 해보지 않았다. 시간의 기회비용을 날리고 싶지 않았기 때문이다.

대도로를 지나 매장이 위치한 골목 안쪽으로 들어왔다. 새벽부터 고급 세단 승용차 트렁크에 골프 클럽을 실으면서 웃으며 이야기 나누고 있는 중년 남자들의 모습이 보였다. 스윙 연습을 하며 몸을 푸시는 분도 있었다. 와, 오늘 같은 날 필드 가서 드라이버 한번 날리면 사장님~ 나이스 샷~. 바로 옆으로 60대로 보이시는 할아버지가 새벽부터 리어카를 끌고 폐지나 돈될 만한 물건을 찾으며 더운 여름 그 이른 시간부터 땀을 흘리면서 자전거 타는 나를 스치듯 지나간다. 삶의 고됨과 고통이 느껴졌다. 그 향기가 내 코를 찌르는듯했다. 냉정하지만 나는 나이가 들어서는 먹고살기 위해 무슨 일이든 해야만 하는 냉혹한 현실을 몸소 체험하고 싶지는 않다. 과거에 저분들께 대체 무슨 일이 있었던 걸까? 그냥 씁쓸했다. 내가 뭐라고 저 사람들 인생에 대해 논하고 있는가. 다들 자기인생 열심히 사는 거지 뭐. 길 하나를 사이에 두고 신축 아파트 단지와 오래된 주택가 사이의 안 보이는 벽이 느껴지듯 저분들 사이에도 보이지 않는 벽이 존재한다. 매일 새벽마다 반복해서 보고 듣고 느끼는 잡생각들이다. '남들이 저렇게 산다고 해서 내가 이래라 저래라 할 건 아니잖아. 각자 자기들만의 인생이 있는 것이고 다들 성인이니 알아서들 사는 거지. 뭐, 인생에 정답은 없으니까. 나는 나에게 주어진 일만 열심히 최선을 다하면 되는 거지.'

　　그렇게 20분간 열심히 달려와 매장에 도착했다. 자전거를 세우고 매장 도어락 비밀번호를 누르려는데 매장 앞에 담배꽁초들이 무단투기 되어있네. '아~, 담배 피고 꽁초를 제대로 처리하면 팔이 부러지는 건가? 양심까지 그냥 버리는 사람들이 많구나. 여기 애들 먹는 이유식, 아이반 찬 전문매장인데. 사람들도 참.' 목장갑을 끼고 담배꽁초와 주변 쓰레기를 줍는다. 일 시작하기 전부터 매장 주변이 더럽고 정리가 안 되면 마음이 좋지 않다. 매장 건물 뒤편 재활용 쓰레기 분리함도 운동 삼아 걸어가 본다. '역시 빠르시다. 재활용 쓰레기차가 벌써왔다 가셨네. 어제 꽉 차 있었는데 다 가지고 가셨구나. 감사합니다.' 재활용 쓰레기함의 녹색 쓰레기 그물망을 예쁘게 정리한다.

'오늘 하루도 긍정적으로 시작하자! 무탈하게 자전거로 출근 잘했고 매장이나 건물 주변은 깔끔하고 해야 할 일을 하나씩 처리하자!' 그럼에도 불구하고 나는 반드시 내 눈 앞에 있는 문제를 해결할 수 있다! 아니, 무조건 해결할 것이다. 손세정제로 손을 깨끗하게 씻고 머리 두건을 착용하고 앞치마를 걸쳐 양쪽 끈을 허리 뒤쪽으로 감아 두 번 꽉 조였다. 그렇게 에어컨 전원을 켜고 매장 첫 업무를 시작한다. 매장 내부에 금방 냉기가 가득 찬다. 에어컨 발명해주신 캐리어님, 진심으로 완전 사랑합니다! 내 마음도 감사와 사랑으로 가득 찼다. 얼마 전에 와이프와 에어컨을 발명한 분의 위대하신 존함을 '센츄리'라고 했다가 둘다 빵 터진 일이 있었다. 죄송합니다, 캐리어님! 저의 무지함을 용서해주세요!

3

대기업 LG전자에 입사한 친구가
5년 만에 자발적 퇴사를 한 충격적인 이유

벌써 10년 전 이야기다. 오랜만에 걸려온 친구의 전화였다. 대한민국 대기업 LG 계열사 중 한 회사에 당당히 입사하여 10년 넘게 열심히 다니던 친구, 퇴근 후 쉬고 있는데 개인적으로 전화가 온 지 언젠지 기억도 나지 않는 친구의 전화, 조금 놀랐다. 무소식이 희소식일 나이라, 호동이 녀석 무슨 일일까?

"호도이! 어, 오랜만이네, 별일 없고?"

"그래? 닥호야! 너도 별일 없지?"

"그래 어쩐 일이야? 회사는 다닐만하고? 과장단 지 좀 됐잖아? 차장 진급할 때 안됐나?"

"어, 그렇지. 전화로 할 이야기는 아니고. 주말에 시간되면 대구 내려

갈 건데 소주 한잔 하자. 나 회사 퇴사하고 장사나 할까싶어서."

화들짝 놀랬다. 그때까지 친구 중에 회사를 그만둔다는 이야기를 처음 들어서였다.

"어? 장사? 갑자기? 너 장사하고 싶단 생각이 있었던 거야? 전혀 몰랐네. 그래 대구 언제 오는데?"

"어 그렇게 됐어. 자세한건 만나서 이야기하자. 다음 주 토요일 저녁에 시간되나? 시간되면 그때 저녁에 봐."

"그래 그때 보자. 멀리서 오는데 시간내야지. 시간하고 장소 내가 알아보고 다시 연락할게. 그때 봐."

그때 우리는 30대 중반이었다. 호동이라는 이 친구는 그렇게 누구나 부러워하는 대기업에서 제 발로 나왔다. 친구 중에 자발적 퇴사가 거의 처음이 아니었을까. 너무 궁금했다. 왜 일까? 왜 회사를 나오려 하는 걸까? 결혼을 아직 하기 전이라 그런가, 먹여 살려야할 처자식이 없어서, 근데 왜 하필 나한테 연락했을까? 다른 친구들하고도 벌써 연락해서 고민상담 한 걸까? 아, 내가 무슨 도움 될 말을 해줄 수 있는 걸까? 퇴사, 장사에 대한 책이라도 좀 찾아 봐야 되나, 뭐 어찌 해야 되나, 쏜살같이 시간이 지나 그 다음 주 토요일이 됐다. 예전 대학 친구들과 자주 가던 막창집에서 봤다. 5분 먼저 일쩍 도착해서 친구한테 카톡을 보냈다.

"내 먼저 도착했거든, 일단 막창 시켜 놓을게 천천히 온나."

"어, 근처다. 버스 곧 내린다."

"사장님, 여기 생막창 3인분하고 콜라 하나하고 진로 하나 주세요!"

"네, 알겠습니다."

창가 쪽 자리에 앉아 사람들 지나가는 걸 멍 때리고 보고 있었다. 토요일 저녁이라 다들 약속이 있는지 바쁘게 움직이는 사람들이다. 나처럼 친구들 만나는 사람, 데이트하러 나온 남녀커플들, 가족들 외식하러 삼삼오오 모여 식당으로 걸어가는 사람, 잔잔한 어둠이 내리고 상가 건물에 간판불이 하나둘씩 켜진다. 막창 가게 바로 앞 횡단보도 맞은편에 신호를 기다리는 사람 중에서 호동이가 보인다. 막 버스에서 내린 모양이다. 시간 맞춰 주문한 생막창이 나왔다.

"저희가 초벌해서 나와서 조금만 더 구워서 드시면 되세요."

"네, 알겠습니다,"

"부추 무침 여기 있습니다. 오늘 김치도 새로 담갔어요. 손님 드시고 부족하시면 벨 누르심 됩니다."

"네, 감사합니다. 사장님."

젊은 남자 사장님의 친절에 기분이 좋아진다. 곧, 호동이도 이렇게 장사한다는 그런 이야기겠지? 저 젊은 사장님 자리가 내 친구 자리? 막창 가게에 내가 첫 손님이었고 한분 두분 손님들이 들어온다. 불판에 생막창 굽는 소리가 마치 빗소리 같다. 문을 열고 호동이가 들어왔다.

"야 닥호야, 오랜만이다. 잘 지냈나?"
"그래 호동아, 반갑데이! 별일없제? 아, 아니 별일 있는 거네 니는, 하하."

오랜만에 악수를 해본다. 가만히 생각해보니 친구들끼리 만나는 거 말고 이렇게 따로 우리 둘이 본 기억이 없었다.

"일단 앉아라, 방금 막창 나왔거든 초벌해서 나와서 조금만 더 구우면 된다네."
"아 맞나? 아 배고프다. 소주 시켰네. 내가 먼저 한잔 줄게. 대구는 진로아이가, 오랜만이네."

호동이가 소주병의 알코올 도수를 확인하고 뚜껑을 따서 나한테 먼저 한 잔을 따라준다.

"이제 거의 다 익었네. 먹어보자. 와, 여기 막장이 정말 맛있네. 부추도 맛있고 여기 김치 새로 담근 거라네. 싱싱하다 야. 쌈도 푸짐하고 주시고. 좋아."
"그러네. 한잔할까?"

이 친구가 술이 세지 않고 그렇게 즐기는 편도 아닌데 술이 고팠던 건지, 술기운에 이야기를 빨리 하고 싶었던 건지, 나도 친구 입에서 무슨 이야기를 할까, 궁금하기도 하고 걱정되기도 한다.

"그래, 호동아. 지난번 전화로 한 이야기 있잖아. 잘 다니던 LG말이야. 친구들 다 부러워하는 그 대기업 니 발로 나온다는 거 사실이가? 무슨 일이라도 있는 거가?"

빈 소주잔을 다시 채워주며 막창을 한입 먹으며 호동이가 말했다.

"한 5년째 다니는데, 아, 정말 쉽지 않네. 생각했던 거보다 야근도 많고, 주말에도 한 번씩 나가야하고 중국 쪽 시장에 디스플레이쪽 진출하고 수출한다고 그쪽 출장도 많네. 요즘 같이 프로젝트 많을 때는 6시에 일어나서 7시까지 출근해야하고 밤 10시 퇴근하고 요새 집에도 거의 못가고 계속 회사 기숙사에서 산다. 매일 매일이 몽롱하고 제정신이 아니고 집중도 안 되고 그러네. 이게 몇 달 몇 년 쌓이니까. 지친 거 같기도 하고 지쳤나봐. 번아웃인 거 같기도 하고."

나도 소주 한잔을 입에 털어넣고 막창을 깻잎에 싸서 막장과 부추를 넣고 돌돌 말아 입에 넣었다. 나는 막장에 간마늘을 넣는 걸 좋아하고 친구는 땡초를 넣어 먹었다. 각자 취향이 다르다. 김치도 굽고 옥수수

콘도 구웠다. 어, 떡볶이 떡도 있구나, 버섯도 굽고. 와, 안타게 잘 구워야겠네. 깔끔하게 먹고 싶으면 양파지에 막창을 하나 싸서 먹으면 꿀맛이다.

"아니면 당분간 좀 휴식계 내서 쉬거나 하면 안 되나? 그만 두기에 너무 아깝지 않나. 우리 나이도 젊고 아직 결혼도 하기 전이고 커리어가 말이야."

이 완전 꼰대 같은 소리는 뭐지, 아차 싶었다.

"아. 물론 니가 힘들면 나와야지. 건강이 일번이지 회사가 아무리 좋고 연봉 많이 준다 해도 니가 힘들고 못하겠다면 나오는 게 맞지 뭐. 아무렴."

한번 웃으면서 호동이가 말했다.

"그래 1년 넘게 고민하고 또 고민했거든. 부모님한테도 말씀드렸고 지난주에 부서장님한테도 일단 말씀은 드렸어. 조금 생각해보라 하셨는데 내 결정이 바뀔 거 같진 않네."
"그래, 학교 다닐 때부터 니 성격 스타일을 알지 내가. 니가 충동적으로 그렇게 아무 생각 없이 막 지를 애가 아니잖아. 항상 계획적이고 생

PART 1

각도 많고. 다 계획이 있었잖아 너는 항상. 그래 근데 장사 한다는 건 무슨 소리야 어떤 업종?"

잠시 호동이의 눈빛이 반짝거린걸 눈치채버렸다. 이 녀석은 밀어붙이겠구나.

"내가 시장 조사를 좀 해봤는데. 고깃집 해보려고 이미 그쪽 프랜차이즈 본사하고도 이야기 다 했고 매장 낼 장소도 후보군 결정했고. 내 결정만 남았다."

"뭐 고깃집? 정말이가? 와, 내 친구 호동이 고깃집 사장님 되는 거가? 친구들한테도 다 말해서 오픈할 때 다 같이 가서 축하해주고 우리 회식할 때마다 거기서 하면 되겠네. 와, 신기하다. 친구들 중에 니가 처음이다. 야, 고깃집 사장님이라. 돈 좀 모아 놨나보네. 한두 푼 드는 게 아닐 건데."

"5년간 열심히 모은 돈하고 대출 좀 받아야지. 그래, 응원 들으니 힘이 나네. 고맙다, 닥호야."

"그래, 축하한다! 니 응원한다 난! 한잔하자."

이때부터 술이 약한 호동이는 반잔씩 소주잔을 비웠다. 얼굴이 점점 빨개진다. 우리의 술자리는 그렇게 무르익어 간다. 막창도 다 먹고 몇 개만 남아있다. 내가 도와줄 수 있는 건 단 하나도 없다는 걸 금방 깨달았다. 그냥 친구 이야기를 가만히 들어주고 믿음을 주는 것뿐, 그게 최선이 아닐까?

그렇게 1차까지만 천천히 막창에 소주를 한잔하고 우리는 악수하며 기분 좋게 각자 버스를 타고 집에 갔다. 오픈 날짜 잡히면 단체 카톡방에 알려주면 애들하고 다 같이 가겠다고. 역시 대기업이 돈을 많이 주는 이유가 있는 것이다. 남들이 부러워해도 정작 내가 힘들고 내가 못 버티면 거기서 나오는 게 맞다. 한번 뿐인 인생, 남이 나를 대신해서 인생을 살아주는 게 아니니까.

그 친구는 그렇게 호기롭게 고기집 장사에 도전했었다. 불행히도 몇 년을 버티지 못했다. 개업식 때 친구들하고 가서 축하해줬었고 그 이후로도 몇 번 찾아갔었다. 하지만 영업기간이 2년을 채 넘기지 못했다. 생각보다 큰돈을 투자했었는데. 인생 경험했다라고 씁쓸하게 웃던 그 친구 얼굴 표정이 눈에 선하다. 그 이후에 여러 시행착오를 거쳐 현재 본인만의 사업을 하고 있다. 가끔씩 연락하고 보는 상황이지만, 잘해내고 있고 앞으로도 잘 해낼 것이라 믿는다. 옆에서 든든하게 응원하고 믿어주는 아내와 토끼 같은 자식들이 있기에 그 친구 사례가 불쏘시개가 되었던 것일까. 우후죽순 너나할 것 없이 회사를 나오는 친구들이 많아졌다. 삼성, 현대, LG, 공무원, 공기업, 직업과 직종에 가리지 않고 80년대생의 이직이 시작된 것이다.

다들 나와서는 본인만의 사업이나 개인 창업에 도전을 하거나 더 크고 좋은 회사로 이직을 한다. 경력직으로 더 크고 연봉 높은 회사로 이직하다니 그만큼 준비를 계속하고 있었다는 것이다. 아직도 대학 졸업 후 첫 입사한 회사에 계속해서 다니고 있는 친구는 딱 2명이다. 한명은 삼성, 한명은 LG! 가끔 만나면 이제 정말 퇴사해야지 하고는 있지만 나와서 특별한 계획이 없다면 버틸 때까지 버텼으면 하는 게 내 속마음이다. 물론 죽을 만큼 힘들고 고통스럽고 돈이 중요한 게 아니라면 당장 사표 쓰고 나오는 게 맞다. 40이 훌쩍 넘은 내 또래들의 생각은 비슷할 것이다. 의식의 흐름이 행동까지 이어진다.

'언제까지 여기서 버틸 수 있을까.'

'아직 대출도 다 못 갚았는데 나가면 뭐해서 먹고 살지?'

'아직 애들 학교도 다 안 끝났는데.'

'설마 산 입에 거미줄 치겠어?'

'그래도 난 데, 나가면 취직할 때 없겠어?'

'그래 역시 회사 나오기 전에 뭔가를 해놔야 해! 뭐가 있을까, 요즘 뭐가 유행이지?'

'유튜브 검색해보니 역시 지금은 주식이야. 우량주를 사서 모아야 하나. 아니면 미국주식으로? 누가 추천해주는 주식 없나?'

'아니야, 주식으로 언제 부자 되냐? 역시 변동성이 크지만 코인이지. 비트코인 알트코인해서 언제 돈 벌어? 잡코인이나 테마코인해서 한방

에 그냥 큰돈 버는 거지. 누가 추천해주는 코인 없나?'

'그래도 대한민국은 부동산이야. 역시 돈 있는 놈들이 더 돈을 버네.'

'아, 부동산으로 돈 벌려면 큰돈이 있어야 하는데 통장에 여유자금이 있어야 투자를 하는 건데 대출이라도 받아야하나? 아니면 사는 집 담보로 대출 댕겨? 마통을 뚫어야할까?'

'아, 정말 모르겠다, 세상에 그 많은 돈. 돈벌 기회도 많고 단군 이래 지금이 돈 벌기 가장 쉽다며? 나는 왜 잘 모르겠지. 내 주변에 투자 잘하는 사람도 없고 누가 종목하나 부동산 오를 지역 하나 딱 찍어주면 좋겠다.'

'일단 퇴사 계획은 조금 접어두고 이 회사에서 월급 받으면서 조금 버텨야겠어. 지금 나가서 당장 할 것도 없잖아.'

'뭐지, 퇴사 걱정, 먹고 사는 걱정, 투자 걱정 하다보니 오늘 머리 정말 아프네. 휴, 에너지를 너무 많이 썼어. 그래 일단 오늘은 생각을 많이 하고 브레인스토밍 했으니까. 내일부터 뭐부터 시작해야할지 한번 본격적으로 계획 잡아보자고!'

'오늘 퇴근하고 한잔할 사람 물색해볼까? 아니면 당구 한게임? 볼링도 재있고 아, 아니다. 스크린 골프 가서 거기서 짜장면 탕수육 시켜서 시간도 아끼고 건전하게 놀자.'

단체 카톡방의 스크린 골프 멤버들에게 카톡을 보낸다. '오늘 저녁 7시 퇴근하고 중국집 배달시켜서 00스크린에서 한게임 콜? 여기저기 기다렸다는 깨톡이 울린다. 아 나는 이렇게 돈도 많이 안 쓰고 남자들끼리 퇴근하고 운동도 하고 건전한 취미생활을 가졌구나. 내가 뭐 명품을 사는 것도 아니고 고급 술집에 가는 것도 아니고 해외여행 가는 것도 아니니 이 정도면 제대로 살고 있는 거 아닐까? 퇴근 시간이 가까워지고 자리에서 일어나 허리를 돌리고 스윙연습을 해본다. 오랜만에 실력 발휘 한번 해볼까?

아차, 유튜브 보고 자세 다시 한 번 잡아볼까? 왼발에 힘을 주고 중심축을 확실히 잡아주고 백스윙 탑에서 스무스하게 발 허리 상체 그다음 마지막 팔 순서대로 마지막 피니쉬! 사장님 나이스샷~! 이렇게 오늘 하루도 이렇게 아름답게 마무리 되어간다. 퇴사 이직에 대한 고민 걱정에서부터 회사 나오기 전 어떻게 큰돈을 만들 것인가에 대한 걱정, 마무리는 힘들었을 나에게 주는 보상까지. 40대 아재들이여, 힘내자, 파이팅! 어, 근데 집에 계신 와이프님들께 허락받으셨죠?

4

40살에 8년 다니던 회사에서 처참하게 정리되다, 너 이제 뭐 먹고 살래?

대학교 친구인 준재, 확실한 건 꼴통이다. 24년 전 첫 만남 때부터 뭔가 싸함을 느꼈다. 역시 내 감이 옳았다. 징글징글한 인연이다. 벌써 20년이 넘은 질기고도 긴 학창 시절부터 서로 다른 업종에서 직장 다니며 기나긴 세월동안 참 많은 일들이 있었다. 좋았던 일들도 서로 감정이 좋지 않아 싸웠던 일들도 지금은 같은 대구에 살면서 최소 한 달에 한 번 정도는 얼굴 보는 사이다. 지방 모 국립대 전자공학부를 졸업한 우리는 서로 다른 직장에 다녔었다. 나는 원자력발전소에서, 준재는 전자공학과는 전혀 관련이 없는 영업직. 그것도 자동차 철강 쪽을 판매하는 이 친구는 예전부터 사람을 참 좋아했다. 인싸 중의 인싸, 핵인싸라고 해야 하나. 친구도 많고 아는 선배 후배들도 많았다. 경쟁업체 영업직원들과 호형호제를 하고 있는 거면 말 다 한 거다. 4년 전 1월초 겨울밤 뜬금없이 녀석의 전화가 왔다. 근데 사람이 촉이란 게 무섭다.

"어, 그래, 준재야. 웬일이야?"

"어휴~ 아~."

"뭔데? 땅 꺼지겠다! 뭔일 있나? 갑자기 웬 한숨이고?"

"나, 사표 낼라고! 이미 사장님한테는 말했고."

"어? 야 너두? 다들 왜 그래. 회사 나오고 싶어서 안달이네. 무슨 일 있나?"

"내일 저녁에 시간되나? 얼굴 함 보자."

"그래 알겠다, 만나서 이야기하자."

다음날 저녁 우리는 매번 가던 근처 동네 닭똥집 전문점에서 만났다. 이 친구가 최애 메뉴 중 하나가 바로 닭똥집이다. 나도 좋아하는 음식이다.

"사장님 진로 하나 하구요, 닭똥집 하나 주세요. 반반으로요 양념 반 후라이드 반."

"네, 손님 알겠습니다."

사장님이 기본 안주 뻥튀기와 소주를 주고 가셨다. 소주병을 반대로 들고 뒤를 팔꿈치로 치고 병뚜껑을 딴다. 왜 치는지는 나도 잘 모른다. 수 년 아닌 수십 년째 버릇처럼 하던 거라 소주를 각자 한잔씩 따르고 소주잔을 부딪친다. 첫잔은 원샷이다. 잔을 비우고 뻥튀기를 한 움큼 집어 입안으로 밀어 넣는다. 아, 빈속에 먹으니 속이 쓰리네.

"아니, 뭔 일인데. 니도 회사 접는 다카고? 다들 왜 그러지?"

"하, 요즘 자동차 철강 쪽 경기가 너무 안 좋네. 여기 저기 경쟁하는 소규모 업체들도 많이 생겼고, 이 바닥이 그랬거든. 어느 정도 영업하다 짬밥 좀 먹으면 본인하고 거래하던 업체들 물량 갖고 나가서 본인 회사 차리는 사람들이 많아."

"아, 맞나? 그러면 제 살 깎아 먹게 되겠네.. 업체들 많아지면 단가로 경쟁할거 아니가?"

"그러니까 오늘 안 그래도 기존 거래하던 업체 담당자들하고 사장님들한테 얼굴도 보일 겸 박카스 한 병씩 사들고 찾아갔는데. 와, 다른데서 단가 더 낮춰서 공급하겠다고 했다네. 믿어야 될지 말아야 할지 모르겠지만 업체 바꾼다고 하네."

"너희 사장님은 뭐라시는데? 니 상사 분은? 별 말씀 없으시고?"

"안 그래도 부장님하고 이사님하고 우리 사장님 요즘 얼굴표정이 안 좋다. 공급하던 업체들 계속해서 재계약 안 되고 나가리 되는 곳들도 많아지고 사오는 단가는 오르면 올랐지 더 내리진 못하는데 경쟁업체들 많아져서 납품단가는 깎이고 있지. 와, 진짜 요새 살벌하다 살벌해."

"그래서 혹시 인원 감축한다고 해서 니한테까지 영향이 있는 거가?"

"1년 전부터 인원 감축이다 뭐다 해서 지금 사무실에 사무 보는 여직원부터 해서 계속 줄이고 있거든. 영업하는 사람들은 그래도 현장 뛰니까 자르진 못했는데 며칠 전에 이사님이 부르더라고, 마음의 준비는 했는데 뉘앙스가 너 나가라 이렇게 직접적으로 말하진 않아도 왜 느낌이란 게 있잖아. 요즘 회사 사정이 안 좋아서 일 열심히 해주고 다 좋은데 월급을 좀 깎아야 될 거 같다 이러더라고."

"뭐지? 나가란 건가? 친구야 일단 한잔하자."

때마침 주문한 닭똥집이 나왔다. 기름기가 꽉차있어 느끼하긴 해도 갓 튀겨 나온 닭똥집의 맛은 준재한테 미안하지만 친구 고민이 뭐였더라 잠시 잊을 만큼 정말 황홀했다. 후라이드만 계속 먹으면 느끼하니 양념 똥집도 한 번씩 집어 먹어준다. 옆에 나온 정육면체 치킨무와 김치도 번갈아 먹어주면 아, 치느님 감사합니다. 닭은 정말 버릴게 하나도 없다.

"그냥 그래서 며칠간 고민하다가 사표내기로 했다."

"사표 냈단 거가?"

"어, 어제 사장님 찾아가서 면담하고 사표 냈고 다만 아직 기존 직원들한테 하던 업무들 인수인계해야 해서 2월말까지만 일하고 그만두기로 했다."

"야, 근데 어찌 보면 자발적 퇴사가 아니네. 이거 사장님한테 잘 말씀드려서 그 뭐야 실업급여 그거 받을 수 있게 말씀 잘 드려봐."

"에이, 당연히 그건 챙겨먹어야지. 안 그래도 이사님이 먼저 말씀하시더라, 너무 걱정하지 말라고."

"아, 근데 시원섭섭하겠다. 그동안 회사 니가 한두 번 옮겼어야지. 길어도 1년 했나. 근데 이번에 거의 5년 6년 다녔나?"

"에이, 무슨 소리. 8년이다. 자그마치 8년!"

"와, 진짜로? 시간 정말 빠르네. 근데 너희 사장님 보살 아니가. 이렇게 무능력한 니를 8년이나 월급줘가며, 하하."

"니가 몰라서 그렇지 내 물량 많이 따왔다. 내가 이래봬도 신 아니가. 영업의 신! 한잔하자."

"영업의 신 맞제? 하하."

"뭐라카노? 하하."

빈 잔에 다시 소주를 채운다. 우리는 말없이 안주를 먹는다. 뭐지 이이상한 기분은 친구가 8년 다닌 회사를 나온다고 한다. 그런데 자발적이고 계획적인 퇴사가 아닌 비자발적인 퇴사 쉽게 말해 잘렸다는 건데. 그때 나이 이제 30대 후반, 준재의 기분은 어땠을까?

"근데 그래도 다행히 6개월 실업급여 나오잖아. 그동안 뭐할 거야? 니 다음 계획은? 아, 맞다. 제수씨한테 말했나? 니 회사 그만둘 거라고?"

"어, 말은 했지. 일단 실업급여 나오니까. 산 입에 거미줄 치겠나? 이제부터 뭐 먹고 살지 고민해봐야지. 안 그래도 다른 내 친구 한명한테도 나 회사 그만 둘 거라고 말했거든."

"어, 근데. 그 친구는 뭐라고 하는데?"

"그 친구가 개인 사업을 하는데 혹시 자기가 하는 사업 배워서 해볼 생각 없냐고 하네. 그래서 심각하게 고민 중이야."

사업이라고? 얇디얇은 귀를 가진 친구가 사실 조금 걱정됐다. 사기 당하는 게 아닐까?

"그 친구 무슨 사업 하는데?"

"펜션 임대업. 펜션 주인하고 다이렉트로 임대계약을 해서 보증금 얼마 월세 얼마 이렇게 계약한다네. 그 펜션을 그 기간 동안 내 친구가 운영해서 매달 월세는 기존 펜션 주인한테 주고 나머지 수익을 먹는 거라네. 대신 내가 하려면 나도 목돈이 있어야 하는 거고 공짜로 그 사업 같이할 순 없으니까."

"얼마나 필요하길래 그래?"

"최소 5~6천만원은 필요하다고 하네."

속으로 놀랬지만 나는 아무렇지 않은 듯 툭 내뱉었다.

"뭐? 그 정도 목돈이 없지 않나? 니 몇 년 전에 결혼하고 특히나 최근 몇 년간 제수씨하고 2세 가지려고 난임병원 진료다 인공수정에 시험관 시술이다 계속하고 있잖아. 돈도 수천만원 깨졌다며 여윳돈이 있겠나?"

"안 그래도 병원비가 감당이 안 되네. 시험관 몇 번만 더해보고 도저히 안 되면 그냥 우리 둘이 살려고 와이프 하고도 일단 그렇게 결정했다. 와이프가 너무 힘들어하네."

옆에서 그 고통의 시간을 모두 지켜본 나였기에. 이 부부가 너무 안쓰럽게 느껴졌다.

"그렇구나. 이제 우리 나이 40이 되는데, 돈 모아둔거 많은 것도 아니고 2세 문제는 또 2세 문제대로, 이 시점에 회사 나와서 뭐해먹고 살아야 될지, 참."

양배추 샐러드를 다시 리필한다. 어, 치킨무도 다 먹었네. 아, 치킨무는 셀프구나. 양념 똥집도 맛있지만, 간장 똥집 또한 예술이다. 고구마도 같이 튀겨져 있는데, 와 식감이 살살 녹네 입안에서. 이게 바로 겉바속촉인가. 얇은 튀김옷이 절묘하게 잘 튀겨져 바싹바싹하다! 간장 똥집은 정말 깔끔하다. 이렇게 소주가 2병이 넘어가고 있었다. 그렇다 해서 동일업종 영업직 재취업은 힘들 거 같다고 했다. 철강 시장 자체도 좋지 않았고 더군다나 소규모 업체에서 사람을 뽑는 곳도 없다고 했다. 내가 해결해 줄 수 있는 건 없었다. 단지 술 한 잔 기울이며 그 친구 이야기를 들어주는 거밖엔. 예전에 나도 고민거리 있을 때 내 친구들에게 이렇게 위로를 받았었겠지.

"니 말대로 산 입에 거미줄 치겠나? 일단 실업급여 나오는 6개월 시간이 있으니 그 사이 뭔가 방법이 생길 거라 믿는다. 설마 니 외동아들인데 부모님이 가만히 놔두시겠나?"

"뭐라노? 다 커서 부모님께 내가 손을 빌릴 땐 빌려야지. 엄마 아부지, 저희 좀 도와주세요."

"이거 아직도 정신 못 차렸네. 결혼했으면 이제 니가 스스로 해야지 막말로 두 팔 다리 멀쩡한데. 뭘 못하겠냐. 공사장 가서 일해도 되고. 요즘 공사장에 사람 없어서 난리란다!"

"아, 맞나. 그래 니 말이 맞다. 천천히 생각해보자. 야 근데 오늘따라 이집 똥집 진짜 입에 짝짝붙네~."

"그러게. 남기지 않고 거의 다 먹었다. 맛있네, 이집 다음에 또 오자."

"오늘 1차는 내가 퇴사 기념으로 쏠 테니까 2차 가볍게 입가심하러 가자."

"그래 오늘 특별한 날인데 그냥 헤어지기 아쉽지. 자 막잔하고 다른데 가자."

1차 술값은 준재가 계산했다. 36,500원이다. 저 친구 통장에 돈이 넉넉하지 않을 건데. 2차는 근처 호프집 가서 우리는 못 다한 이야기를 나눴다. 다행히 일찍부터 아파트를 전세 끼고 하나 장만해둔 친구다. 물론 스스로의 의지가 아닌 아버지의 독단적인 결정으로 준재가 취업하자마자 아버지가 이집 전세 껴두고 사 놔라고 하셨었다. 담보 대출받아 기존 전세입자가 나가고 일부 리모델링을 한 다음 준재는 총각 때부터 살았다. 그리고 늦은 결혼을 하고 신혼집으로 그 집에 계속 살고 있다. 지금까지 얼마나 다행인가?

비록 역세권 최신축 브랜드 33평 아파트가 아닐지 몰라도 20평 구축 계단식 방 3개짜리 아파트 신혼집이 있다는 것이 안락한 보금자리가 있다는 것이 말이다. 다만 투자에 대해 부동산에 대해 전혀 관심 없는 친구다. 자기 아파트 담보대출 이외 단 한 번도 빚을 진적이 없다. 신용카드 또한 만들어보지 않았었다. 모아둔 돈도 많이 없고 부모님한테 손 벌릴 수도 없고 다니던 동일업종 회사취업도 어렵다고 하고, 결혼해서 이제 곧 노력하면 2세도 태어날 건데 5~6천만원을 어디서 어떻게 모아 친구와 같이 동업하려 하는 거지? 어떻게 하려고 하지? 저놈 성격에 무턱대고 제대로 알아보지도 않고 지 친구 말만 듣고 진행할거 같은데 방법이 없을까? 아무것도 하지 않는 게 가장 좋을 거 같은데 그렇다고 해서 다른 방법이 있는 것도 아니고 그렇게 2020년이 다가오고 있었다. 얼마 뒤 코로나가 터지며 자동차 철강업계는 더욱더 큰 타격을 입었다. 미리 퇴사하기를 잘했던 선택이었을까?

나는 2020년 구정 설날에 친구들이 모인 그 술집에서 일생일대의 제안을 하게 된다. 나에게도 큰 모험이고 준재에게도 엄청난 도전이 될...

5

마흔 평생 예적금만 한 친구,
너 집으로 돈 벌어볼래?

2020년 1월말 설날 연휴가 시작되면서 오랜만에 타지에서 일하던 친구 몇몇과 만나기로 했다. 대구 대명동에 서부 정류장 근처 닭발집 기가 막힌 데가 있다고 한 친구가 강추를 해줬다. 대학생 때 친구들이고 참 그 동네에서 많이들 만났었다. 돈은 없고 시간은 많았지만 막상 저렴한 술집에서 소주 한 잔과 비싸지 않은 안주를 먹으면서 미래에 대해 막연한 불안감이 있던 우리들끼리 그냥 어울리고 이야기하는 것이 좋았던 추억의 장소, 일부러 차를 두고 오랜만에 버스를 타고 갔다. 지금도 그렇지만 그때 대구는 정말 말 그대로 이판사판 공사판이었다. 곳곳에 타워크레인이 설치되고 새 아파트를 짓기 위해 펜스를 치고 중장비가 왔다 갔다 하고 도로 한쪽을 막고 공사를 하는 곳도 많았다. 와, 예전에 저 동네가 빌라들이 많았던 장소인데. 저기 5층짜리 아파트단지였는데 저

기도 재개발 한다고? 뭐? 그쪽도 재건축한다고? 저기는 택지지구로 정
해지고 아파트단지가 몇 개나 들어올지 모른다고? 버스에서 밖을 내다
보면서 가는 내내 공사하는 현장 빼고는 다른 것은 내 눈에 들어오지도
않았다.

아무리 광역시라도 대구 인구가 250만 명 정점을 찍고 240만 명 그리
고 이제는 230만 명 후반 대라는데, 젊은 사람도 계속 빠져나가고 제대
로 된 일자리나 대기업도 없고 아파트를 저렇게 많이 짓고 있는데 과연
저기 사람들이 다 들어와서 살기나 할까? 새 아파트 분양가 또한 국평(33
평) 기준 5억을 넘어서 분양하고 있었다. 건설사에서 이토록 분양을 많
이 하고 새 아파트 건설이 많은 지역의 특징이 뭘까? 바로 해당 지역 건
설경기가 좋거나 청약을 하면 경쟁률이 최소 두 자리 수 이상에 미분양
없기 100% 계약 진행이 된다거나 했을 때 물들어올 때 노를 저을 수밖
에 없는 게 건설사 입장에선 최선의 선택이었을 것이다. 그렇게 대구뿐
아니라 2020년 여러 가지 요인들로 인해 전국 부동산이 대세상승장 전
국 불장으로 들끓고 있었고, 2020년 8월 임대차 3법 통과로 부동산시장
에 기름을 들이붓고 폭등장으로 떠나게 된다.

닭발집에 모인 친구들은 총 4명, 나, 준재, 친구A, 친구B. 나와 준재는
그 당시 대구에서 일을 하고 있었고 나머지 두 친구는 서울과 화성에서
일하고 결혼까지 해서 쭉 살고 있다. 우리는 매장 창가 쪽에 자리를 잡

고 앉았다.

"사장님 여기 마약닭발 4인분하고 진로 한병, 테라 한병 주세요. 야, 다 같이 이렇게 보는 게 몇 년 만이야? 첫잔은 맥주 한잔 말아서 먹자!"

친구들 손을 악수하면서 언제 잡아봤는지 기억도 안 난다. 몇 년 만에 같이 보는지 모르겠다. 다들 결혼하고 애 키우고 바쁘게 살고 있다. 준재가 폭탄주를 만든다. 소주잔에 소주를 반컵 따르고 맥주잔에 붓는다. 맥주를 맥주잔에 2/3 정도 부어 친구들에게 나눠준다. 폭탄주가 목구멍으로 넘어가는데 날이 추워서 그런지 정신이 더 또렷해진다. 친구A가 말한다.

"나는 요새 집 회사 집 회사 완전히 다람쥐 쳇바퀴 인생이네. 낙이 없다. 둘째가 어려서 퇴근하고 바로 집에 가서 둘째 봐야한다 목욕도 시켜야하고 와이프가 요즘 너무 힘들어 하네. 체력적으로도 그렇고 첫째 어린이집 보내놓고 집안일 하랴 둘째 보랴 밤잠도 설치고 수유도 해야 하고 눈치 살살 보면서 살고 있다."

기본안주를 먹으며 물도 한잔 먹은 내가 말했다.

"아, 나도 둘째가 있지만 지금 정말 힘든 시기겠네. 나는 이제 겨우 4

살 됐으니까 둘째가 이제 살만하거든, 기저귀도 안 가져 다녀도 되고, 유모차도 필요 없고 분유 먹일 준비는 안 해도 되니 짐이 거의 1/10로 줄었다."

친구B도 거들었다.

"나는 애 하나잖아. 이제 6살이고 유치원 보내거든. 난 그냥 둘째 안 낳고 한명만 잘 키우려고 와이프가 애 학업이나 교육에 욕심이 많아서 하나 키우기도 돈 장난 아니게 들거 같아 앞으로도 요즘 나도 별다른 취미가 없어서 골프레슨 시작했는데 무슨 재미로 치는지 모르겠다. 기초 자세만 배워서 그러나 똑딱볼만 치고 있는데 몇 개월 더 배워야지 풀스 윙도 하고 드라이버도 레슨 들어갈 거 같은데. 레슨비도 만만찮고 회사 생활 하려면 또 골프 안치는 사람 없거든 내 주변에는. 하는 수없이 배우고는 있다. 아, 우리 3명 전부다 애 있는데, 준재야 아직 2세 소식 없제? 이런. 이야기해도 별로 불편한 거 없지?"

친구B가 살짝 걱정스러운 표정을 짓는다. 친구A와 나는 비닐장갑을 끼고 닭발을 오물오물 씹어 뜯었다. 와, 정말 맛있네. 우리 둘은 순간 눈이 마주쳤다. 곁들어 나온 콩나물국이 매운 입안을 한번 상쾌하게 헹궈준다. 닭발이 이렇게 맛있던 음식이었던가? 오늘 다른 닭발 메뉴도 시켜봐야겠단 결심을 했다. 준재가 친구들 빈 소주잔을 채워주면서 말한다.

"난 그런 거 없는 거 알잖아. 일부로 너희 말고도 다른 친구들 만날 때도 일부로 내가 먼저 이야기한다. 애들 이야기, 애들 크는 거, 어린이집 유치원 보내는 거 그래야 다른 친구들이 눈치 안보지 괜히 나 때문에 요새 솔직히 나는 와이프하고 지금 계속 병원 다니고 있거든. 인공 수정도 계속 실패하고 지금은 시험관 시술 들어갔어. 다들 임신 잘하고 애도 잘 낳고. 내가 40년 살면서 2세 계획이 이렇게 힘들고 내 맘대로 안 될지 나는 생각 해본적도 없는데 쉽지 않네."

친구들이 같이 짠해주면서 잘될 거라는 응원의 말을 한다. 실질적으로 도와줄 방법은 없다. 마약이란 단어가 붙어있는 음식은 그 당시 처음 먹어봤다. 닭발이 호불호가 있는 음식이지만 우리 4명은 다행히도 다들 맛있게 잘 먹었다. 숯불에 구워서 먹으니 입안에서 퍼지는 불향이 예술이었다. 닭발도 이렇게 맛있을 수 있구나!

자연스럽게 회사생활은 어떤지 이야기로 넘어갔다. 이제 40살. 회사에서 최고 정점에 있을 나이다. 커리어, 연봉, 능력, 에너지... 친구A와 친구B는 둘다 대한민국 대표 대기업에 다니는 친구들이다. 아직까지 회사를 퇴사하고 제2의 인생을 생각한다거나 다른 계획은 없다고 했다. 크게 불만도 없었고 하는 일이나 업무강도가 쉽지 않지만 그래도 월급이 금융치료를 해주고 있다고 했다. 둘다 풀로 대출받아 내집 마련에 성공했다. 집값이 앞으로 어떻게 될지 말지에 대한 본인들의 생각과 그전에 전세 월세로 임대로 살다가 왜 본인 명의의 집을 매수하게 되었는지에 대한 이야기들로 우리의 술자리는 풍성해지고 있었다. 친구A가 소주를 한잔 마시고 비닐장갑을 낀 손으로 닭발을 오물오물 먹고 뼈를 뱉으며 말했다.

"나는 사실 서울에 비싸고 큰 집은 돈이 없고 대출도 너무 많아야 해서 못 사고 서울로 출퇴근할 수 있는 경기도 남부 쪽에 지하철 근처 구축아파트 샀어. 대구 기준으로 가격이 말도 못하게 비싸긴 해도 집 안 사고 서울에서 전세나 월세 얻어 살면 절대로 못 모으고 은행에 전세 대출이자로 월급 다 쓰던지 집주인한테 월세 다 주면서 이러다 나는 언제 돈 모아서 집사겠나 싶더라고. 와이프하고 상의해서 어차피 우리는 애 두 명이고 아파트 근처 초등학교 있고 근처에 도서관 학원들 좀 있는 그런 위치에서 살면서 애 키우기로 했어. 최소한 애들 중고등학교까지 가기 전까지는 거기서 살아도 아무 문제없을 거 같더라고. 10년 뒤 어떻게 될지는 그때 가서 고민하면 되니까 지금 회사에서 열심히 일해서 대출이자 원금 열심히 갚고 있잖아. 둘째 조금 더 크면 와이프 다시 복직할 거고 지금 외벌이라 조금 힘들 긴한데. 그래도 예전 전세나 월세 살 때보단 훨씬 마음 편하다. 내집이니까 좋게 생각하기로 했다."

우리는 친구A의 내집 마련 스토리를 넋 놓고 듣고 있었다.

"아, 이놈 이거. 정말 대단한 놈이네. 내집 마련 축하한다. 그런 의미에서 짠하자. 잔 채우자!"

"그럼 너는 어디에 집 샀는데? 너도 집 샀다고 했제?"

친구B가 옆에 폭탄 계란찜을 한 숟가락 퍼먹고 이야기를 이어갔다.

"나도 비슷한데, 우리는 애 하나로 끝낼 거라고 했잖아. 애도 어느 정도 컸고 둘다 다시 맞벌이하고 있고 와이프가 애 교육 욕심이 있어서 지금 화성에 전세로 사는 거 최근에 전세 끼고 하나 샀어. 여기 전세 만기되면 그쪽으로 옮겨가려고 용인 수지냐 수원 영통이냐 와이프하고 지난 몇 달간 계속 현장 가보고 아파트 매물도 보고 했는데 둘다 학군으로 유명하다데. 최종적으로 용인 수지 쪽 구축아파트 전세 끼고 하나 샀어. 어차피 우리도 투자로 단기 매매도 아니고 최소 10년은 살 거니까. 학군하고 위치 주변 학원가 학교 교육 관련된 환경만 철저하게 봤다 우리는 아무리 그래도 그렇지. 구축인데 가격이 장난이 아니더라고. 평생 모아야 되지 싶다. 그 집 담보대출 다 갚으려면."

"와, 내 친구들 다 잘 나가네. 다들 대기업에 아파트도 수도권에 척척 사고 애도 잘 낳고 다들 건강하고 축하한다, 야!"

준재가 소주잔을 비우면서 부러우면서도 약간 슬픈 눈을 하며 우리를 쳐다봤다. 준재도 결혼을 했고 집도 있다. 하지만 각각 두 친구의 아파트 위치와 가격을 들은 후 저기는 내 아파트와는 레벨이 다르구나라는 느낌을 많이 받았을 것이다.

'나는 대구 외곽 구석탱이에 아무도 모르는 20년 넘은 아파트 가격도 지난 10년간 거의 제자리. 앞으로도 그 동네 호재나 교통발전이나 일자리가 유치된다거나 하는 희망적인 것은 없다. 친구들 아파트는 지하철 한번 또는 두 번만 타면 바로 서울까지 가는 지하철역이 있다고 하네. 주변 알아줄만한 학교, 학원가로 둘러 싸여져있는 자산적 가치 또한 시간이 지날수록 나와 그 친구들 갭은 점점 커질 것이 분명해보였다. 아, 나는 정말 내가 잘하고 있는 게 맞나? 학교 다닐 때 열심히 하지 않은 게. 이제야 서서히 드러나는 건가. 친구 잘되는데. 뭐, 배가 아프다는 건 아니지만 살짝 부럽기는 하네. 누구는 대기업 과장 차장에 연봉 8천만 원 이상 차도 좋은 거 끌고 다니고 아파트도 떡하니 경기도에 샀다고 하고 무슨 걱정이 있을까 저 친구는. 나는 회사에서도 나와야하고 2세 계획도 마음대로 안 되고 모아둔 돈은 별로 없고 통장에 여윳돈이 있는 것도 아니고 한 채 있는 아파트도 대구에서 수성구 중심에 있는 곳도 아닌 외곽 구석탱이에 있는 대구 사람들도 아무도 모르는 아파트. 가격도 10년 전 가격에서 거기서 거기. 이제 나이 40살에 내 인생 여기서 끝나는 건가? 그렇다해서 돌파구가 보이지 않는다. 사실 무언가 노력해서 바뀔 거 같지도 않다. 지금 내가 할 수 있는 게 아무것도 없지 않는가? 다시 회사 취업을 하겠나? 지금 무언가 투자공부를 해서 투자로 돈을 벌 단계도 아니고 부모님이 돈이 많아서 물려받을 자산이 많은 것도 아니고 걱정 근심만 하고 아무것도 하고 있지 않지만 그럼에도 불구하고 계속해서 아무것도 하고 싶지 않다. 더욱더 아니, 이 정도면 괜찮은 인생 아닌가? 내집 없이 사는 사람들도 많은데 빚 없는 게 어디야. 내가 생활비 없어서 마이너스 통장을 만들거나 신용대출 받은 것도 아니고 그래, 그럭저럭 살면 되지. 큰 욕심 부리지 말자. 그런데 그때 내 친구가 제안한 펜션사업 자본금이 최소 5~6천만원 있어야 같이 동업할 수 있다고 했는데 그런 돈이 어디 있나 내가 포기해야 될까, 그럼?

잠시 준재 머릿속에 들어가서 의식의 흐름대로 생각해보았다. 소주가 한병 두병 서너 병이 쌓이고 우리는 속 깊은 이야기를 했다. 다들 본인들 인생 중심 잘 잡고 열심히 살아가는 친구들이다. 일년에 한두 번 얼굴 봐도 어색하지 않고 내 속마음을 털어놓고 응원 해줄 수 있는 사람이 있다는 게 얼마나 다행인지 모른다. 1차에서 헤어지기 전 마지막 닭발을 뜯고 있던 상황에 나는 준재에게 마음속에 있는 말을 해야겠더라고 생각했다.

"준재야, 너 회사 나와서 니 친구하고 펜션임대업 그거 동업하려하는데 자본금이 있어야 된다라고 했잖아. 최소 5~6천만원 정도. 너 내가 유튜브 하고 있는 거 알제? 혹시 유튜브 통해서 과정 그대로 공개하고 니가 부동산 투자를 하는 과정을 한번 찍어보면 어떨까. 대신 내가 니 옆에서 아파트 투자하는 방법 이론 지식 실무 이런 것들 알려주면서 있는 그대로 한번 영상으로 남겨두면 좋을 거 같아서 어떤 데? 내가 너한테 돈 얼마 벌게 해줄게 이런 건 내가 약속 못하겠는데 그래도 아파트 한 채 더 사서 2년이나 4년 뒤에 단기매도하는 전략으로 한번 진행해보면 좋겠는데, 가만히 있는 거보다는 더 낫지 않겠나? 펜션 임대업하기 위해 투자금 만들려면 뭐라도 해봐야하지 않을까?"

다들 이게 무슨 소린가 하는 표정으로 나를 쳐다보았다. 그때 준재 이외 나머지 두 친구들에게 내 유튜브 채널을 알려주었다. 소소하게 채널을 운영하고 있던 나는 주변인들에게 많이 알리지 않았었는데 친구들이 신기해하면서 웃고 박수치던 표정을 아직도 난 잊을 수가 없다. 그리고 그 옆에서 토끼눈을 하며 쳐다보는 준재의 얼굴표정을 난 아직도 생생하게 기억한다.

그래도 소액투자로 지금 들어가면 좋을 지역이 없을까? 이 친구가 아직 1주택자이니까 주택 하나 더 사면 크게 문제가 없을 거 같고 철저하게 지역 분석하고 들어가면 어느 정도 승산이 있을 거란 자신감이 10% 정도 스물스물 기어 올라오고 있었다. 술 먹고 취기로 그랬었을까, 친구에 대한 안쓰러움에 그랬던 것일까, 나도 정확히 잘 모르겠다. 아무것도 준비된 거 없이 이 친구가 과연 내 제안에 허락을 할 것인가 거절할 것인가. 옆에 두 친구는 한번 해봐라, 기회가 될지도 모르잖아. 닥호가 부동산 투자한지 꽤 됐잖아. 야, 친구가 도와준다는데, 이럴 때 도움 한 번 받아봐 봐라! 너희 둘이 유튜브 찍으면 재밌겠다. 반신반의하며 내가 공을 던졌고 이제 다음은 준재 녀석 차례이다. 다시 공을 나에게 던질 것인가? 받은 공을 그냥 버릴 것인가? 우리는 매운 닭발을 추가로 시켰다. 콩나물국도 리필했고 소주도 계속 추가해서 마셨다. 친구들과 이야기를 하다보면 술이 취하지 않는 게 이상하다. 우리는 주먹밥도 시키고 마지막에는 볶음밥으로 마무리 했다.

1차에서 10만원이 조금 안 되는 돈이 나왔고 우리는 호프집에서 2차를 하고 11시 전에 다들 대중교통이 끊어지기 전에 헤어졌다. 다음을 기약하며 술값은 정확히 1/N로 나눠 냈다. 그게 아재들의 암묵적인 룰이다. 서로 부담 주지 않는 깔끔한 계산, 그래야 다음에도 부담 없이 만난다. 그렇게 우리는 나눠 내는 문화에 익숙해져간다. 그리고 정확히 일주일 뒤에 준재 이름으로 발신자가 뜬 내 폰이 신나게 울리기 시작했다.

6

탈탈 털어도 500만 원밖에 없는데,
아파트 살 수 있을까?

2020년 1월말에 우리는 다시 만났다. 내가 일하는 매장으로 오라고 했다. 며칠 전 전화로 준재가 호기심어린 말투로 물었다.

"아니 지난번 설날 때 니가 내한테 했던 제안 있잖아. 그거 장난 아니고 진심으로 했던 거 맞제? 사실 그 제안 듣고 내가 정말 고민 많이 했거든. 니도 알겠지만 내가 집이 한 채 있는데 물론 구축 오래된 낡은 아파트이긴 하지만 그걸 내가 공부해서 투자로 산 것도 아니고 아버지가 사실 강제로 산거라서 내가 정말 부동산의 부자도 모르거든. 너야 옛날부터 투자도 하고 샀다 팔았다도 하고 원룸 건물 사서 운영도 해보니 어느 정도 알겠지만 나는 정말 아무것도 모르거든. 근데 내가 정말 가능하겠나?"

정말 예상했던 거 단 일도 벗어나지 않는 말이라 웃음이 나왔다.

"내가 니를 일이년 봤나. 자그마치 20년이잖아. 2000년 대학입학해서부터 지금 2020년, 20년, 징글징글하네. 니도 내 성향 성격 다 알고 나도 니 모든 걸 알고 있고. 일단 내가 어느 정도 계획을 갖고 있으니 일단 하던 하지 않던 이야기는 해보자는 거지. 시간되면 토요일에 매장으로 온나, 아니 시간을 만들어서라도 온나, 나도 바쁘다. 알겠나?"

그렇게 매장에서 만난 첫 장면부터 나는 아무런 협의를 하지 않고 카메라를 바로 들이밀었다. 유튜브 영상 촬영을 해보신분은 아시겠지만 서로 약속하고 짜인 각본에 만들어진 영상은 재미도 없고 감동도 없고 시청자 분들에게 바로 들통이 나버린다. 매장으로 오자마자 나는 핵심적인 질문을 하기 시작했다. 지금 니가 통장에 갖고 있는 여유자금 얼마인가? 이중에서 얼마까지 돈 쓸 수 있나? 그리고 다음 달까지만 하고 현재 있는 회사 그만둔다고 했는데 실업급여를 얼마까지 받고 총 몇 개월간 그 돈을 받을 수 있나? 현재 매달 들어가는 고정비 내역 금액은 어떻게 되는가? 투자 종목은 아파트인데, 아파트를 그냥 살 수 없으니 전세를 끼고 매수할거다, 전세 끼고 아파트를 산다는 의미를 알고 있는가? 부동산 관련 세금(취득세, 보유세, 양도세) 들어는 봤는가? 혹시라도 와이프 몰래 감춰둔 비상금은 없는가? 있다면 얼마? 아파트 투자할 때 특히 전세를 끼고 투자할 때 가장 중요한 것은 무엇이라 생각하나? 앞으로 내가 시키는 거(공부, 독서, 현장 임장 등) 모든 걸 할 마음의 준비가 되어있는가?

영상촬영을 끝내고 서로 속마음을 나눴다. 역시나 내가 생각하고 있던 것보다 훨씬 더 부동산에 대한 지식이 부족했다. 오히려 부동산은 돈 있는 사람들만 투자하는 것이 아닌가. 일반 서민이 무슨 투자냐, 부자들이 투자하는 거지 딱 그 정도 레벨이었고 스스로도 인정했다. 아무것도 모르는 무지한 상태라고.

점심시간을 훌쩍 지나 허기가 졌다. 바로 근처에 있는 신천할매떡볶이와 납작만두를 주문했다. 둘 다 떡볶이를 좋아한다. 10분 뒤 따끈따끈한 떡볶이와 만두세트가 도착했다. 매장 책상에 신문지를 넓게 펴고 나무젓가락을 세팅하고 각각 종이컵에 쿨피스를 채웠다. 역시 떡볶이엔 쿨피스~. 쌀떡을 한입 베어물고 오물오물했다. 사이즈가 꽤 컸다. 와 정말 쫀득쫀득하네. 납작만두를 떡볶이 양념에 묻혀 입에 넣었다. 대구가 납작 만두가 유명하다고 하는데 사실 난 무슨 맛으로 먹는지 아직 이해를 못하고 있다. 준재가 쿨피스를 한컵 원샷하고 말한다.

"닥호야, 오늘 니가 내 이야기 들어보니까 어떨 거 같은데 통장에 5백만원이 전부다 난 먹고 죽으려도 없다. 이거 와이프 모르는 비상금이고 이거로 아파트 투자할 수 있나?"

난 고개를 절래절래 흔들며 말했다.

"보통은 없는데 있을지도 모르지. 지방 어디 구축 중에서 매매가하고 전세가 거의 차이가 없는 아파트 찾아보면 대한민국에 있을 거야. 근데 내 생각에 그런 아파트가 가격이 오르고 시세차익을 볼 확률이 상당히 힘들 거 같아. 투자금은 적게 들어서 좋긴 한데."

"어, 근데 뭐가 문젠데. 5백으로 투자할 수 있으면 하면 되는 거 아니가?"

"그런 아파트가 왜 전세가와 매매가가 비슷하게 시세 형성되어 있는지 한번 생각을 해보잔거지. 전세가가 아파트 투자에 있어 정말 중요한 요소이고 전세가가 높은 게 즉, 매매가 대비 전세가율이 높은 아파트가 투자하기도 좋고 실거주하기도 상대적으로 좋다라고 알면 되는데 주의할 점은 여기는 아파트 가격 자체가 앞으로 오르긴 힘들다라고 생각되는 곳이 있겠지. 하지만 주변 인프라가 잘 형성되어 있어 살기는 좋은 곳이면 전세나 월세로는 살고 싶은데 매매로는 영 별로 그런 곳은 사람들이 전세나 월세로는 거래 많이 해서 살거니까 매물 나오는 대로 계약되는 거고 그러다보면 전세가는 조금씩 오르겠지. 근데 매매로 물량이 있는데도 거래가 별로 없다? 매물은 쌓인다? 혹시라도 왜 그런지 현장 가서 확인을 해봐야할 필요가 있단 거지. 근처 몇몇 군데 부동산 소장님한테 들려서 말이야. 다른 건 니가 전부다 상황이 안 좋은데 딱하나 좋은 게 뭐냐? 너 영업 뛰어서 사람 만나는 거에 대한 공포나 압박은 없잖아. 이게 얼마나 중요한지 아나? 부동산문 처음 딱 열고 들어가는 게 어려운 사람들 많거든."

어두웠던 표정이 금세 밝아진 준재가 말했다.

"아, 그게 부동산 임장이란거지. 니 말대로 난 새로운 사람들 만나는
것에 대한 두려움은 하나도 없다. 그건 장점이 되겠네. 근데 5백으로 투
자하기 힘들다면 돈을 어떻게 만들어야 되나? 걱정이네. 여기서 포기해
야 되나."

떡을 한입 더 베어 먹고 준재 눈을 쳐다보며 나는 말했다.

"여기서부턴 정말 니 결정이다. 내 생각에 현실적으로 5백만원 갖고
아파트 투자하기는 무리가 있거든 현실을 빨리 인정하고 투자금을 어떻
게 만드냐는 건데, 내 생각에 다음 달에 니가 회사 퇴사하잖아. 니가 퇴
사하기 전 즉 직장인 신분을 최대한 활용해서 나는 니가 대출 한번 받으
면 좋겠다. 지금 살고 있는 아파트 담보 대출 말고 니 인생 첫 대출이 되
겠네. 마이너스 통장이라고 들어봤제? 일단 한도 얼마까지 나오고 금리
얼마만큼 되는지 은행마다 좀 알아보고, 요새는 스마트폰 어플로도 대
출받을 수 있다고 하더라고. 나는 니가 직장 나오기 전에 마통을 뚫어놓
고 일단 돈 안 쓰면 이자는 안내니까 쓰기 전까지는 그렇게 빨리 진행해
보면 어떨까싶다. 니 연봉이 높지 않아서 사실 한도가 크게 나올 거 같진

않거든, 니 생각은 어때?"

납작만두 잡고 있는 나무젓가락이 살짝 떨리는 걸 느꼈다. 눈 밑도 조금 떨렸고 혹시 마그네슘 부족현상인가? 내가 사기 치는 것도 아닌데. 내가 괜히 긴장되는 건 왜였을까.

10월초 정도 고민하던 준재는 "니 말대로 나도 이제 내 인생 제대로 살아봐야지. 새로운 거 도전도 해보고 대출. 그래 한번 알아보는 거야. 뭐, 할 수 있지. 마통 뚫어서 안 쓰면 일단 돈은 안 나가니까. 니 말대로 다음 주 중에 은행가서 그리고 어플 통해서 인터넷 은행 같은데 좀 알아보고 한도나 금리 알아볼게."

"준재야, 나도 2011년도 첫 투자할 때 5층짜리 저층 아파트 전세 끼고 투자했었고 두 번째는 투자금 없어서 나도 신용대출 받아서 투자했었다. 그때 금리가 3프로 중반 대였고, 우리가 돈이 넉넉하면 대출받을 필요 없는데 투자금이 없으면 열심히 월급 받아서 돈을 모으거나 대출을 좀 받아서 투자해야 한다. 니가 결혼도 안한 싱글이고 회사 일한지 10년도 안됐고 부동산에 대해 아무것도 모르면 난 절대로 지금 투자하지 말라고 하는 사람이야. 최소한 매달 월급 받는 거 적금으로 모아서 어느 정도 종자돈을 모으고 난 다음 투자공부하고 임장 다니고 투자하는 순서대로 정도를 걸으라고 하는데 넌 특수상황이야. 결혼도 했고 회사에서 곧 나오는 게 확정되어 있고 아직은 아니지만 곧 시험관 성공하면 아빠가 될 거고 돈이 더 필요하겠지. 나이는 40살 넘었고 모아둔 돈은 없어 지금 이대로 과거처럼 살아왔던 대로 안일하게 아무 생각 없이 아무 계획도 없고 아무 목적도 없이 회사에서 월급 받아서 대출이자원금 갚고 자동차 기름값 쓰고 친구들하고 술 마시고 놀러 다니고 와이프하고 카페 가서 돈쓰고 젊고 연봉 많이 받을 때는 어느 정도 커버가 되는데 이제는 그러면 미래가 없고 답이 없게 되는 거야. 니가 예전처럼 뭐 어찌 되겠지! 설마 산 입에 거미줄 치겠어? 지금까지 살아보니 다 살게 되더라. 그렇지만 오늘 우리가 만나서 이런저런 이야기해보고 몇 년 뒤의 너의 미래에 대해 대화해봤잖아. 이제는 이러면 안 되겠다 이러다 정말 죽는다 혼자 죽는 게 아니고 와이프하고 같이(미래에 태어날 아이들도) 널 바라보는 와이프가 있고 미래의 니 애가 있는데 이제는 정말 바꿔야 한다라고 생각한다. 지금이 바로 그 시점이고 기회인거 같고."

한참을 듣고 있던 준재가 말했다.

"그래 오늘 팩트 폭행, 아예 여러 번 시게 두드러 맞았네, 고맙다."
"오늘은 이렇게 헤어지고 다음 주에 니 스스로 은행 쪽에 알아보고 마이너스 통장 한도, 금리 최대한 조건 좋은 쪽으로 니가 비교평가 해보고 니가 결정해서 나한테 결과만 알려줘. 그게 내가 너한테 주는 첫 번째 임무야 숙제고 그리고 이번 프로젝트를 니 다마고치 알제? 예전에 어릴 때 게임 있었잖아. 먹이 주고 키우고 했던! 다마고치 프로젝트라고 정할게.

제목 : '부동산 다마고치'
부제 : 경제등신 사람만들기 프로젝트

시작했으니 나도 있는 시간 없는 시간 쪼개서 최대한 노력할 테니 너도 잘 따라 와주면 좋겠다. 앞으로 내가 내는 숙제가 많을 거야. 니 실력이 올라가야 의미가 없는 거지 내가 사라는 거 사는 건 아무 의미가 없을 거 같아서 이해하지 친구야?"

신천할매떡볶이는 먹을 때는 매운데 계속해서 먹고 싶은 매운맛이다. 안 먹은 사람은 있지만 한번 먹어본 사람은 없다는 이따금씩 비올 때, 재미있는 영화볼 때. 오래된 친구를 만났을 때 같이 먹고 싶은 메뉴 다음에는 납작만두도 좋지만 순대를 같이 시켜야겠다. 튀김만두도 추가해서.

매콤한 떡볶이처럼, 지금 준재에게 필요한 건 눈물 쏙 빼줄 만큼 따끔하고 현실을 직시하게 해주는 도움 되는 이야기가 아닐까? 세상이 만만치 않다고, 호락호락하지 않다고 생각보다 100배는 더 매콤하다고 말이다.

7

전세금&대출 레버리지로
부동산 폭락장에서 돈 버는 방법

며칠 뒤 준재로부터 카톡이 하나 왔다.

'○○뱅크, 마이너스통장 한도 4000만원, 금리 3.96%'

오, 니가 발등에 불이 떨어지긴 했구나. 바로 알아보고 마통 준비한
거 보니까.

'오케이, 투자금이 나왔네. 마통 최대 쓸 수 있는 시드가 4000만원, 짱
박아둔 비상금 500만원, 총 4500만원 이네! 이 정도면 대구뿐만 아니라
잘하면 경기도로 갈 수도 있겠는데?'

준재가 깜짝 놀라 답이 왔다. 그럼 나도 경기도 아파트 주인 되는 거
가? 그 다음 주말 저녁에 준재를 집으로 불렀다. 나는 미리 숙제를 내줬
다. 니가 투자할 수 있는 여유자금으로 어떤 어떤 아파트를 투자할 수 있

는지 그 리스트를 한번 몇 개 만들어서 와보라고 단 관련되어 참고할 만한 사이트(부동산지인, 호갱노노, 아실, 네이버부동산 등)에 대한 정보와 어떻게 기준을 잡고 공부하면 되는지에 대해 설명한 유튜브 영상링크도 찾아서 보내줬다.

첫술에 어찌 배가 부르랴? 그동안 일이 바쁘고 와이프와 난임병원 왔다 갔다 한다고 제대로 알아보지 못했다라고 했다. 그래, 마통 준비한 게 어딘가. 어, 이것도 혹시 안 알아봤는데 알아봤다고 하는 거 아닌가?

"니 그 마통 받은 은행어플 있제. 그게 한번 켜봐라. 진짜 받았는지 보자."
뭐지 하는 눈으로 날 쳐다보며 준재가 어플을 실행했다.
"자, 여기 봐라."

다행이다. 시드가 확실히 준비되어 있어야 지금부터 하는 모든 행동이 의미가 있는 것이니까. 나는 다시 하나하나 부동산 사이트들에 들어가서 준재에게 설명해주었다. 각각의 부동산 관련 사이트들의 특징이나 장단점들에 대해서 단기 속성과정으로 빨리 진행하는 수밖에 없다. 시간이 없었기 때문이고 2020년초 시장이 나는 그 어느 때보다 투자하기 좋은 시장이라 판단되어 마음이 급한 것도 사실이었다. 사람 마음이 어디 모두 나와 같을까? 한 뱃속에 태어난 형제자매들도 성격도 성향도 가지각색인데 하물며 '(남남인)친구가 나와 같은 속도였으면 좋겠다'라는 건 욕심이었다.

우리는 그해 1월말부터 2월말까지 매주 빠지지 않고 최소 한 주에 한 번씩 얼굴을 직접 보며 어느 지역 어떤 아파트를 얼마로 투자할 것인가에 대해 후보군을 좁혀갔고 하루에 한두 번 전화로 카톡으로 계속해서 정보공유를 했다. 그러다 내가 폭발해버린 날이 왔다. 물론 이 친구도 힘들고 지쳤을 것이다. 난생 처음해보는 부동산 투자공부, 내가 통장에 갖고 있는 돈을 아파트를 사는 게 아니라 전세라는 시스템(레버리지)을 이용해서 아파트를 매수하는 것이다 보니 스스로 한계나 벽에 계속 부딪혔을 것이다. 내가 옆에서 낮이고 밤이고 할 것 없이 붙어서 코칭 해줄 수도 없는 노릇이고 내가 내준 숙제를 제대로 하지 않고 그냥 오는 날들이 늘어났다. 지역 관련된 분석을 해보라고 하면 대충대충 매물 몇 개만 적어서 왔다. 어렵다고 했다. 잘 모르겠다고 하고 지금 이걸 사는 게 맞는지, 저평가가 맞는지, 이 가격이 싼 급매금액이 맞는지? 도저히 기준을 잡지 못하겠다고 했다. 그러면 내가 지금까지 찍고 업로드한 내 유튜브 영상이라도 보라고 했지만 그는 그렇게 하지 않은 듯 했다. 어느 순간 주객이 전도되어 있었다. 내가 투자하는 게 아닌데 나는 마치 내가 4500만원의 종자돈을 가지고 내 명의로 아파트를 사는 것과 같은 입장이 되어 있었다. 친구는 뒤로 빠져있고 내가 시키는 대로 내가 하자는 대로 내가 골라둔 아파트만 보며 어, 그거 좋다! 어, 그 아파트 괜찮다!

앵무새처럼 같은 말만 되풀이했다.

　뭐지? 이건 아니지 않나? 부동산 다마고치, 부제로 경제등신 사람만
들기 프로젝트인데, 이럴 거면, 이걸 왜 하고 있는 거지? 내가 시간이 남
아서 이러고 있는 걸까? 나만 집중하고 있고 나만 절실한 걸까? 혹시 저
친구가 나 때문에 하기 싫은 부동산투자를 하고 있는 게 아닌가? 내가
저 친구 인생을 바꿔줄 것도 책임질 것도 아닌데 내가 너무 앞서 나간건
가? 그렇지만 지금이 너무 좋은 기회인데 모든 투자는 타이밍이라고 하
지 않나, 왜 내 맘 같지 않지? 조금만 따라 와주면 좋을 거 같은데.

　"준재야, 오늘 내가 하고 싶은 말은 해야 될 거 같아. 초반에 잘 따라
오더니 이제는 넌 별로 관심도 없고 절실함도 없어 보인다. 나도 새벽
에 출근해서 매장 일하고 퇴근하면 애들도 봐야 되고 씻기고 밥 먹이고
틈틈이 시간 내서 내 유튜브도 촬영하고 편집도 해야 되고 원룸건물 청
소나 임대계약도 하러가야 되고 나도 바쁘거든 너도 알잖아? 당연히 너
도 너 개인사정이 있고 다 알겠는데 한 달 정도 지났는데 넌 거의 변한
게 없고 이런 거 공부해보고 결과물 보자고 하면 안 돼 있는 게 더 많고
혹시 지금이라도 억지로 하는 거면 하기 싫은 거 나 때문에 하는 거라면
여기서 우리 멈출까? 괜히 나는 이거 때문에 우리 우정과 의 상하고 싶
진 않다. 정말 진심이다."

준재가 깜짝 놀라서 나를 쳐다봤다.

"아니다, 정말 절대 그런 거 아니다. 니가 학생 때부터 내 공부하는 거 많이 챙겨주고 그 뒤로도 지금까지 얼마나 고마운 게 많은지 모른다. 설마 내가 일부로 그랬겠나 그게 아니고 핑계로 들리겠지만 내가 지금 마음이 편치가 않네. 특히 난임병원, 시험관 계속 실패해서 나도 그렇게 와이프도 너무 힘들어하고 그게 이 프로젝트 하는 거까지 영향이 없다면 거짓말이네. 미안하다, 니가 그렇게 느꼈다면 이 정도 알아봤으면 되는 거 아닌가? 부동산 책 몇 권 봤으니 된 거 아닌가? 닥호가 어느 정도 준비해서 오겠지, 내가 뭘 알겠어? 아, 회사일도 바쁘고 와이프하고 2세 준비한다고 정신없고 돈도 많이 깨지고 시간도 많이 잡아먹고 다 살아지는 거 아니겠어? 20대 때도 그랬었고 30대 때도 잘 살아왔고 40살 되었지만 뭐 별거 있겠나? 닥호, 저 녀석처럼 노후준비? 현금흐름소득? 월급을 대처할 또 다른 소득? 자산투자? 돈 아껴서 시드머니 만들고 아, 나 정말 모르겠다. 머리도 아프고 할 시간도 의지도 능력도 에너지도 돈도 없고 어찌됐든 알아서 되겠지. 아무것도 하고 있지 않지만 더욱 더 아무것도 하고 싶지 않다. 솔직히 이렇게 회피하고 싶었던 거 같다. 과거의 나처럼. 나 정말 못났네. 정말 쓰레기다. 내가 생각해도 미안하다, 근데 나는 절대로 포기하고 싶지 않고 니를 절대로 쉽게 보거나 무시 한 적도 없다. 그거만 알아도! 내한테 딱 일주일만 시간도 니가 지금까지 말했던 숙제, 내가 밤을 새서라도 다해서 다음 주에 갖고 올게! 솔직히 우리가 벌써 알고 지낸 지 20년째잖아. 나도 너를 누구보다 잘 알고 니도 나를 누구보다 잘 알고 내 성향이 회피하는 안 좋은 습관 있는 거 알제?"

하지만 난 알고 있다. 이 친구가 밤을 새지 않을 것에 내 손목과 전 재산을 걸 수 있다는 것을. 다음 주까지 나는 기다려주기로 했다. 무덤덤하게 아무 감정 없이. 그게 오히려 더 이 친구에게 부담이 될 거라고 생각했다. 이제 바꿔야 된다. 지금 안 바뀌면 저 친구는 절대로 바뀌지 않는다는 걸 나는 너무 잘 알고 있다. 다만, 1도씩만 바뀌면 된다. 하루에 1도씩 180일이 지나고는 내가 가고자하는 방향과 동일한 방향으로 같이 뚜벅뚜벅 걸어갈 것이라 나는 확신한다. 만약에 안 되면 그때 나도 이 친구를 보내주면 된다.

일주일 뒤 놀라운 결과를 갖고 왔다. 나름대로 열심히 한 거 같다는 생각이 들었다. 대구 이외 타 지역에 아파트 매물들도 몇 개 후보군을 뽑아서 왔고, 왜 이 지역에 지금 투자를 해야 하는지 본인만의 기준을 나에게 브리핑을 했다. 100점 만점에 30점 정도 될 거 같지만 나는 박수를 쳐줬다. 칭찬은 고래도 춤추고 한다고 하지 않았던가?

"니 이번에도 제대로 안했으면 난 정말 포기하려 했었다. 사람 절대로 고쳐 쓰는 게 아니고 절대로 안 변한다고 하잖아. 다른 친구들도 니는 절대로 안 바뀐다라고 했고 준재야, 그 선입관을 니가 제대로 박살내

주면 좋겠다. 진심이다 난! 니 스스로 사람들한테 증명해 보여줘라. 말 뿐이 아닌 실행과 행동으로 그리고 결과로 말이야!"

부동산 다마고치 이 프로젝트를 시작한 지 벌써 두 달이 어영부영 지나있었다. 더 이상 지체할 시간이 없었다. 나는 지금까지 내가 알아본 지역과 아파트 후보군 하나를 이 친구에게 그냥 공개하기로 했다. 이 아파트를 사서 무조건 이익이 난다 무조건 오른다 확신할 수 없다. 그 어떤 대내외적 변수가 갑자기 생길지 아무도 모르기 때문이다. 다만, 안전마진이 어느 정도 확보되었다라고 생각했기에 이 지역에 무조건 가봐야겠다라고 생각이 들었다. 내 나름대로 분석한 자료를 PPT로 만들어 내 노트북에 띄어 설명을 시작했다.

"준재야, 니가 분석하고 투자후보군들 찾아온 거 잘 들었고 내가 하나 찾은 거 니한테 이제 설명해볼게 한 번 들어봐라. 여기는 대구에서 좀 멀긴 하다. 근데 경기도이고 남부권이야. 경기도 이렇게 생겼고 아무튼 그 지역에 나는 여기 아파트를 지지난주부터 계속 보고 있었거든. 근데 내가 왜 여기를 투자하면 좋겠냐 결정했냐면, 옆에 슬쩍 보니 준재가 눈이 휘둥그레지면서 입맛을 다셨다."

"진짜 경기도 보고 있었나, 저번에 농담인지 알았는데, 그, 그래, 그래서?"

"니도 지난 2달간 책도 보고 공부도 해봐서 부동산 투자에 대해 어느 정도 감은 잡았을 거라 보고, 일단 아파트 투자는 어떤 지역에 매수를 하던지 가장 중요한 것은 수급 즉, 수요와 공급이거든, 이 지역은 지난 2년간 신축 입주하는 아파트가 엄청 많았거든. 향후에 대구도 그렇게 될 거 같은데, 올해까지 입주가 많고 여기 부동산 지인 사이트 보면 내년 내후년 3년 뒤까지 다행히 신축입주물량이 별로 없어 보이제? 그래서 새 아파트 재고물량 즉 미분양이 좀 쌓이고 있는데 최근 그 지역 부동산 몇몇 군데 전화해보니까 마피도 있고, 마이너스 프리미엄, 물량 좀 쌓이고 있다더라고. 근데 천만다행히도 준공 후 미분양 즉 악성 미분양은 크게 없어. 크게 봤을 때 지금까지 입주공급이 많아 신축도 마피가 있는데 주변 구축은 더 가격 떨어졌겠지. 보통 사람들은 이럴 때는 무조건 집 사지 말라고 하잖아. 누가 지금 시기에 집사냐고. 더 떨어질 건데 투자의 귀재들이 보통 근데 뭐라고 했냐, 사람들의 공포에 사고 환호에 팔라! 지금은 공포시장이네. 이 지역은 공급측면에서 이런 상황이고 자, 이 지역 신축은 절대 못산다! 우리가 왜 돈이 없으니 전세 매매 갭이 몇 억은 되잖아. 그래서 신축들이 많이 들어서고 있는 구축 중에서 위치 괜찮은데, 입지 좋은 곳 주변 입주물량이 많아서 그것의 영향 때문에 매매가가 전세가 떨어진 그런 아파트가 바로 여기다. 이 말씀이지. 집중해서 잘 따라오고 있제? 지금까지 어려운거 없잖아 맞제?"

"어, 지금 초집중 상태다."

"자, 여기는 근데 그렇게 구축도 아니야. 입주한 지 이제 4년차네. 새 거지 뭐, 솔직히. 여기 아실 사이트 들어가서 실거래가 가격 찍어보니까. 여기 봐. 4년 전 입주할 때 분양가격보다 지금 내려가 있잖아. 최근 거래된 매매가격이나 전세가격 둘다 말이지. 무슨 소리냐? 신축 입주가 어느 정도 마무리 되는 내년 후내년쯤에는 지금보다 조금은 상승해 있을거란게 내 생각이야. 지금까지 나도 이런 기준에서 아파트 매수하고 매도하고 그랬었거든. 1000원짜리 가치가 있는 물건을 여러 상황(수요공급, 미분양, 시장수급상황 등) 때문에 500원이 된 걸 그때 싸게 사서 800원쯤 팔자! 이거지. 1000원 1500원 갈 수도 있겠지만 첫 투자이고 지금 장기로 투자할 수 있는 상황이 아니다보니 욕심을 내려두고 적당한 가격에 나중에 매도하면 어떨까 하는 거고."

우리가 투자하려는 아파트는 최상급지, 1등 아파트, 랜드마크 부동산이 아닌 3급지 정도 되는 위치와 금액대의 아파트이기 때문에 가장 늦게 오르고 가장 빨리 조정되고 가격 빠질 거야. 그렇기 때문에 들어가는 타이밍이 핵심! 매도하고 나오는 시기도 정말 중요하다고 생각한다. 그리고 여기 봐봐. 네이버 부동산보면 현재 나와 있는 매매가격, 전세가격 호가 있잖아, 이거 차이 봐봐라. 전세하고 매매 갭차이라 하지. 우리가 전세 끼고 투자하는 갭투자를 하니까. 최근 실거래가 된 것도 그렇고 전세하고 매매 갭차이가 2500만원 정도네, 정말 싸게 급매로 잡으면 2000만원 정도까지도 갭으로 매수할 수 있을 거 같다. 니 마통에서 확보한 돈 4000만원 굳이 다 안 써도 잘하면 될 거 같기도 하단거야.

그리고 중요한 건 나는 해당 지역 맘카페나 지역카페 글을 찾아서 보거든. 거기 지역 사람들이 부동산 이야기를 적어놓은 글을 보는 게 그게 진짜 지역 분위기 파악하는데 도움 되더라고. 근데 대부분 사람들이 부정적이더라. 역시 공급 앞에 장사 없다. 앞으로 더 떨어질 거다. 신축이 계속 들어오는데 누가 저기 들어가서 사냐? 텅텅 비어있는 빈집들이 계속 늘어날 거다. 그 돈이면 더 좋은 데를 사지 저길 왜 사냐? 역시 내 예상이 맞더라고 사람들은 공급이 많아 집값이 더 하락할거라 생각하고 매수하는 게 아닌 임대(전세나 월세)로 더 수요가 몰릴 것이고 그래서 오히려 전세 맞추기는 더 쉬운 거 같다. 전세 거래량도 꾸준히 많이 되는 거 확인됐고 물량도 별로 없잖아. 근데 핵심인건 여기는 앞으로 인구가 계속 늘어날 곳이야. 일자리가 계속 들어오고 있잖아. 그리고 사람들은 무조건 매매, 전세, 월세 3개 중에 살게 되어 있거든. 사람들은 집이 필요하단거지 지금이야 이런 3급지 아파트 주변 입주공급 때문에 전세 매매 동시에 하락해있고 지금 분위기도 안 좋지만 향후 공급이 부족해지고 입주량도 줄어들면서 미분양 또한 줄어들 것이고 사람들이 전세나 월세 임대 쪽으로 수요 몰리면 가격이 바닥 다지고 올라간단 거지. 매매가는 지지부진한데 전세가격이 올라간다. 매매가가 밀려 올라갈 수밖에 없다 라고 본다. 난 그때서야 비로소 어, 여기 몇 천만 더 보태면 집 살 수 있네. 사야 되는 거 아닌가? 최근 분양하는 아파트 가격 너무 비싼데? 준신축이고 입지도 비슷하면 가성비 대비 여기도 나쁘지 않네. 부동산은 단기투자가 아니다보니 최소 2년에서 4년 정도 보유하면서 중단기적 시장을 예측하고 투자하는 거고 지금이 바닥인지 알 수 없지만 나쁘지 않은 시기인건 맞는 거 같다.

결론은 수요적 측면에서 전세 거래량이 많고 전세 물량이 적다. 앞으로 전세가가 오를 확률이 높다. 전세 매매갭이 붙으면 매매 수요 또한 앞으로 늘어날 것이다. 일자리도 늘어나는 지역이다. 공급적인 측면에서는 향후 내년부터 신축 아파트 입주가 부족하다. 올해가 가장 입주가 많다. 심리적 측면에서 사람들 매수심리는 최악 바닥 아무도 사려하지 않는다. 전세나 월세로 계약하는 사람들이 많다. 지금까지 10년 정도 부동산 투자하면서 보통 이런 타이밍에 나는 매수했던 거 같네. 랩퍼가 된 마냥. 머릿속에 있는 말을 쏟아냈다. 목이 말랐다. 옆에 있던 빽다방에서 사온 밀크티를 한 모금 쭉 빨았다. 이 녀석 잘 따라오고 있나. 졸리는 거 아닌가. 혹시 걱정하며 옆을 봤는데 이 친구가 졸지 않고 있었다. 두 눈을 시퍼렇게 뜨고 있었다. 아니 이 친구가 집중력이 있던 인간이었네. 학교 다닐 때 맨날 조는 거만 봐서 그랬나? 내가 적응이 안 되네. 눈이 반짝반짝 빛났다. 이미 준재는 2주택자였다. 이미 경기도 24평 4년차 아파트의 주인이었다. 이미 아파트 가격은 1억 오르고 차는 벤츠로 바뀌있고 그렇게 원하던 골프도 시작했다. 그의 눈이 그렇게 말하고 있었다. 준재가 말했다.

"근데, 니말대로 신축물량이 많다고 했잖아. 그래서 옆에 구축이나

78   PART 1

준신축 전세가격이 계속 떨어지고 있는 거고 혹시 전세 끼고 매수를 할 수는 있겠지만 미분양이 좀 있고 나중에 전세가 내가 투자했을 때 가격보다 2년 뒤에 더 떨어져서 돌려줘야 될 돈이 커지면 어떡하지. 이 지역 공포 시장이라며? 니는 걱정 안 되나?"

오, 뭐지. 이런 생각도 할 줄 안다는 건가?

"아주 좋은 질문이야. 근데 잘봐래이. 지금 거래되는 전세거래량! 지난 한두 달간 거래가 상당히 많이 됐제? 이 바닥가격에서 사람들이 많이 거래했다는 거거든. 주변 입주하는 신축아파트 전세가격 보여줄게. 물론 새거니까, 이 아파트 전세 가격하고 차이가 좀 나겠지? 봐봐, 같은 24평인데 전세가격이 1억 이상 차이가 나네. 즉, 무슨 소리냐. 새 아파트 전세 들어가는 수요하고 여기 아파트 전세 들어오는 사람의 수요가 다를 확률이 높다! 신축은 상대적으로 경제력이 좀 있는 사람들. 여기 준신축은 반대겠고 저렴하고 가성비 좋은 거 찾는 사람들. 그리고 전세 거래량이 많다는 건 우리가 전세를 끼고 투자를 함에 있어 아주 유리한 상황인거지. 현장 가서 확인을 철저히 해봐야겠지만 전세를 바로 놓을 수 있는 상황이 되는 건지? 전세 대기 수요가 있는 건지? 이게 핵심이거든. 그건 현장 가서 확인해보자."

정리하자면 이 지역은 현재 공포의 시장이다. 누적 신축아파트 입주 물량이 올해까지 많다. 내년부터 3년 후까지 입주가 다행히 크게 없다. 미분양은 좀 있지만 악성미분양은 거의 없었다. 현재 주변 구축이나 준신축 아파트 매매 전세가격은 어느 정도 바닥까지 떨어진 것으로 보인다. 대구와 비교해봐도 24평 4년차 아파트. 아무리 메인 경기 핵심지역이 아니라도 그래도 경기도 수도권인데. 대구보다 싸다고? 싸도 너무 싼데? 이건 정말 너무 많이 떨어졌다. 분양가보다 더 다행히도 전세거래가 많이 된다는 건 어느 정도 실수요가 있다라는 반증이다. 바닥점이 어디인지 나도 모르고 너도 모르도 신도 모른다. 다만 무릎 정도 가격이라 판단된다. 현재 입주하는 아파트와 가격 차이가 꽤난다. 그러니 상대적으로 이 아파트 가격이 너무 싸 보인다. 2년 뒤 길게 봤을 때 4년 뒤에는 입주가 마무리되고 미분양이 정리되면 반드시 지금 가격보다는 높게 형성될 것이다. 최소 최초 분양가까지는 가지 않겠는가. 4년 전 그 가격 말이다. 향후 절대로 이 가격에 분양할 수 없을 거란 확신이 들었다.

"어때 니 생각은?"

"길게 생각할거 뭐 있나. 여기 로드뷰로 보니까 정말 완전 새거네. 단지수도 많고 언제갈까?"

"어디를?"

"이거 사러 가야지. 당장 날 잡자."

또 한명의 적폐 세력이 탄생했다. 집주인이자 다주택자. 대한민국 부동산 가격을 올린 원흉말이다. 내가 만든 걸까? 죄책감은 사실 크게 들지 않는다. 집을 사서 전세나 월세로 임대물량을 내놓은 집주인들이 많으면 많을수록 전월세 가격이 안정되고 저렴해지는 거 아닌가? 오히려 대한민국 임대시장을 안정시키는 건 다주택자들인데, 누군가는 집을 사지 않고 전세나 월세로 살고 싶은 사람들이 있고, 누군가는 집을 사서 임대를 줘야하는 사람이 있는 것이고, 사람은 누구나 본인의 이익과 이득만을 위해 생각하고 선택하고 행동한다!

2020년 2월말을 지나 3월 매화가 필 무렵 꽃샘추위가 시작되던 토요일 점심시간에 우리는 먼 여정을 떠나게 된다. 결과적으로 이 친구는 올라간 그날 현장에서 매물을 몇 개 보고 난 뒤 아파트 하나를 계약했다. 얼마 뒤 전세입자를 바로 계약했다. 전세 대기자가 있었기 때문에 가능한 일이었다. 덩달아 나도 다른 아파트를 간 김에 계약하게 된다. 어차피 지역 분석이 끝나있었기 때문이다.

우리가 부동산 다마고치! 경제 등신 인간 만들기 프로젝트를 시작한 지 고작 60일이 막 넘어가고 있는 때였다. 그만큼 시기가 좋았고 운이 가장 좋았다. 해당 지역 분위기가 워낙 좋지 않았던 그 타이밍에 아무도 부동산을 사려하지 않고 지역 부동산 소장님들마저도 투자를 권유하지 않았던 그 시기에 빨리 매수했던 것이 다행히도 성공할 수 있었던 가장 큰 이유였다. 이 친구는 2년 뒤 이 아파트를 매도하면서 최초 본인의 투자금 2000만원 대비 400%의 수익 8000만원의 매도차익을 거두고 팔았다. 그 2년 사이 다른 직장으로 이직하여 그전보다 적은 월급이지만 일을 해서 월급을 받아 일단 생계를 꾸려나갔다. 그렇게 버텨내야만 하는 시기였다.

매도차익에 대한 일정 비율의 양도소득세를 내고 마이너스통장에서 일부 사용한 투자금 2000만원을 다시 채워 넣고 나머지 5000만원 조금 넘는 돈으로 2022년부터 바로 다른 친구와 함께 예정되어 있던 펜션 임대업을 동업하게 되면서 제2의 인생이 시작되게 된다. 직장인에서 임대업으로 신분 변경! 다만, 불행하게 시험관 시술이 8번째 실패하던 시기였기도 했다.

8

10채 이상 부동산을 보유하면 금방 부자 될 줄 알았지, 나락행 롤러코스터였네

"고객님, 혹시 오른쪽 귀 옆에 원래부터 100원짜리 동전 크기만한 땜통 있으셨던 건가요?"

3년 넘게 단골로 다니던 미용실 원장님이 조심스럽게 질문을 하셨다. 나만 그런지 모르겠는데 이발하러 갈 때 거의 말을 잘 하지 않는다. 이발하는 동안 보통 눈을 감고 쉬고 있다. 처음 자리에 앉아서 원래 자르던 대로 적당히 짧게 쳐주시고 구레나룻은 조금 살려주세요라고 말씀드렸다. 원장님도 조용조용한 성격이신데 갑자기 뜬금없는 질문, 그것도 나도 잘 모르는 땜통에 대한?

"아, 어, 네, 아마, 그럴 거예요."

"아, 네, 그러셨구나. 네 알겠습니다."

2021년 9월 온 세상이 울긋불긋 단풍으로 물들고 2020년부터 부동산 시장 또한 2021년까지 상승장, 대세상승장, 전국불장으로 대한민국이 너도나도 부동산 투자를 하지 않으면 안 되는 분위기로 모든 곳에 붉게 물들기 시작했다. 뭐든지 사면 오르는 시기였다.

아파트, 다세대빌라, 꼬마빌딩, 단독주택을 넘어서 비주거 상품인 오 피스텔, 생활형 숙박시설, 분양형호텔, 지식산업센터 등등 그 시기 정권 을 잡고 있던 정부는 수십 번의 부동산 규제정책을 발표했지만 역부족 으로 보였다. 다들 조금씩 이성을 잃어가고 있었다. 모두 다 본인 실력 으로 부동산 투자가 성공하고 돈을 벌고 자산이 커지는 줄로만 알았다. 수요공급의 문제, 부동산 규제정책의 실패, 코로나로 인한 기하급수적 인 유동성의 공급 여러 원인들이 복합적으로 뒤엉켜 자산시장의 거품이 끼고 부동산 또한 거침없이 올랐다. 나도 내가 너무 잘하는 거라 착각했 었다. 불행 중 다행인지 다주택자인 나는 취득세 강화 규제정책이 발표 된 후 더 이상 아파트를 매수하진 못했다. 12%가 넘는 세금을 내고 아파 트를 사기에는 역부족이었다. 지금까지 보유한 부동산들의 공시가격이나 실거래가격을 기준으로 해 예전보다 나는 더 큰 자산을 형성하게 되었 다. 아니, 내 돈인 거로 착각했다. 팔지 않았음에도 불구하고 팔기 전에 는 단지 예상수치이다. 사이버 머니와 다름없는 것이다.

이 당시 유튜버에 100억 부자니 월 1000만원 번다고 하는 사람들이 정말 많이 나올 때였다. 와, 이렇게 돈 많은 사람들이 많고 능력 좋은 사람들이 넘쳐나는구나. 다주택자 양도소득세 중과정책 때문에(이 또한 내 욕심일지 모른다. 세금폭탄을 맞더라도 팔았어야 했다.) 사지도 팔지도 못하는 시장분위기였다. 지금 나와 같은 후회를 하고 있는 분들이 정말 많을 것이다. 코로나로 풀린 대규모 유동성은 갈 길을 모르고 모든 자산으로 빨려 들어가기 시작했다. 단기간에 폭등한 자산에 거품이 형성되는 게 당연하듯 단기간 폭락시장이 나를 기다리고 있었다. 난 멋도 모르고 한껏 어깨뽕이 들어가 있었다. 2021년 가을을 기준으로 대구지역 기존에 보유한 아파트들의 전세 만기가 다가오면서 나는 10년 넘는 부동산 투자기간 동안 지금까지 경험하지 못한 지옥을 경험하게 된다. 2022년부터 대구는 역대급 신축아파트 입주가 대기하고 있었다.

수년전부터 그렇게 목격했음에도 불구하고 어딜 가나 타워크레인 공사차량 레미콘차 와 대구에 저렇게 많은 아파트가 들어오는데 들어와서 살 사람들이 정말 있을까 걱정을 했음에도 나는 아무런 액션을 취하지 않았었다. 어떻게든 되겠지. 내가 가진 아파트와는 크게 상관없을 거야. 안일한 생각이 나를 욕심 가득한 내 욕망이 나를 집어 삼켰다. 한여름 밤의 달콤한 꿈이었을까? 생각보다 내가 감당해야 할 리스크는 상상을 초월했다. 무엇을 상상해도 그 이상이었다. 그럴싸한 계획을 매일매일 짜고 있었지만 쳐 맞고 난 후 모든 건 내 망상에 불과했다. 전쟁터 속에서 난 패배자였다. 그때부터 잠못 드는 밤의 연속이었다. 어떻게 하면 역전세 금액을 되돌려줄까? 이 아파트는 팔아야 하는 건가. 저 아파트는? 지금 전세 시세대로 다른 사람과 계약을 하면 되돌려줘야 될 돈이 얼마정도 되는 거지? 내 통장에 지금 얼마나 있지? 우리 월 생활 고정비가 얼마더라? 역전세 반환대출이 얼마나 나올까? 금리는? 어서 은행 가서 알아봐야겠다! 다주택자는 대출도 많이 안 나온다고 하던데. 걱정이네. 다른 건 몰라도 기존 세입자분들 전세자금은 문제없이 돌려줘야 하는데 피해를 주면 안 되니까. 엎친 데 덮친 격으로 2022년부터 다가구 다세대 오피스텔 전세 사기범들의 뉴스가 메인에 장식되기 시작했다.

> ○○지역 35채 오피스텔 주인 잠적! 수십명 전세임차인 피해예상! 피해금액 200억!
> ○○지역 원룸다가구주택 15채 집주인 파산! 전세금 못돌려줘 피해자 발동동!!
> ○○지역 오피스텔 한동 전체 건물주 스스로 목숨끊어. 임차인들 전세자금 못돌려받을지도! 피해자 스스로 목숨끊어!. 벌써 5명째. 전세사기. 깡통전세!

이때의 공포는 직접 경험해보지 못한 사람들은 절대 알 수가 없을 것이다. 대한민국 모든 지역 아파트, 빌라, 다가구, 단독주택 거래량이 말 그대로 1/10 토막이 났다. 사람들은 움직이지 않았다. 사지도 팔지도 말 그대로 고정! 얼음!(누가 땡! 좀 쳐주세요)

2022년 미국발 초단기간 금리 급등에 따른 우리나라에도 그 여파가 그대로 전해지면서 금리가 순식간에 폭등했다. 전세 자금 대출이자가 상대적으로 월세보다 저렴해서 전세로 들어왔던 세입자들이 이제는 월세로 이동하기 시작했다. 전세 보증보험 126% 룰로 강화되면서 빌라, 오피스텔, 다가구 건물주들은 강제 역전세 상황에 놓이게 된다. 비아파트 시장이 이때부터 초토화되면서 지금까지 아무 문제없이 민간 임대사업자의 역할을 하면서 전월세를 주고 국가에 세금 꼬박꼬박 내던 99% 정상적인 임대인들까지 사기꾼 취급을 받고 그들에게 적폐라는 누명이 쓰이게 되면서 그들은 점점 시장을 떠나고 망하고 소위 죽어나기기 시작했다. 비아파트 시장에 특히 전세로 들어오려는 사람은 더욱더 사라져갔다. 비아파트 가격은 속절없이 무너지고 전세가격 또한 아무도 들어올 사람이 없어 임대인들은 울며 겨자 먹기로 대출을 받아 기존 전세금을 내주고 월세로만 계약을 하게 된다. 그 1%도 안 되는 악질 사기꾼들 때문에 비아파트 시장이 지금까지 정상 복구가 안 되고 있는 것이다. 아무도 빌라를 짓지 않는다. 아무도 원룸건물을 짓지 않는다. 비아파트를 사려는 사람도 없고 전세로 들어 오려하는 사람도 없다.

2023년 말부터 시작된 물가 대폭등으로 인해 인건비, 자재비, 건축비, 공사비 전체가 말도 못하게 올랐다. 말 그대로 빌라 업체사장님들 또한 땅을 분양 받지도 기존 구축 주택을 매수하기도 않았다. 건축은 중단됐고 인허가 착공 실적 또한 바닥수준이다. 아무도 사지 않는데 누가 지으려 하겠는가? 돈이 되어야 사업을 진행하겠지만 이런 시장상황에 내 돈을 손해 보면서까지 비아파트를 공급한 사람은 대한민국에 없다. 2024년 하반기 현재까지 아파트공급을 대처할 만한 비아파트 공급에도 큰 문제가 생겼다. 정부가 어떻게 대한민국 주택시장을 안정화 시킬지 특히나 전월세 시장을 안정화 시킬지 아파트, 비아파트 공급대책이 어서 나와 더 이상 예전처럼 단기간 급등, 단기간 급락시장이 다시는 오지 않길 간절히 바래본다. 그 누구도 행복하지 않았다. 임대인도 임차인도 정부도 건축 시행시공사들도 아, 은행만, 좋아지겠구나.

나는 2022년부터 약 3년의 시각을 보내는 동안 역대급으로 힘든 시기를 관통하고 있었다. 그냥 존버하고 있었다. 다른 표현으로 설명되지 않는다. 손해를 보고서라도 많은 아파트 매물을 헐값에 팔았다. 마련한 자금으로 역전세금을 돌려주었다. 그럼에도 불구하고 운영하는 원룸건물 3채에서 총 10개가 넘는 공실이 발생했고 아파트 역전세로 인한 계약이 5건을 넘어가고 있었다. 그럼에도 불구하고 지금까지 나는 단 한 번도 단 하루도 제날짜에 전세금을 내주지 못했다거나 피해를 드린 적이 없었다. 천만 다행히도 하늘이 날 버리지 않았다. 아직도 그 고난의 시기가 끝나지 않았고 진행형이다. 그 시기에 뒤통수에 땜통이 100원짜리만 한 게 생겼다는 게 이상하게 느껴지지 않을 정도이다. 500원짜리가 아닌 게 어딘가? 나이 들어 나이 살인가, 살이 왜 이리 안 빠지지 했었는데 그 시기 밤잠을 설치고 불면증에 시달리고 부동산에 연락하고 동시에 헐값에 우량한 물건을 정리하고 그렇게 빠지지 않던 살이 빠졌다. 희한했다. 내가 이 시장에서 정리 안 당한 게 다행이라고 해야 할까? 근데 볼살이 빠지면서 더 없어 보이는 게 문제였다. 안 그래도 얼굴이 없어 보이는데 뱃살이 빠지면 좋았을 것을… 끝 모를 바닥으로 추락하는 나락행 롤러코스터를 3년간 타보니 나는 확실하게 깨달았다. 지금까지 난 운으로 내 자산을 키우고 현금흐름을 만들었었다. 시장 상황도 나를 도왔고 이 얼마나 기세등등하고 나 잘난 맛에 살았던 것일까?

사람은 언제나 겸손해야 한다. 시장은 이렇게 무서운 것이다. 한번에 모든 것을 잃을 수도 있다. 10년 쌓은 나만의 성이 한순간에 모래성처럼 사라질 수도 있구나. 무너질 수도 있겠구나. 초심을 잃었었다. 잃었었던 초심을 다시 찾아야 한다. 내가 갖고 가야 할 우량한 물건을 제외한 나머지를 정리했다. 또한 원룸 건물도 한 채 매각을 했다. 내가 샀던 금액 대비 1억 넘게 손해를 보면서까지 그래도 팔아야만 했었다. 그래야 내가 사니까 모든 걸 들고가려 하면 정말 내가 죽는다. 포기할건 어서 미련 없이 버려야 한다. 내 몸을 가볍게 하는 게 우선이었다. 앞으로 절대로 욕심 부리고 바닥에서 사서 꼭지에서 팔겠다라는 생각을 버리자. 앞으로는 절대로 공격적인 투자를 지양하고 안정적인 보수적인 투자 현금흐름이 나오는 투자로의 전환을 목표로 한다! 이번 실패가 내 부동산 투자인생 전체 실패를 말하는 건 아닐 것이다. 그렇게 규정짓는 순간 난 끝이다. 지금 바닥을 찍었고 나는 이제 다시 올라간다. 하지만 절대로 빨리 급하게 갈 생각은 없다. 앞 뒤 옆을 다 돌아보고 천천히 안정적으로 한발한발 올라간다. 이번의 실패를 교훈삼아 다시는 같은 실수를 반복하지 않겠다. 또한 상처받은 내 마음을 내 자존감을 치유하면서 준재야 미안하다. 지난번에 니가 성과급(부동산 다마고치 성공기념)으로 줬던 그 100만원 아파트 전세 임차인분 역전세자금 돌려주는데 보태서 써버렸네. 와이프하고 애들하고 맛있는 거 먹고 국내여행이라도 다녀오라고 했었는데, 애들한테도 미안하고 와이프한테는 할 말이 없네. 모든 건 내 책임이니까. 눈물이 앞을 가리지 않는다.

역시, 난 T다. 와, 정말 무서운 놈이다. 내가 생각해도 난 정말 와, 오늘 퇴근하면 치킨이다! 100원짜리 크기 땜통! 성과급 100만원 행방의 비밀! 뭐지 딱딱 잘 맞는 이 미친 라임은! 나 혹시 천잰가? 놀랍게도 2024년 10월 현재 100원짜리 뒤통수 땜통은 거짓말처럼 사라졌다. 땜통아, 우리 다시는 만나지 말자!

나는 절대로 다시는 내 인생투자 최악의 암흑기시절 지난 3년의 시간으로 돌아가고 싶지 않다. 이 글을 보시는 독자님들 또한 지금 현실이 너무 힘들고 고달프고 고통스러우신가?

지금보다 더 최악이고 더 힘들었던 과거가 분명히 있을 것이다. 그 고난의 시간을 흘러갔고 우리는 이겨냈다. 지금이야 웃으면서 과거를 추억하며 그래 그랬던 시절도 있었지라고 웃으면서 생각날지도 모른다. 지나간 모든 일들의 기억들은 시간이 지나면 미화된다란 말도 있듯이 말이다. 얼마나 행복하고 감사한 일인가. 지금 현재는 우리에게 주어진 기적이다. 남과 나를 비교하지 말란 이야기가 있다. 과거의 가장 힘들었고 고생했으며 돈도 없고 자산도 없고 미래가 보이지 않았을 그때 타임머신이 있더라도 절대로 돌아가고 싶지 않은 그 시절 그때와 지금을 비교하면서 우리는 초심을 잃지 말아야겠다. 지금 건강하게 살아있어 나는 너무 행복하다.

지방 32년차
복도식 16평 아파트에 사는
못난 가장의 고백

PART 2

1

돈 있는데 대출을 왜 받아?
전세가 가장 좋아! 투자를 왜 해?

26살에 운 좋게 한국전력 계열사 공기업에 취업한 후 31살 때까지 월급 받아 모은 돈이 거의 5천만원 정도였다. 아니 왜 그 정도밖에 모으지 못했을까? 집안의 사정 때문에 큰 목돈이 한번 내 통장에서 떠났던 사건도 있었고, 31살에 결혼하면서 그 이후에 돈을 열심히 모아서 겨우 대구 외곽에 30년 넘은 15평 방 2개 화장실 1개짜리 구축아파트 전세를 구할 수 있었다. 나는 그 당시 타 지역에 근무하고 있었기에 와이프(그 당시 여자친구) 회사 인근에 구하면 출퇴근이 편할 거라 생각했다. 지금부터 약 13년 전인 2011년초 신혼집을 알아보러 다녔는데 대출을 내서 집을 사거나 마이너스통장이나 신용대출을 받아서 집값에 보탠다하는 생각은 전혀 하지 않았었다. 월세는 매달 내는 돈이 아깝고 하나 남은 선택지가 전세였다.

어릴 때 부모님이 친구 빚보증을 잘못 서는 바람에 어릴 때부터 두 분이 참 많이 싸우셨던 기억이 많다. 아, 함부로 빚을 내면 저렇게 되는 거구나. 나는 절대로 은행가서 대출받지 말아야겠다. 아니 돈이 충분히 있는데 대출 내는 사람들이 이해가 안가네라고 그때까지 생각했었다. 그 당시에도 네이버 부동산으로 5천만원으로 구할 수 있는 전셋집을 알아본 결과 다행히 와이프 회사 근처 오래된 아파트가 필터링 결과로 나왔다. 주말에 시간 내서 와이프와 같이 아파트를 보러가기 위해 부동산에 미리 약속을 잡고 만났다. 해당 아파트단지에 나와 있던 전세매물 몇 개를 보고 난 후 그 중에서 가장 층이 좋고 내부 상태가 깨끗한 집으로 계약을 했다. 내 돈 4600만원이 온전히 계약하고 나중에 잔금할 때까지 집주인 계좌로 입금이 되었다. 그 당시에는 얼마나 손이 떨리던지 아직도 기억이 생생하다. 30대가 넘어가면서 내 인생에 처음 경험하게 되었던 일들...

결혼
결혼식 준비(결혼식장대여, 스드메, 신혼여행지, 양가부모님 인사, 청첩장 돌리기)
신혼여행
신혼집 계약
신혼살림 구매

남자 분들은 아마 이해할 것이다. 와, 결혼이 이렇게 복잡하고 힘든 것이구나. 두 번까지는 하지말자. 한번이면 됐지 두 번할 능력도 없었다. 거의 4년을 살았던 이 집에 여러 가지 추억이 있다. 좋은 기억도 있고 나쁜 기억도 있고 주말부부였지만 그래도 금요일 퇴근하고 와이프가 있는 우리 둘만의 작지만 소중한 보금자리가 있다는 것. 이 집에서 첫째가 만들어지고 아이를 낳고 어느 정도 양육을 했던 공간이며 와이프가 다행히 출퇴근에 있어 가까운 거리라 편했다라고 했던 공간. 다만 오래된 아파트이다 보니 특히, 벌레 바퀴벌레, 아, 이건 정말 지금 생각해도 살 떨린다. 주차공간이 절대적으로 부족한 아파트라 2중 주차는 기본이고 3중 주차로 아침에 차가 나가려면 정말 전쟁터가 따로 없었다. 30년이 넘은 집이다보니 여러 가지 문제들이 많았지만 부동산 소장님 통해서 돌아온 대답은 그냥 싸게 전세준거니까, 그냥 대충 살아라, 본인이 조금 고쳐 쓰던지. 아, 그런 거구나. 내가 전세를 싸게 살고 있어서 오히려 감사해야 되는구나.

하지만 곧 사건이 터졌다. 와이프가 첫째를 임신하고 있던 그 어느 평일이었다. 나는 3시간 30분 떨어진 타 지역의 회사 기숙사에 있었고 밤에 자려고 누웠는데 급하게 전화가 왔다. 현관문을 누가 강제로 열려고 도어락 비밀번호를 누가 막 누르고 있다고 말이다. 이게 도대체 무엇인가? 나는 지금 바로갈 수도 없는 상황인데 깜깜한 밤에 누가 강제로 집에 들어오려 하는 거지? 복도식 아파트라 혹시 옆집 사람인가? 아니면 도둑이나 강도인가? 당황하는 와이프를 침착하게 안정시키고 일단 수동으로 잠글 수 있는 수동걸쇠를 우선 걸어두라 말했다. 곧바로 관리사무소와 경찰서에 전화해 신고했다. 몇 분 뒤 출동한 경찰관과 관리사무소 직원분이 현장을 확인하고 전화가 왔다. 와이프는 울고불고 특히 홀몸도 아닌데. 옆집 아저씨가 밤에 술을 마시고 본인 집인지 알고 착각해서 우리집 도어락을 계속 눌렀다는 것이다. 그 아저씨가 워낙 자주 그렇게 늦게 술 먹고 들어오다보니 아내 되시는 분이 도어락 비번을 바꿔버렸다는 사건의 전말이었다. 너무 화가 나서 나는 그분이 술이 깬 다음날 정식으로 사과를 하시라 요구했었고 죄송하단 말을 들을 수 있었다. 아, 이게 복도식 아파트의 단점인가? 그래서 사람들이 계단식 아파트를 선호하는 구나 상대적으로 더 비싼 이유가 있구나.

근데 나는 더 비싸고 환경이 좋은 아파트에 갈 수가 없잖아. 지금까지 모은 돈 전부 합쳐서 모은 게 5000만원이고 그 돈으로 갈수 있는 아파트 전세가 여기밖에 없었고 지금 결혼했으니 신혼집은 구해야 하고 그렇다고 월세로 계약하자니 매달 나가는 월세가 너무 아깝고 전세는 온전히 계약 끝나면 내가 다시 받아가는 돈이니 손해 보는 거 같진 않아 선택한 거야. 그래 지금까지도 열심히 잘 살아 왔잖아. 월급 받아 거의 70% 정도는 적금으로 바로 이체시키고 나머지 돈으로 생활했고 내가 돈을 함부로 쓰는 것도 아니고 차에 대한 욕심이 있는 것도 아니고 이렇게 한 단계 한 단계씩 올라가는 거지 뭐. 지금은 4600만원짜리 전세아파트 살지만 맞벌이 계속해서 2년 뒤에 5000만원 더 모아서 더 비싸고 좋은 계단식아파트 전세로 이사가면 되는 거니까. 남들이 부러워하는 공기업 다니고 와이프도 같이 맞벌이하고 있고 신혼집도 아파트로 구했고 2년 뒤에 전세 끝나면 이 돈 받아갈 수 있는 보증금 확보되어 있고 계속해서 월급 받아 모으면 자산도 더 커져갈 것이고 다른 사람들은 임신도 바로 안 될 수도 있다던데 바로 첫째아이도 임신도 했고 이제 정말 나도 안정적인 30대 부부로 살게되는 걸까? 열심히 살았던 보람이 있구나. 회사생활 더 열심히 하고 오래 동안 다녀야겠다. 정년까지 쭉.

2011년 가을쯤 나는 평범한 일상 점심을 먹고 나서 회사 사무실에 몇몇 직원분들끼리 웅성웅성 대화하는 내용을 통해 내 인생 최초로 머리에 망치를 제대로 한방 맞는 충격적인 사건에 맞닥뜨리게 되면서 내 인생 방향성은 180도 바뀌게 된다. 어, 나는 정말 우물 안 개구리였구나.

일생에 한번은
대가리가 깨져야 한다!

"아니 이번에 광주 상무지구에 청약하는 아파트가 있는데 33평 분양 가가~."

"안 그래도 나도 이번에 사택 정리하고 광주로 나가려고 애들 중학교도 학군지로 옮겨야하고~"

"저는 그 주변 신축아파트 이번에 매수했는데 역시 위치가 좋아서 주변에 있을 거 다 있고 정말 살기 좋더라고요."

어, 저게 무슨 소리지 대체? 아니 회사에서 직원들 복지 차원에서 사원아파트를 거의 공짜로 관리비만 내면 살 수 있게 지원해주는데 왜 여기를 나가서 군이 생돈 들여가면서 그것도 부족해서 대출까지 받아서 집을 산다는 거지?

"이과장님 집을 이번에 분양받으실 거라구요? 신과장님은 사택 정리 하시고 광주로 나가신다는 거고 정대리님도 신축아파트 매수를 하셨다 고요? 아니, 사택에서 살면 돈도 안 들고 오히려 돈을 더 빨리 많이 모을 수 있는데 굳이 왜 빚내서 대출까지 받아서 나가시는 이유가?"

나는 사실 그때까지 부동산의 '부'자도 몰랐다. 멀쩡한 사원아파트가 그것도 떡하니 회사 근처에 있어 출퇴근도 편한데 굳이 30~40분 거리까 지 멀리 나가서 그것도 집을 사서 이사를 간다? 나는 이날 내 인생 운명 적인 날이라 스스로 생각하고 정의하고 있다. 현재까지도! 그만큼 충격 이 컸고 내가 31살 때까지 탑재하고 있던 인생관(돈과 집에 대한 모든 기준과 원 칙)을 송두리째 바꿔버린 날이었기 때문이다. 역시 경험을 무시 못 한다. 이분들 대부분이 그전부터 부동산을 소유하고 집을 산 경험이 있는 분 들이었다. 그리고 이제 애들 나이가 서서히 중학생 고등학생이 될 때라 아이들이 어느 학교 학군 학원가 근처에서 사는 가가 정말 너무너무 중 요하던 시기였기도 했다. 당연히 그 나이 또래 애들을 키우는 부모들이 만나서 하는 이야기 주제 대부분이 아이들 학업에 대한 주제가 될 수밖 에 없었다.

어느 학교가 졸업생이 좋은 고등학교 대학교를 많이 간대! 어느 학원 은 수학이 좋고 어느 학원은 영어 잘 가르친대! 그때 나는 지방부동산 특히 아파트값이 학군, 학원가, 학교로 좌지우지 된다는 걸 알았다. 그때부터 나는 '사원아파트에 공짜로 주거비를 내지 않고 온전히 월급을 다 모으는 게 부자가 되고 성공하는 게 아닐 수도 있겠다'라는 생각을 처음 하게 됐던 순간이었다. 그리고 시작한 게 두 가지이다. 하나는 나처럼 사원아파트에 거주하는 직원분들과 본인의 집을 사서 사택을 떠나 있는 직원분들과의 대화주제, 관심사, 자산, 돈과 경제에 대한 마인드를 잘 관찰해보기로 했고 나머지 하나는 내가 어릴 때부터 크고 자라왔던 대구, 대구는 부동산 상황이 어떻지, 대구는 어느 아파트가 비싸고 왜 거기가 비싼 건지, 혹시 대구도 좋은 학교주변이 비쌀까?

이 두 가지를 회사 안과 밖에서 관찰하며 유심히 지켜보기 시작했다. 결과는 내 예상과 너무 달랐다. 집을 사서 사택을 떠난 사람들이 경제, 부동산, 정부정책에 더 민감하고 경제뉴스에 관심이 있는 반면 사택에 있는 분들 대다수가 그 집이 본인집이라는 착각 속에 너도 나도 할 것 없이 월급을 소비재에 써버리는 걸 보고 아, 내가 지금 뭔가 착각을 해도 크게 착각하고 있었구나.

내 돈과 대출금이 부동산에 매수할 때 들어간 사람들이 돈에 대해 진심으로 자산과 재테크에 있어 몇 수는 더 위구나. 대출이 있으니 오히려 더 악착같이 돈을 아끼고 모으려 하는구나. 시간이 지나면 지날수록 이분들의 자산 격차가 커질 수밖에 없겠구나. 사택에 있는 분들은 이걸 잘 모를 거란 생각이었다. 알고 있어도 현실을 회피하거나 둘 중 하나는 확실했다. 나는 결심했다. 그리고 마침내 나는 서서히 깊은 우물을 탈출하기 위한 준비를 했다. 한방에 뛰어올라 탈출하기에는 너무 높은 높이였다. 천천히 꾸준히 벽을 타고 기어 올라가는 방법을 선택했다. 타고 올라가며 내가 있던 자리. 그 깊은 우물 밑바닥을 한 번씩 뒤돌아본 적도 많았다. 과연 내가 나가려는 저 우물 밖이 정답인가? 밖에는 무시무시한 괴물들이 나를 잡아먹으려 기다리고 있지는 않을까? 혹시 여기 항상 물이 안정적으로 가득 차 있는 우물 안이 더 안전한 곳이 아닐까? 괜히 남들 이야기에 휘둘려서 내가 있어야할 자리에서 괜히 나만 튀는 행동을 하고 있지 않나? 남들 하듯이 남들이 생각하듯이 남들처럼 그렇게 사는 게 혹시 올바른 길 아닐까? 하지만 나는 마음을 다잡았다. 천만다행히도 우물 밖을 걸어 나오는 데까지 채 6개월이 걸리지 않았다.

그 당시 나는 2011년이 가기 전에 첫 부동산 투자를 실행하게 된다. 대구에 있는 한 5층짜리 아파트 4500만원짜리를 3600만원에 전세를 끼고 내 생애 첫 명의로 가져왔으며 2년 뒤 귀여운 차액을 남기고 매도하게 된다. 그 당시 대구는 미분양 물량이 가득하여 새 아파트 구축할 것 없이 가격이 너무 내려가 있었고 투자한 이 아파트 또한 더 이상 내려갈 가격은 없어보였다. 그리고 2012년부터 본격적으로 다주택자의 길로 들어서며 대구에 있는 아파트를 매수하게 된다. 아파트를 사서 월세로도 놓아 월세도 받아보았고 분양권을 프리미엄을 주고 매수하기도 했었다. 대구 부동산에 관심을 가지고 공부를 했던 그 시기! 지방 아파트가 대세 상승하기 시작했던 시기라 나는 운도 따라주었다. 아, 우물 밖에 이런 곳이구나.

　미분양이 많고 아무도 아파트를 사려하지 않을 때 남들보다 반박자만 빨리 싸게 급매로 살 수만 있다면 승산이 있겠구나. 월급을 모아 시드를 만들어 싸고 급매로 우량자산을 사 모으는 방법만이 지금 내가 집중해야할 것이구나라고 말이다. 나는 그렇게 대출 절대로 받으면 망해! 라고 생각했던 사람에서 주택을 여러 채 보유하고 대출도 적절히 이용할 줄 아는 다주택자이자 임대사업자의 길을 가게 된다. 후회는 없다. 나는 정부를 대신해 사람들에게 안정적인 전월세를 공급하는 민간주택 임대공급자로 살고 있다는 자부심이 있다. 바로 그 시절 회사 사무실 내 사원아파트를 떠나 본인 소유 아파트로 이사 간다는 그날 그 대화. 그분들 덕분에 말이다. 어쩌면 내 인생 최대의 은인분들이 아닐까? 다행히 우물 밖에는 괴물은 없었다. 내가 괴물이 되지 않으면 될 뿐이었다. 과거로 돌아갈 수 있는 타임머신이 있다 해도 절대로 나는 과거로 돌아가고 싶지 않다. 과거로 돌아간다 하더라도 30살 그때처럼 내 능력선에서 그렇게 열심히 치열하게 살 수 있을까? 답은 NO!

　대부분의 과거 기억이 미화된다라고 한다. 힘들고 고통스럽던 일들도 시간이 지나면 어느 정도 잊히고 상처가 낫는다고 현재의 내가 과거의 나보다 더 잘 살고 경제적으로 더 여유 있고 더 나은 삶을 살고 있기에 과거의 고통과 인내의 과정들이 추억이 되고 좋은 경험이라 생각되어지는 것이라고 믿는다. 10년 뒤의 내가 현재의 나를 보고 다시 비슷한 생각을 할 수 있도록 하루하루 열심히 살아가야할 이유가 바로 그것이 될 것이다.

16평짜리 방 2개짜리 구축아파트, 과연 아이들에게 최선일까?

2024년 대프리카 8월의 어느 무더운 여름날. 아이들의 기나긴 여름방학이 끝나고 2학기 개학 첫날이다. 6시 알람 소리를 끄고 벌떡 일어났다. 아이들은 아직 꿈나라다. 와이프도 눈뜰 생각이 없다. 출근 준비를 서둘러하고 주방으로 발길을 돌렸다. 방학 동안 학교 돌봄교실에서 점심을 먹기 위해 도시락을 싸줬었는데 드디어 끝나는 날이다. 수저세트와 물통만 챙겨주면 되니 얼마나 간편한가? 그동안 와이프가 아이들 점심을 싸주고 출근한다고 많이 힘들었을 건데 아무리 우리가 아이반찬 매장을 하고 있다 해도 매일 아이들 도시락을 싸는 게 쉽지만은 않은 일이다.

밤새 물기 빠진 그릇을 싱크대 상부장을 열고 자기자리에 쌓아둔다.

어젯밤에도 열대야로 에어컨을 끄고 잘 수가 없었다. 선풍기가 아이들 얼굴 쪽으로 틀어져있고 밤새 추웠는지 둘다 이불을 꼭 덮고 자고 있다. 서둘러 선풍기를 끈다. 어젯밤에 못 다한 방학숙제를 하며 학교 가기 싫단 아이들끼리 이야기하는 소리가 어렴풋이 들렸었다. 나는 일찌감치 피곤해서 불 끄고 누워서 투덜대는 소리를 듣는데 웃음이 나왔다. 나도 학생 때 저랬는데.

출근하기 전 아이들 자는 얼굴을 쳐다보고 쓰다듬었다. 첫째는 머리카락이 왜 이리 길지. 개학 전에 머리 안 잘랐나? 이발하는 걸 왜 이리 싫어하는지 확 밀어버리고 싶다. 깔끔하게 날도 더운데 사서 고생이다. 손발톱 와, 뭐야. 왜 이리 길어. 얘만 그런가. 자기 몸에 자라나는 걸 자르고 다듬고 하는 걸 극도로 싫어하니 참. 둘째는 얼굴이 새카맣다. 밖에서 탄 것도 아니고 원래부터 그렇다 나를 닮았네. 애잔한 마음이 들었다 그냥. 따로 자라고 2층 침대를 사줬는데 왜 같이 자고 있을까?

어떤 날은 1층에서 어떤 날은 2층에서 출근 준비를 하고 백팩을 메고 종이 박스들과 음식물 쓰레기를 두 손 가득 들고 현관문을 연다. 올해 먹는 마지막 수박껍질도 갖고 왔다. 음식물쓰레기를 집에 장시간 두는 걸 절대 허락할 수 없다. 특히 과일껍질에서 날파리가 많이 생기기에 어제 2024년 여름 마지막으로 수박을 먹었다. 예전 우리 부모님들이 자식들 먹는 것만 봐도 배부르다 하지 않았던가. 그때 몰랐지만 난 이제야 부모님의 마음을 1/10 아니 1/100만큼 이해할 수 있을 거 같았다. 어제 수박을 아이들에게 양보를 했다. 아빠는 별로 안 먹고 싶어 너희들 다 먹어. 나도 수박 좋아하는데 올해 수박이 너무 비쌌다. 한 덩어리 3만원이 훌쩍 넘었다. 정말 비싸네.

옛날 노래 중에 '어머님은 짜장면이 싫다고 하셨어. 어머님은 짜장면이 싫다고 하셨어~ 야이 야아아~' 난 수박 싫은 건 아니고 완전 좋아하는데 아, 달고 시원한 수박. 맛있겠다. 할 수 없지! 이따 수박바 아이스크림이나 하나 먹어야겠다. 현관문을 열고 우측 10미터 정도만 걸어가면 엘리베이터가 있다. 오늘은 13층에 있네. 아싸~ 금방 타겠다. 근데 등 뒤에서 '띠 띠띠~~~' 문 열리는 소리가 났다. 뭐지 이 새벽에 누구지? 둘째가 눈을 비비며 갑자기 현관문을 열고 나왔다.

"왜 깼어?"
"아빠 나가는 소리나서 잘 다녀오세요~ 아빠~안녕!"
손 흔들고 인사하는데 가슴 한켠이 갑자기 뭐지 이 느낌은 달려가서 안고 뽀뽀하며 말했다.
"그래 오늘 개학날이네 선생님 인사 잘하고 친구들하고 즐겁게 시간 보내."
"오늘 알지 아빠?"
"뭐?"

"오늘 형아 생일이잖아. 편지 쓰고 각자 선물 준비하자고."
"어, 맞다. 그래 알겠어. 안녕~ 저녁에 보자."

엘리베이터를 타고 1층까지 내려가는 그 짧은 시간, 쓰레기장에 가서 쓰레기를 버리고 자전거 세워둔 곳으로 걸어간 그 시간 매번 똑같은 출근길 과정인데 오늘은 느낌이 많이 다르네. 자전거 자물쇠를 풀고 도움닫기를 한 뒤 자전거에 올라탔다. 자전거 페달 밟는 오른발, 오늘따라 힘이 더 강하게 들어가네. 바람도 시원하고 이제 여름도 가는구나. 조금만 견디자. 뭐지 이 몽글몽글한 감정은 아직 새벽이라도 덥긴 덥구나 땀이 흐르네. 어, 눈에서도 땀이 흐르나? 40 훌쩍 넘어가면 남자들 호르몬 변화 생긴다더니 주책이다. 매장 일을 최대한 빨리 마무리하고 첫째 녀석 생일 케익을 사러 와이프보다 먼저 매장에서 나왔다.

이제 성큼 초가을이 발끝까지 온 것같은 내음 가을 냄새가 난다. 손편지를 쓰려했는데, 오늘 일이 많아 워드로 편지를 썼다. 와이프한테도 잘 쓰지 않았던 편지를 아들녀석에게 쓰다니. 와, 프린트해서 몰래 가방에 넣고 나왔다. 근처 대형마트에 먼저 들렀다. 예쁘게 생긴 유리잔을 4개 샀다. 집에 물컵밖에 없어 음료색깔이 보이지 않았다. 생일축하하며 다 같이 짠~ 하기 위해 유리컵이 좋을 거 같았다. 집에 있는 레모네이드로 생일축하음료로 하면 되겠다.

오후 4시가 넘은 시간 일 마치고 집으로 가는 사람들, 도로 위에 수많은 차량, 장보러 가시는 아주머니들, 도로가 옆 과일매장에서 과일 파는 사장님, 지상철역 근처 그늘에 더위를 피해 쉬는 할머니 할아버지분들, 저 많은 사람들 다들 무슨 생각을 하고 살까? 어떤 인생을 살고 있을까. 자전거를 타며 보는 세상의 풍경은 매일 비슷해 보이지만 매일이 다르다. 다행히 집 근처 아이스크림 케이크 매장에 있다. 여러 가지 맛이 겹겹이 쌓여있는 케이크를 골랐다. 며칠 동안 어떤 선물을 주면 첫째가 좋아할까? 고민하고 내린 결론! 와이프한테도 말하지 않고 집근처 편의점에 가서 구글 기프트카드를 골랐다. 금액은 3만원짜리! 평소 때 아이들 게임하는 걸 싫어하는 나와 와이프인데 아예 아이템을 사라고 기프트카드를 사주다니.

와이프가 알면 기절초풍할 일이겠지만 그래도 오늘 13번째 생일 아닌가? 6학년 2학기 개학날이기도 하고 몇 달 뒤면 중학교에 입학하는 정말 청소년이 되어버렸는데 오늘 하루만은 원하는 선물해 주는게 좋겠다 싶었다. 첫째 것만 사려하다가 둘째가 눈에 밟혔다. 지난번 생일 때 선물 못주기도 했고 오늘 새벽에 직접 나와서 배웅까지 해줬는데 그래, 친구들 한두 번 안 만나고 술 한두 번 안 먹으면 되지 뭐. 아니면 유튜브 더 열심히 해서 수익 더 얻거나! 3만원짜리 하나 더 샀다. 그날 저녁 아이스크림 케이크에 촛불을 켜고 생일축하 노래를 부르고 예쁜 유리잔에 레몬에이드를 따르고 축하 짠을 하며 우리는 즐거운 시간을 보냈다. 아이스크림도 맛있었고 내가 쓴 편지도 읽어주었다. 첫째는 오글거린다며 도망쳤다. 부끄럽니 아빠가? 마지막으로 책가방에 몰래 숨긴 비밀선물! 구글 기프트카드 선물을 공개하자 첫째가 너무 좋아하고 기뻐했다. 지금까지 받은 선물 중에 가장 좋았단다. 참, 기프트카드의 힘이란 이것인가?

아빠 사랑해요란 말이 절로 나왔다. 평소에는 잘 쳐다도 안보더니 그 찰나의 순간 둘째 아들 녀석의 부러운 눈빛을 나는 캐치했다. 둘째아이의 가방 안에도 몰래 숨긴 기프트카드 존재를 알려주자 방바닥에서 1미터 점프를 해버릴 만큼 방방 뛰며 좋아했다. 뭐지, 높이뛰기 선수를 시켜야하나? 아이들이 기뻐하고 좋아하는 모습을 난 영상으로 남겼고 편집해서 아이들 유튜브에 업로드했다. 그날 밤 생일파티를 마무리하고 식탁에 앉아서 아이들이 보물처럼 기프트카드를 고이고이 모셔두고 2층 침대에서 서로 웃고 떠들며 장난치는 모습을 보고 많은 생각들이 내 머리를 가득 채웠다. 아이들에게 방 하나씩 주지도 못하고 20평도 안 되는 30년 넘은 구축아파트에서 저렇게 2층 침대에서 자게 하는 게 과연 맞는 걸까?

예전에 한 교수님이 공간이 주는 의미에 대해 말씀하신 게 기억났다. 집이 좁고 공간이 작은 집에서 자라는 아이들의 생각이나 사고가 규모에 비례해서 작아질 수도 있고 꿈이나 목표가 좁아지고 편협해질 수도 있다는 게 무서웠다. 우리 아이들이 혹시 그렇게 자라는 건 아닐까? 아이들이 생각이나 목표와 꿈이 나 때문에 혹시 작아지면 어떡하지? 특히 최근 2~3년간 역전세, 고금리로 인한 대출이자 상승으로 식비나 외식, 아이들 옷, 장난감 등에 소비지출을 통제하며 긴축해서 살림을 꾸리고 살고 있는데 수박도 마음 편히 사먹지 못할 만큼 말이다. 내가 지금 아이들 미래까지 망치고 있는 건 아닐까 덜컥 겁이 났다. 첫째 생일을 즐겁게 잘 마무리하고 맛있는 음식도 먹고 아이들이 좋아할 선물까지 줬고 더할 나위 없이 행복한 시간이었지만 왜 한켠에 불안감이란 감정이 스물스물 기어 올라오려고 하는 건지. 그래, 오늘만큼은 이런 생각은 잠시 접어두자! 있는 그대로 아이들이 웃고 기뻐한 그 모습만 생각하자! 아직 아이들은 성장해가는 중이고 충분히 지금 우리가족의 상황을 충분히 역전시킬 만한 저력이 나에게 있다는 걸 잊지 말아야겠다라고 다짐했다. 더도 말고 덜도 말고 오늘만 같아라. 불 끄고 자려고 하는데. 갑자기 첫째가 말했다.

"근데, 엄마, 엄마는 왜 선물 없어?"

갑자기 코고는 소리가 들렸다. 와이프였다. 방금까지 같이 이야기했었는데, 뭐지? 대단한 사람이네. 식스센스 이후의 최고의 반전이었다. 그렇게 와이프는 다음날까지 기절한 척하며 잠들었다는 게 후문이다.

4

현금이 마르니
가장 먼저 애들 학원을 끊었다

"아야!! 여기 씨가 있었네? 씨 없는 청포도인줄 알았더니."

"으이고 또 급하게 막 씹는다 했다. 천천히 좀 먹지. 이제 우리 나이도 이 걱정해야 될 때야. 단단한 거 잘못 씹어서 이가 금이 가거나 깨진 사람들 많다잖아."

와이프가 핀잔을 준다. 다 맞는 말이라 대꾸할 수가 없다. 반박불가다. 9월에 먹는 청포도인데 껍질이 좀 질겼다. 그래서 강하게 씹으려다 보니 안에 숨어있던 씨를 생각하지도 못하고 같이 씹었나보다. 천만다행히도 이가 다치진 않았다. 휴, 수십만원. 아니지, 수백만원 아꼈네. 천천히 먹자. 살살 씹어서 급하게 먹다 체하는 수준이 아닌 이건 치료비가 어마무시하게 들 수준이네. 하늘이 날 도왔다. 순리대로 그래 천천히.

9월이 되며 이제 나와 와이프는 본격적으로 아이들 사교육에 대한 긴급 대조정을 위한 실행에 나섰다. 사실 이미 몇 달 전부터 이 사항들에 대해서 많이 이야기하고 아이들과도 어느 정도 협의를 한 상태였다. 첫째는 곧 중학교 올라가니 기존에 다니던 수학학원에서 하나 더 추가해서 영어학원까지 총 2개 학원에 다니는 거로 하고, 둘째는 2학년인데 같은 영어학원에 첫째와 같이 보내는 걸로 결정했다. 학원도 다니는 김에 같이 보내야 편하다는 말을 여기저기에서 들었던 후였다. 가기 싫다고 버티던 첫째가 드디어 체념하고 영어학원 가는 것에 동의를 했다. 얼마나 가기 싫을까? 할 수 없었다. 친구들이 다 다니고 있는데 본인만 가지 않을 수 있는가? 나도 그렇고 와이프도 퇴근 후 첫째 공부를 같이 봐주긴 해봤지만 그것도 저학년까지더라. 그리고 학원 가서 친구들과 같이 공부하는 것과 집에서 엄마 아빠하고 같이 공부하는 건 하늘과 땅 차이다. 기본적인 건 물론 같이 봐주는 게 좋지만 역시 공부는 전문가가 하는 게 맞다. 공부하는 분위기 또한 집보다는 학원이 더 좋다.

기존에 몇 년간 다녔던 태권도학원이 논란의 중심이었다. 둘이 같이 태권도 보내는 비용이 28만원이다. 우리 계획은 여기를 끊는 대신 이 돈을 아이들 영어학원에 쓰자는 것이다. 몇 년 동안 태권도를 보내면서 아이들이 태권도 뿐 아니라 줄넘기, 축구, 달리기, 각종 운동을 배우고 예의범절까지 다양한 교육을 시켜주셔서 부모 입장에서 너무 기분 좋고 만족하며 보내고 있었다. 다만 초등학교에서 중학교 넘어가면서 거의 대부분 학업에 중점을 두기 위해 그만두는 경향이 크고 특히나 경제적인 문제로 인해 모든 학원을 계속해서 다 보내기에는 무리가 있었다. 그리고 시간상으로도 도저히 태권도까지 보내기 힘든 상황이었다. 태권도가 후순위로 밀린 것이다. 첫째아이가 특히 실망감이 큰 거 같았다. 눈물까지 보이며 참 많이 아쉬워했다. 몇 년간 관장님과 사범님 그리고 친구들과 정이 참 많이 들었긴 하는가 보다. 첫째에게 미안했지만 있는 그대로 우리 가정 경제에 대한 이야기를 해줄 수밖에 없었다.

"엄마 아빠도 너희가 운동 하는 게 너무 좋아. 다만, 지금은 엄마 아빠가 열심히 돈 벌어서 우리 가족 매달 생활하고 살아가는데 돈을 쓰는데 이번에 새로 영어학원 가면서 들어가는 비용까지 감당하려다보니 사실 돈이 오히려 마이너스가 되네. 이제 너희 친구들도 대부분 중학교 가기 전이라 태권도학원 많이 그만 뒀잖아. 그래서 너도 1품까지만 따고 이제 여기서 마무리하고 새로 영어학원 가기로 한 거 열심히 다니자, 엄마 아빠도 니가 열심히 땀 흘리고 운동하고 오는 게 너무 보기 좋았어. 운동하면 더 건강해지는데 싫어할 엄마 아빠가 어디 있겠니? 다만, 지금 엄마 아빠가 여러 가지 사정으로 쓸 수 있는 돈이 한계가 있으니 이번에는 이렇게 니가 좀 이해해주고 열심히 공부하자, 엄마 아빠도 매장 운영 열심히 해서 너희들이 최대한하고 싶고 배우고 싶은 거 지원하려 노력할 테니까. 태권도 그만 두는 거 섭섭하겠지만 이번에는 니가 좀 이해해 줘라. 미안해."

비슷한 아이를 키우고 있는 분들이 이런 고민을 한두 번을 해보셨을 것이라 생각한다. 나 또한 아이가 생기기 전이나 아이들이 어렸을 때는 아니 아이들 운동시키는 게 얼마나 좋아~ 나는 절대로 애들 사교육 많이 안 시킬거야~ 이제 학벌 학군이 알아주는 시대는 끝났어~ 아이들이 배우고 싶고 하고 싶은 것만 열심히 밀어줄거야~ 이런 생각을 기본 베이스로 갖고 있었다.

그리고 이렇게 생각하시는 분들도 많을 것이라고 본다. 저렇게 돈도 많은데 갖고 있는 아파트 팔고, 뭐 팔고 해서 태권도 보내주면 되지. 참, 부모가 되어서 애들 배우고 싶단 거 그것 하나도 제대로 지원 못해주고 또 그렇게 싫다는 학원을 보내네. 정말 대단하다. 나중에 분명 후회할거다. 우리 인생 길지 않다! 애들 원하는 거 해줘라! 그렇게 부린 욕심이 당신을 불행하게 만들 것이다. 나도 내가 이런 생각을 할지 몰랐고 아이들 크면서 이렇게 아이들 교육, 학교, 학원에 신경을 쓰리라곤 생각하지 못했다. 사람의 생각은 시간이 지날수록, 환경의 변할수록, 아이들의 커갈수록 변하는 게 정상이라고 인정해야 마음이 편하다.

내 아이니까 내 핏줄이니까 아이들이 더 잘되고 아이들이 올바른 길로 갈 수 있도록 가이드라인을 잡아주는 게 바로 부모의 역할과 의무이다. 이미 그 길을 먼저 걸어온 인생 선배이기도 하기 때문이다. 말을 물가 근처까지는 일단 잘 이끌어 올 수는 있다. 그게 부모이다. 다만, 물을 강제로 먹게 할 순 없다. 거기까지가 부모로서 할 수 있는 최대라고 생각한다. 아이들이 청소년기가 되어 어느 정도 돈에 대해 개념을 잡아갈 때쯤에는 집안 경제사정에 대해 어느 정도는 오픈하고 이해시켜줄 필요가 있단 생각이다. 옛날 어른들처럼 돈에 대해 쉬쉬하고 너희들은 몰라도 돼, 열심히 공부만 해~라고 하던 시대는 진작 끝났다.

부모도 사람이고 부모도 힘들다. 경제적으로 힘들면 힘들다고 해야 자녀도 깨어난다. 나는 그렇게 믿고 있다. 그렇게 서로의 입장을 이야기해서 더 열심히 살아갈 수 있는 원동력이 생겨나는 것이다. 천천히 급하게 하지 말고 순리대로 때론 냉정하지만 이성적인 감정으로 현실을 즉시 할 수 있게 말이다. 따뜻한 감성, 허무맹랑한 긍정주의가 나와 내 가족에서 돈을 주지 않고 밥을 떠먹여주지도 않는다. 오히려 정신과 체력을 모두 피폐하게 만들고 조금이라도 단단한 걸 씹어도 제대로 부수지 못하고 오히려 내 것들이 파괴되어 버릴지도 모른다. 남이 하는 말들에 휘둘릴 필요도 없고 나와 내 배우자가 대화해서 협의한 내용들을 자녀들에게 솔직하게 전달하고 가족이라는 가정이라는 큰 배의 방향키를 부부가 잡고 아이들을 태워 제대로 된 항로로 운항해 나가는 것! 그것이 가장 순리이고 이성적이고 합리적인 모습이다.

애들아~ 엄마 아빠가 돈이 없네. 지금 이곳저곳 돈이 많이 들어가고 있어. 불필요한 곳 우선적으로 지출을 없애거나 줄일 거야! 이해하지?

그럼, 뭐부터 줄일까? 뭐라고? 아빠 친구들 만나서 술 마시는 거부터 줄이면 되겠다고? 헐. 이런. 호랑이 새끼를 키웠구나 내가. 여보~, 애들 태권도 다시 보낼까?

5

내가 30년 넘은 구축아파트에서
몸테크를 결정한 이유

    2011년 10월에 결혼한 우리 부부는 작은 신혼 전셋집을 거쳐 내가 근무하던 직장 근처 사원아파트에서 몇 년을 거주한 후 2018년말에 대구로 다시 오게 되면서 현재까지도 살고 있는 이 집에서 계속 살고 있다. 결혼하기 전부터 각자 적금을 꾸준히 해오고 있던지라 결혼하고도 통장을 합치고 와이프가 일을 그만두기 전까지 와이프 월급으로 생활비로 쓰고 내 월급 거의 대부분을 매달 적금으로 돈을 모을 수 있었다. 특히 사원아파트 거주할 때 특별한 거주비가 들지 않아 신혼 때부터 아이들이 학교들어가기 전까지 거의 10년 가까운 기간 동안 매달 꾸준히 250만~300만원을 모을 수 있었다.

    이 글을 쓰고 있는 2024년 현재 15년째 계속 붓던 적금을 연속적으로 가입하지 못했다. 부동산 가격하락과 역전세, 고금리로 인한 이자를 감당하기 급급한 우리 부부에게 적금이란 사치였다. 돈을 매달 꾸준히 모아본 사람은 분명히 깨닫는 게 있다. 매달 매달은 작디작고 귀여운 수준의 돈의 규모이지만 꾸준하게 소비통제와 절약을 통해 한달 두달 6개월 1년 그 노력과 자기통제의 결실이 내손에 들어오는 그 순간 그 돈은 단순히 돈이 아니다. 절대로 함부로 써서는 안 되는 내 목숨과도 같은 내 자식과 같은 존재이다. 시드머니를 꾸준히 모으면서 어! 나도 할 수 있구나! 작은 돈을 매달매달 뭉치니 중간 규모의 돈이 되는구나! 아, 그럼 혹시 매달 받는 월급 이외 또 다른 수익창출방법이 없을까?

최근 몇 년 전부터 유행하던 N잡러, 현금파이프라인, 직장인들 투잡, 쓰리잡 열풍이 이런 생각을 가진 사람들부터 시작했다 하더라도 과언이 아닐 것이다. 내 종이화폐, 이 종이돈의 가치는 시간이 지날수록 하락하는구나. 이게 바로 자본주의 인플레이션이라는 것이구나. 시간이 지날수록 신용 팽창으로 세상에 돈이란 게 늘어나고 있구나. 그래, 어서 이 종이돈을 실물자산으로 바꿔놔야겠다. 어떻게 하면 추가적인 소득을 벌수 있을까? 어떻게 하면 시간의 힘을 먹고 자랄 실물자산을 보는 눈을 키울 수 있을까? 남들이 퇴근하고 쉬고 먹고 놀 때 남들이 주말, 휴일에 놀러 다니고 드라이브 가고 교외카페에 갈 때 나는 내 자산을 키우고 현금 흐름을 구축한 방법을 배우기 위한 시간으로 채울 것이다. 돈을 모으는 지금까지 과정이나 시간이 얼마나 길고 고통스럽고 힘든지 알기에 그래, 맞아. 나는 안정적인 보금자리가 필요해. 주식투자 코인투자는 해도 되고 하지 않아도 되지만 그래 집은 필수제잖아. 내가 원하는 위치 부동산을 매수하는 것에 지금부터 내 모든 시간, 에너지, 비용, 열정, 노력을 투자하겠다! 도서관에 있는 책을 보거나 유튜브 시청으로 시작해서 공통된 관심사를 가진 사람들과 모여 정보를 교류하고 배우고 전문 강의를 듣고 즉, 되는 방향, 가능한 방향, 긍정적으로 할 수 있다는 마인드를 탑재시키고 하루하루를 최선을 다해 살아가는 사람이 어찌 돈을 모아보지 않고 이러한 노력들을 해보지 않는 사람들과 평등한 결과가 나올 수 있겠는가 말이다.

나와 우리 부부는 그만큼 철저하게 역할을 분담했다. 가정에서 소비 지출을 계획하고 돈을 잘 모으는 일은 와이프가 부동산 투자를 위한 전문 지식을 습득하고 공부하는 일은 내가, 현장 임장은 같이! 따로 또 같이 전략으로 물론 명의도 공동명의! 대구로 복귀하게 되면서 다른 아파트들은 모두 전세를 주고 있어 실거주가 불가능한 상황이었고 유일하게 이 아파트만이 월세를 주고 있었으며 타이밍 또한 기존 사시던 임차인분이 이사를 나가신다고 협의가 된 상황이라 보증금을 내드리고 외부 샷시를 포함한 전체 올리모델링 작업 후 5년째 실거주하고 있다. 복도식이라 같은 16평 실면적이라 해도 상당히 좁다. 방 2개 거실1 욕실1 주방1 베란다1의 전형적인 구축&투베이 오래된 아파트. 천만다행이라고 해야 할까? 10년 전 매수했을 때 대비해서 그나마 가격방어가 되었고 지상철 도보 5분 거리 역세권에 나름 백화점과 CGV영화관을 슬리퍼를 신고 갈 수 있는 슬세권이다. 아이들이 커가면서 몇 년 전부터 나와 와이프는 실거주집 이동에 관해 많은 이야기를 하고 있지만 최근 몇 년 전부터 내 부동산투자 상황이 녹록치 않아 현재까지는 계획만 있는 상황이다. 최근 내 친구 중에 소위 가방끈이 길다라고 표현한다는 석사 출신의 친구와 근처 카페에서 커피타임을 가졌다.

"야, 정말 오랜만이다. 회사 잘 다니고? 제수씨하고 애들은 잘 있고?"

"그래, 닥호야! 유튜브 잘 보고 있다. 너 정말, 징글징글하게 매일 올리더라. 대단해. 너 끈기 하나는 정말 인정이다! 이제 구독자 한 10만 됐나?"

100%다. 이 녀석은 내 유튜브를 보고 있지 않다는 것이.

"아니야, 아직 멀었지. 근데 몇 년 전에 너 수성구 신축 거기 전세로 이사했잖아? 아직도 거기 사는 거야?"

"아니, 벌써 이사했지! 요즘 대구 신축물량 많은 거 알잖아. 골라잡아서 싼 전셋집 갈 수 있는데 형님 모토가 뭐냐? 대구에 있는 신축아파트 모두 다 살아보기!! 하하."

"이번에도 그럼 수성구? 너희 첫째 올해 초등학교 입학이랬나? 어디로 갔는데?"

"어 이번에는 동구로 갔지. 와이프가 신세계백화점 근처 살아보고 싶다 해서 동대구역 근처로 갔어. 거기도 지금 입주폭탄이잖아. 전세매물이 워낙 많아서 제일 좋은 동, 호수로 우리가 골라서 갔어, 전세금도 3억 대다. 정말 싸다."

"근데 이제 너희도 실거주집 하나는 있는 게 좋지 않니? 애들 좀 있으면 중학교 고등학교도 갈 거고 그것보다 2년, 4년마다 이사 다니는 것도 보통 아니잖아. 이사에 들어가는 돈도 돈이지만 짐 풀었다 쌌다. 나는 못할 거 같은데 그렇게 자주는 대단하다 너희도."

"친구야, 집을 왜 사? 난 그렇게 생각해. 대구가 아무리 광역시지만 인구 계속 줄어드는 거 알지? 대구에 변변한 대기업이 있기를 하나 젊은 사람들 전부다 떠난다 말이지. 인구소멸이다 인구고령화다 하면서 또 몇 년 전부터 얼마나 새 아파트 짓고 있는지. 정말, 대단해. 누가 저기 다 들어가서 산다고. 앞으로 집이 텅텅 빌 거야. 내 생각에 집으로 돈 버는 시대는 정말 이제 끝난 거 같아, 특히 지방에서는 너 부동산 쪽 유튜버하는 거 알고 있지만 그래도 친구로서 말하는데 어서어서 지방 물건 정리해라. 실거주아파트 거기 혹시 아직도 거기 사는 거 아니제? 30년 넘은 복도식 거기?"

"아직, 세금규제 때문에 다주택자라 다른 집 사지도 못한다. 지금으로선 일단은 계속 살고 있긴 한데 어서 취득세 풀려야 나도 정리하고 조금 더 큰집으로 가고 싶은데. 쉽지가 않다 야. 근데 너하고 제수씨하고 계속 맞벌이하니까 그래도 지금까지 돈을 좀 많이 모았겠네. 전세자금 대출 그거 이자도 막 올린다 그러던데 넌 괜찮은 거가. 얼마나 대출받았는데?"

"이 친구야. 전세자금대출 풀로 받았지. 무슨 소리야? 그래도 월세보다 더 적게 나간다. 여기 백화점 근처긴 해도 수성구보다 훨씬 싸다. 내가 볼 때 3억대에서 계속 이 금액대로 가지 싶다. 전세값 혹시 오르면 뭐가 걱정이야 대구에 다른 신축들도 많은데 그쪽으로 또 옮겨가면 되지. 난 너처럼 구축에선 절대로 못산다. 이제 커뮤니티도 없잖아 골프연습장도 없고 지하주차장에 엘리베이터도 연결 안 돼 있고 신문물에 적응해버려서 신축에서 살 거야 난 계속!"

"그래 너희 부부가 다 계획이 있겠지. 최근에 차도 바꿨다며? 와, 잘 나가네. 해외여행도 자주 나가잖아 너희들은 애들 사교육비도 이제 조금씩 더 들어가는 거 아닌가 모르겠네? 근데 너 회사는 괜찮제? 아니 지난번 대학교 애들 몇 명 만났는데. 어렵다는 애들도 몇 명 있더라고."

"몰라. 우린 아직은 괜찮은 거 같다. 설마 뭐 벌써 잘리기야 하겠니? 근데 지난번에 로또 청약 있잖아. 동탄에 무순위 나온 거. 와, 그거 대한민국 인간들 전부다 청약 넣었더라. 혹시나 하고 나도 넣어봤는데 되면 뭐 10억 로또라며 크크. 이거 뭐. 동탄 거기 완전 시골촌이었데 거기가 무려 10억이야! 참, 대단해 대한민국. 거기 뭐 볼 거 있다고 10억이라. 내가 10년 동안 월급 한푼도 안 쓰고 모아도 못사는 돈이네. 그러니 대한민국 직장인들이 무슨 내집 마련을 하겠어? 참, 걱정이다 대한민국. 소득기준집값 PIR이라고~~~"

'삐. 삐.. 삐... 삐~~~'

내 집중력은 바닥을 쳤다. 한계치를 넘었고 친구가 입을 벌리고 무슨 말을 하는 거 같은데 아무 소리가 들리지 않았다. 왜 입만 뻥긋뻥긋 거리는 거지? 금붕어니? 난 누구? 여긴 어디? 나도 웬만해서는 이렇게 기가 빨리지 않는데 완전히 빨대 꽂혀 쪽쪽 빨려버렸네. 돌려줘 내 에너지! 커피하고 조각 케이크도 오늘 내가 샀는데 잘 먹었단 말도 없이 그냥 먼저 나가버리네. 야, 인마~ 휴. 어, 근데 누가 진짜 탐욕스러운 투기꾼이지? 친구야 혹시 너 아니야? 10억 로또. 너도 청약했구나.

무주택자가 선량하고 착하고 유주택자는 악랄하고 탐욕스럽고 투기꾼인가? 누가 성공자이고 누가 패배자인가? 백화점 가서 와이프 명품 턱턱 사주고 차도 이번에 좋은 거로 바꿨고 돈도 잘 버는 놈이 친구한테 커피 한잔 살 돈은 아깝니? 친구야, 너 오늘 나보고 그랬잖아. 언제까지 그렇게 궁상맞게 살려하니. 그만 좀 아껴라! 어서 아파트 몇 개 팔고 신축 넓은 데로 가라! 근데 나이가 어릴 때 절약하고 돈 아끼고 하는 건 당연하잖아. 돈이 없는 게 더 당연하고 나이 들면 입은 닫고 지갑은 열라는 거 못 들어봤니? 그게 더 궁상인데. 친구야 그리고 지방인구 소멸되어 집값 계속 우하향할 건데 집을 왜 사냐고 했잖아. 집으로 돈버는 시대는 아니라며? 그런데도 로또 청약은 했고 동탄 10억 집은 너무 비싸다 그리고 직장인이 어찌 월급 모아 집을 사냐고라고 했는데 앞뒤가 전혀 맞지 않잖아. 새빨간 거짓말 아니니 이거?

뭔 소리냐고? 친구야 니가 지금 받는 월급, 모아둔 자산규모, 매달 갚을 수 있는 원리금, 거기에 맞는 집이 왜 없니? 니 말대로 대구에 발에 치이는 게 구축아파트잖아. 근데 뜬금없이 무슨 집값이 10억이라 집을 사는 게 불가능하다라는 소리를 하는 거니?

사실 너의 속마음은 집을 사고는 싶어 근데 못 사는 거잖아. 니가 사서 혹시나 집값이 떨어질까 봐 최고점에 잡는 게 아닐까 걱정도 되고 아니면 정말 모은 여유자금이 없을 수도 있겠고 역세권 신축 33평 브랜드 하이엔드 초고가 어느 동네 그 브랜드 살잖아 하면 남들이 부러워하는 커뮤니티시설에 학군도 빵빵하고 집근처 백화점도 있고 양질의 일자리 접근성도 좋아 모든 걸 다 갖춘 아파트인데 니가 가질 수 있는 돈을 살 수 있는 아파트, 근데 그게 하필 최하 바닥이네. 니가 사자마자 계속 우상향할 수 있는 그런 아파트 그런 아파트를 사고 싶은데 세상에 존재하지 않아서 집이 너무 비싸서 못 사! 월급 모아 집 못 사! 20년간 한 푼도 안 쓰고 모아야 살 수 있다! 소득대비집값(PIR)이 어쩌고 저쩌고 지방집값은 앞으로 계속 떨어질 건데 왜 사. 이게 바로 내로남불적 논리 아닌가?

이게 무슨

부의 추월차선을 타고 나는 일주일에 4시간만 일하면서 부의 심리학을 공부해서 백만장자의 시크릿을 탑재하며 레버리지를 통해 그릿과 원씽의 방법으로 아주 작은 습관을 만들어 타이탄의 도구를 창조한 혼자 있는 시간의 힘을 가진 역행자!!

같은 소리야?

뭔 소리냐고? 말도 안 되는 멍멍이 소리라고 인마! 주변을 돌아봐. 1억 이하 집도 많고 2, 3, 4, 5억대 집도 너무너무 많아. 그것도 위치 좋고 단단하게 잘 지은 집들이 정말 많은 거 알잖아. 왜 월급 모아서 못 산다는 이야기를 하니?

어질어질하네. 친구야. 우리가 살면서 겉과 속이 100% 모두 같을 순 없지만 최소한 돈에 대해서 그리고 자산, 부동산, 내집마련 이런 것들에 대해서는 편하게 있는 그대로 생각하며 살자. 행동과 생각이 일치하는 삶! 그게 더 심플하지 않니.

그렇게 살면 피곤하지 않니? 한번뿐인 니 인생. 남들 눈에 도덕적으로 착하게 보이려는 인생, 돈에 대해 청빈하고 관심 없는 척하는 인생, 휴, 안 그래도 너 인생 힘들잖아. 스스로 더 힘들게 하지 말어.

나는 지금 에너지를 모으고 있단다. 비록 지방 부동산 시장이 정말 어려운 시기이지만 반드시 바닥 찍고 다시 정상화되는 과정이 한번은 올 거라고 생각하거든. 그때까지 나는 내 귀한 자산을 잘 지키고 있으려고 비록 30년 넘은 구축 복도식 16평짜리 아파트에서 우리 4가족이 살고 있지만 몇 년 안에 더 좋고 안락하고 큰 집으로 갈 거야. 그만큼 소중하단다 이 집이 나에게는! 물론 아이들에게 그리고 와이프한테 미안해.

곧 첫째아이 중학교 올라가는데 더 좋은 학군이나 학교 못 보내줘서 미안하고 가족들에게 더 크고 쾌적하며 살기 좋은 곳에서 못 지내게 해줘서 부끄럽고 안타깝게 생각하고 있어. 현재 모든 자금이 다른 부동산에 들어가 있어서 현실적으로 다 팔고 현금화할 수도 없는 거고. 하지만 친구야, 나는 이렇게 생각해. 지금 내가 모든 걸 놔버리고 자유롭게 살아가려는 순간 우리 가족은 더 나락으로 떨어질 거라고. 우리가 언제까지 회사에서 월급을 받을 수 있을 거 같니? 퇴직 후 계획은 혹시 생각해봤니? 자녀교육은 그렇게 원대한 욕심이 있는데. 경제적 뒷받침이 가능하니? 너희들 50대, 60대 이후 경제적 자립 준비는? 노후 준비는? 아, 지금 아무것도 생각하기 싫다고 하루하루가 살기 바쁘다고? 그래 알겠어. 다 큰 성인이니 내가 이래라 저래라 할 건 없지. 내가 니 인생 책임져줄 것도 아니고 '각자도생' 시대잖아~ 힘내자 진심이다 친구야!

6

흑돼지 전문점에서 고기 먹다
눈물 흘린 사연

아파트 후문 근처에 제주도 흑돼지 전문점이 생겼다. 오픈한 지 1년 이 조금 넘은 것 같다. 오다가다하며 와이프가 한 번씩 저 집 어떨까 궁금하네, 나중에 한번 가보자, 우리가 비록 제주도는 못 갈지언정. 제주도산 돼지고기는 먹어볼 수 있잖아. 그게 벌써 1년이 넘었었고 최근에 서야 먹고 왔다. 어느 정도 부동산투자에 대한 문제점들을 하나하나 해결하고 마무리되어갈 그 시점, 그것이 심적인 여유이든 금전적 여유든 내가 마음이 편안하고 지갑과 마인드가 풍성해져서 마음껏 기분 좋게 돈을 쓸 수 있을 때 꼭 가자고 약속했던 그날이 온 것이다.

그깟 돼지고기 얼마나 하겠어? 하다가 헉하게 됐다. 거의 20만원 돈이 영수증에 찍혔다. 맛있긴 했다. 흑돼지 오겹살 얼마나 쫀득하고 육즙

이 살아있는지 직원 분들이 다 구워주지 밑반찬도 많고 상추 깻잎도 리필도 되고 음, 이게 역시 돈 맛이네. 돈을 쓰는 만큼 내 몸과 입은 편안해지는구나.

"상우야, 여기 지금 흑돼지 1인분 150g이 18,000원이잖아. 우리가 오늘 먹은 게 거의 8인분에 다른 것도 먹고 음료수도 먹어서 거의 20만원 나왔지? 근데 우리가 고기를 사서 집에서 먹으면 얼마면 될까? 지지난주 집에서 돼지고기 구워서 먹었잖아. 그때 엄마가 1키로그램 샀거든. 100g당 2,000원 정도였어. 그럼 고기값만 2만원 정도 되지? 너 학교에서 배우잖아. 수학에서 단위 계산하는 거. 100g의 10배가 1000g인데 이것과 1kg이 같은 거 알지? 여기에 상추나 깻잎 마트에서 사서 집에서 구워먹으면 3만원 정도로 우리 가족 배불리 먹을 수 있는 거네?"

뭐지? 수학공부를 이렇게 먹는 것에 비유해서 쉽게 이해시켜 줘버리네. 대단하다.

"와, 거의 10배 차이 나네. 사먹는 게 이렇게 비싼 거네? 너무 비싼데 왜 밖에서 사먹어요? 이제 사서 집에서 구워먹어요 우리 돈도 아끼고 아빠. 근데 너무 맛있긴 하네요. 콜라 하나 더 시켜도 되요?"

이건 무슨 뚱딴지같은 소리지?

"콜라 너무 많이 먹었어. 오늘은 그만! 물먹어 물!"

단호한 엄마의 외침에 아이들이 시무룩해졌다.

그날만큼은 정말 돈 생각하지 않고 기분 좋게 먹고 싶었다. 와이프가 1년 전부터 제주 흑돼지전문점 가보고 싶고 궁금하다고 했었는데 못난 남편 덕분에 오늘에서야 왔다. 그 뒤로 와이프가 외식하자는 소리를 거의 하지 않는다. 밖에 나가서 먹거나 배달시키면 돈이 얼만데 너무 비싸다. 그 돈이면 그렇다. 내가 그녀를 변화시킨 것이다. 남들 다하는 그런 평범한 외식, 배달 또한 와이프 입장에서 사치라고 여겨지게 만들었나보다. 그날 이후로 돈 아깝게 밖에서 왜 사먹냐라는 말을 참 많이 들었다.

"아니 사먹는 게 당연히 돈은 더 들지만 그만큼 우리 노동이 덜 들잖아. 고기 안 구워도 되고 특히 설거지 얼마나 많니? 특히 기름 뒷처리하는 것도 그렇고 야채도 미리 다 씻어야 하고 마늘도 잘라야 하고 그 시간과 인건비가 들어가는 거 아니겠어?"

"어, 입 다물고. 그거 내가 다할 거니까. 걱정 말고 집에서 먹어 그냥 앞으로는!"

뭔가 가슴 한켠이 아련해졌다. 눈물을 흘리진 않았지만 나는 가슴속으로 울었다. 가슴이 먹먹했다. 어린 시절을 생각해보면 찢어지거나 지독하게 가난하게 살진 않았던 거 같다. 물론 시골에서 농사만 짓다가 나와 여동생 학업을 위해 대구로 이사 나온 게 내가 8살 때였다. 넉넉하지 않은 살림에 수중에 돈 한 푼 없이 부모님은 맞벌이로 우리를 키우셨다. 난 그때 대부분이 집이 학교 마치고 집에 가면 부모님 둘다 집에 안 계시는 게 당연하다고 생각했었다. 알아서 밥 챙겨먹고 알아서 집에 와서 동생 챙기고 꼭 필요한 게 아니면 부모님께 돈을 달라고 해본 기억이 별로 없다. 그것에 대한 불만도 사실 크게 없었다. 그냥 무덤덤했다. 아직도 나는 차에 대한 관심도 옷에 대한 관심도 시계나 신발에 대한 관심도 크게 없다. 옷은 매장 근처 대형마트 직영브랜드에서 2만원 전후 옷을 주로 사서 입는다. 전담 직원이 없어 사실 더 편한 것도 있다. 이거 입어보세요, 이 옷은 어떠세요? 권유하는 게 사실 부담인데 대형마트 브랜드는 아무도 없다. 대충 거울에 대보거나 탈의실에서 입어보고 사이즈가 맞으면 그냥 사면된다. 저렴하기도 하고 아니면 인터넷쇼핑몰을 이용한다. 아직도 마트 가면 최저가격이나 1+1 물건에 손이 먼저 가는 것도 사실이다.

인생 그렇게 살아서 뭐하냐? 맛있는 것 좀 먹어라! 와이프가 먹고 싶다는 걸 1년만에 사주는 게 말이나 되냐? 인생 한방에 훅간다 현재를 즐겨라! 다 맞는 말이다. 호텔 수십만원하는 망고빙수나 오마카세까지는 못 먹더라도 최근에 와서 가끔씩 와이프와 내가 좋아하는 맛집에 한 번씩 가보곤 한다. 내 용돈을 아껴놨다가 아니면 유튜브 수익을 모아놨다가 한 번씩 사먹거나 아이들이 먹고싶은 걸 시켜준다. 그렇다고 해서 내가 모든 분야에 돈을 악착같이 아끼는 건 아니다.

약 10년 전쯤 자동차 타이어 마모가 심해 교체를 하려고 알아보다 우연히 중고 타이어를 판다는 블로그 글을 봤다. 아니 타이어도 중고가 있네? 얼마나 저렴하길래 그래? 블로그에 사진도 있었고 마모가 10~20% 정도밖에 안된 사용한지 몇 달 안 된 타이어를 팔고 있었다. 새 타이어 가격의 거의 반값 수준으로! 어, 한번 가서 구경이나 해볼까? 현재도 있는 매장이지만 신발보다 싼 타이어라고 되어 있긴 해도 최소 수십만원 돈이다. 아니, 신발보다 싸다며? 과대광고 아닌가 이거? 블로그에 나와 있는 중고타이어 매장주소지로 향했다. 위치가 도심지를 벗어나 외곽으로 향하고 있었다. 얼마나 매장이 크길래 시 외곽에 이렇게 위치하고 있는 거지? 타이어 재고가 엄청 많아서 그렇겠지. 목적지에 도착하니 매장 입구에서부터 엄청나게 많은 타이어들이 산처럼 쌓여있었다. 대단하다. 규모에 입이 다물어지지 않았는데 충격적이게도 나는 매장에 채 들어가도 전에 도망치듯 빠져나왔다. 내 뒤에서 매장 직원이 불러도 못들은 척 재빠르게 거기서 탈출하듯 도망쳤다.

몇 명의 직원들이 타이어를 고정시켜두고 타이어에 무슨 작업을 하고 있었는데 학교 다닐 때 고무판을 놓고 칼 같은 도구로 파는 수업(수십 년된 기억이라 포털사이트에 명칭을 찾아봤음) 고무판화에 그림을 그리고 조각도로 고무판 팠던 기억이 있으신가? 바로 그 장면이 오버랩 되면서 그 직원 분들이 마모된 중고타이어 트레드 부분을 그 조각도로 파고 있는게 아닌가? 조금만 더 깊게 파면 빵구 날거 같은 데 저걸 중고타이어라하고 판다는 거야? 언제 터질지도 모르는 시한폭탄 같은 타이어를 장착하고 내 차가 달린다? 그냥 목숨 걸고 운전하는 것과 똑같잖아. 아무리 중고라도 저렴하다 해도 저건 아니지 않나? 그날의 충격은 10년이 훌쩍 지난 지금에도 내 뇌리에 박혀있다. 내 목숨과 직결되는 부분에서 돈을 아낀다는 건 정말 어리석은 것! 또한 내 돈을 지키고 불리고 만드는 모든 재테크 투자 관련된 수업이나 강의, 책 등의 배움에 돈을 아끼는 일 또한 바보 같은 것이다.

월급은 드라마틱하게 늘어날 수 없다! 100% 팩트! 그럼 일단 조금 덜 쓰고 안 쓰는 분야를 먼저 파악하는 게 급선무! 식비, 통신비, 용돈, 술이나 담배, 여가생활비, 쇼핑비. 최대한 절약해서 아끼고 나머지 내가 향후 투자나 재테크할 분야에 대한 지식을 올릴 수 있는 배움, 강의, 책 등에 사용하는 비용에 대해서는 충분한 비용을 지불하자! 그런데 10년 전 중고 타이어 매장에서 열심히 일하던 그 직원 분들은 무슨 생각으로 마모된 타이어를 조각도로 파내고 있었을까? 그분들은 뭐하는 사람들일까? 타이어 행위예술가일까? 죽은 폐타이어에 생명력을 불어넣는 아무리 그래도 차주의 생명과 안전과 관련된 일인데 선을 시게 넘었습니돠~~~!!

타이어는 새거 삽시다. 우리 모두!

7

연봉 1억 넘는 철밥통 공기업 직원이
평생 가난했던 충격적인 이유

2006년 26살, 대학교 4학년 2학기 9월에 취업해서 기본 직무교육을
받은 후 10월부터 울진의 한 원자력발전소에서 현장근무를 시작했었
다. 원자력발전소 전체 설비를 점검하고 정비를 맡고 있던 우리 회사 업
무 특성상 직원 2~3명이 같이 조를 이뤄 현장설비점검을 해야 하는 상
황이다. 현장이 워낙 위험한 현장들이 많았다. 고온, 고압, 고소, 전기고
압 등등 살벌한 현장들이 곳곳에 포진되어 있다. 어느 한 날 아버지보다
연세가 몇 살 더 많으신 팀 내 최고참 정년퇴직을 몇 달 앞두고 계신 과
장님 한 분과 한조로 현장점검을 나갔을 때의 일이다.

"니가 이번에 대졸로 들어온 신입이라고 했나? 몇 살이라고 했지?"
"네! 과장님. 올해 26살입니다."

"아, 우리 막내보다 나이가 어리네. 닥호, 너희 부모님 부럽다. 우리 막내는 아직 장가도 안가고 취업도 못하고 집에서 빌빌대고 있는데, 휴."

"아, 네."

"근데, 참 걱정이네. 닥호야! 오늘 처음 현장 같이 나가는데 내가 별소릴 다하네. 몇 달 뒤 퇴직인데 내가 지금 모아둔 돈도 별로 없고 여기 퇴직하면 회사 사택에서도 짐을 빼서 이사를 해야 하는데. 휴~ 이것만 생각하면 답답하네. 현장점검 어느 정도 했으니 담배 피니? 저쪽 흡연구역 가서 한 대만 피고가자." 담배를 피지 않지만 무언가 사연이 있는 듯하는 과장님의 이야기를 더 듣고 싶었다.

"네, 알겠습니다."

그 당시 20대 중반이던 시절 나는 퇴직, 은퇴 그런 단어들을 생각해본 적이 없어서 그런지 피부로 잘 와 닿지는 않았었다. 그 당시에도 이해가 잘 안 되었던 게 거의 35년 넘게 근속을 하셨고 공기업 특성상 초봉이 높지 않았다 할지라도 그동안 호봉이 쌓이셨을 거고 그 당시 직원 평균 연봉이 7~8000만원 선이였지만 이 분은 35년 넘게 근무를 하셔서 최고 호봉 즉 1억대 연봉을 받고 계신다고 알고 있었다. 아니 뭐야. 장난하는 것도 아니고 돈이 없다는 게 말이 되나? 지금 밖에 대한민국에 대다수 중소, 중견기업 다니는 사람들은 1억은 무슨 4~5000만원도 못 받고 힘들게 일하는 사람들이 대부분인데 1억 연봉자가 저런 앓는 소리를 한다고? 내가 신입이라서 그냥 재미로 그냥 장난처럼 하는 이야기인가? 사택에 사시는 건 알고 있는데 퇴직하면 사택에서 나와서 본인이 원래 장만해둔 집으로 이사를 가거나 지금까지 모아둔 돈으로 집을 사면 되지 무슨 집이 없다고 해, 참나. 몇 달 뒤 정년퇴임식이 예정대로 진행되었고 그 과장님은 직원 분들 앞에서 그동안 소회를 말씀하시고 가족 분들과 직원 분들의 응원의 박수를 받으시고 현역에서 은퇴자의 삶으로 제2의 인생을 시작하셨다.

얼마 뒤 다른 선배 직원 분들의 대화 속에서 그 과장님이 몇 달 전 나에게 하셨던 말씀이 장난이나 과장이 아니었음을 알 수 있었다. 이 분의 특수한 상황일지 모르겠지만 1억이 넘는 연봉을 받고 있었어도 그동안 주식투자로 큰돈을 수차례 날리셨고 퇴직금 중간정산을 통해 울진 근처 아파트 단지 내 분양상가에 투자하셨지만 분양사기 사건에 휘말리면서 아직까지 제대로 된 임차인과 계약도 하지 못하고 매달 수백만원의 대출이자를 내고 있는 상황이라고 했다. 말 그대로 숨만 쉬어도 나가야 하는 대출이자. 막내가 취업도 못한 상황이라고 하셨는데 다른 자녀들 또한 아직 제대로 된 직장에 들어가지 못해 만 60세가 넘어 퇴직을 하시고도 바로 얼마 뒤 우리 회사 협력사에 기존에 받으시던 연봉의 1/3도 안되는 조건으로 이직을 하셨다. 그것도 정직원이 아닌 단기계약직으로.

흔히들 우리가 희망하는 퇴직 후 편안하고 안락한 삶은 여유자금이 있고 월급을 대체할만한 현금 흐름이 나오는 수익구조도 있으면서 여기에 매달 연금수익까지 있어야 가능한 것이었다. 이제는 내 스스로 하고 싶은 일을 하면서 더 이상 돈의 노예로 살지 않아도 되는 은퇴 퇴직 후 인생을 생각했었지만 현실이 그렇지 못했다. 현실은 그만큼 녹록치 못했고 차가웠다. 미리 돈에 대한 공부를 시작하지 못했고 누구 말만 듣고 제대로 상권이 형성되기도 전인 신도시의 아파트단지 내 상가를 풀대출을 받아 투자한 무지함, 매년 연봉 1억 넘게 벌고 있었지만 그분은 분명 이렇게 생각하고 행동했을 것이다.

그래 여기 사원아파트가 내집이지. 집을 왜 사. 돈 주고 집 사는 사람들 이해가 안 돼! 주거비가 들지 않으니 월급 받아 내가 하고 싶던 골프 실컷 치고 원하던 차도 바꾸고 가족들 데리고 해외여행도 자주 가고 자식들이 취업하지 못했으니 아직은 거기에 들어가는 뒷돈도 만만찮지만 괜찮아! 이번 달 카드 값 많이 나왔다고? 어휴, 뭐 이리 많이 썼어? 카드별로 긁지도 않았을 거 같은데. 그래도 괜찮아. 다음 달 또 월급 나오는데 다다음달에는 보너스도 나오고. 뭐가 걱정이야. 복잡하게 머리 아프게 살지 말자! 팀 내 최고참인데 누가 나한테 뭐라고 해! 나는 내식대로 살아왔고 이게 정답이야!

그런 생활이 10년 20년 30년이 쌓이다보니 제대로 준비되지 않은 은퇴 노후로 인해 고통 받는 건 역시나 자기 자신이다.

억대 연봉을 받는 것이 중요한 것이 아니고 더 적은 월급을 받지만 한 살이라도 어릴 때부터 그 돈을 적재적소에 어떻게 분류해서 자산이 불어나고 월급 외 현금 흐름이 나오는 시스템을 구축할 것인가? 자본주의에서 생존하고 살아남기 위해 그것을 누가 빨리 깨닫고 실행하고 행동하는가의 싸움 아닐까? 나는 그날 적지 않은 충격을 받았다. 남들 다 부러워하는 공기업 정년퇴직. 억대 연봉 받았던 모두가 부러워했던 팀 내 최고참 과장님, 어디 땅이나 아니면 아파트나 건물 사놓고 편안하게 하고 싶은 일 하면서 나머지 생 보내는 거 아닌가?

그 선입관이 모두다 깨져버렸다. 내 생각도 내 머리도 내 가치관도 모두 말이다. 과장님께서는 조금만 더 일찍 이렇게 생각 하셨어야 한다! 나는 절대로 여기 회사를 퇴직한 후에도 매일매일 이렇게 9 to 6 정시 출근해서 정시 퇴근하는 그런 직장인의 삶을 살고 싶지 않다. 그러려면 어떻게 해야 하지? 그래 일단 투자공부를 해보고 어떻게 돈을 모아서 실물자산투자를 할 것인가부터 시작해야겠다. 지금부터 받는 월급의 일부를 미래로 보내놔야겠어! 세상 다른 누구가 아는 바로 내 자신을 위해서 말이야!

마지막으로 과장님께 드리는 말씀

과장님께는 죄송하지만 과장님 덕분에 정말 많이 배웠고 깨달았습니다. 거울치료 받았다고 생각합니다. 저는 과장님의 전철을 밟지 않도록 하겠습니다. 과장님, 저는 다른 건 모르겠지만 성년이 된 자녀들의 용돈이나 생활비까지 책임지시는 것 그것은 정말 아무리 생각해도 아닌 거 같습니다. 성인된 자녀들이 스스로 독립할 수 있도록 해주셔야 과장님의 노후도 그들의 인생도 서로 독립된 방향으로 향해갈 것이라고 생각합니다. 은퇴하신 과장님께서 경제적으로 독립되는 것이야말로 과장님 자녀분들이 진심으로 그 상황에 감사하고 본인들 인생만 잘 챙기고 집중할 수 있음에 다행이라 생각할 것입니다.

부모와 자녀의 각각의 독립!

둘 모두에게 최선의 선택입니다! 그것이 둘다 사는 유일한 해법이자 해결책입니다. 가정이 무너지지 않는 최후의 유일한 보루 말입니다. 지금부터라도 자녀분들과 독립하시길 바랍니다! 혹시라도 기분 상하시지 않으셨기를 진심으로 기원합니다!

과장님 건강하세요!

어. 그런데 내가 그 일 이후 13년 뒤에 그 좋은 회사에서 자진 하차할 줄이야. 공기업인데 왜 나왔지? 그것도 제발로? 나도 연봉 1억 찍고 나왔어야 하는데, 휴. 누구나 그럴싸한 계획을 가지고 있다!(Feat. 처맞기 전까지는) 엄청난 일들이 나를 또 기다리고 있었다. 미래의 내 인생을 모두 바꿔버릴 어마무시한 일들이 말이다.

전쟁터인 직장에서 뛰쳐나와 생지옥인 자영업시장에 겁 없이 뛰어든 40대 가장

PART 3

1

상위 10% 중산층이라 생각했던
나만의 허황된 망상이 붕괴되다

38살, 남자아이 2명 키우고 있는 전력 공기업 8년차 차장, 4인 가족의 가장! 친구들이 나를 보면 조차장, 조차장! 언제 팀장 승진하는데? 내 친구들 중에 차장 이렇게 빨리 단 놈이 없는데, 참 너는 대단하다니까! 부럽다 인마! 입사하고 10년차가 넘어가면서부터 급격하게 안정적인 삶이 완벽하게 구축되었다.

31살 때 대졸 4년차 만에 바로 초급간부(차장)로 진급하게 되었고, 어느덧 차장 생활도 8년이 넘어가는 시점이었다. 연봉도 그 당시 기준 7천만원이 넘어가고 있었다. 팀장으로 진급하게 되면 당연히 연봉은 더 오를 것이다. 예전부터 투자했던 부동산 자산들은 큰 위기 없이 우상향하고 있었다. 첫째아이가 곧 학교에 들어갈 나이가 되었고, 둘째아이도 어린이집에 곧장 적응해서 잘 지내고 있었다. 와이프도 대구를 떠나서 경주 사원아파트에 살고 있었지만 나름대로 잘 살고 있을 거라 생각했다. 나는 회사에서도 가정에서도 남들이 부러워할만한 중산층의 롤모델이라 생각해도 되지 않을까 그 뽕에 취해있었다. 하지만 불과 오랜 기간이 지나지 않아 이 모든 것들은 나만의 망상이자 착각이라는 것을 절실히 깨닫고 말았다.

'조차장 퇴근하고 오늘도 스크린 한게임 콜?'
옆 부서 김차장님께서 퇴근시간 6시가 되자마자 카톡메세지가 왔다.
'네 김차장님 스크린멤버 모아볼게요! 가서 식사하시면서 한게임 하시죠.'

오늘도 드라이버 제대로 한번 때려볼까? 지난 주말 닭장(야외연습장) 가서 연습한 실력 보여줄 차례인가? 평일 기준 이틀에 한 번 꼴로 퇴근 후 스크린골프장으로 곧장 향하는 일상이 루틴으로 굳어버렸다. 그 당시 나는 골프에 거의 온정신과 육체가 지배당하다시피 했었기에 스코어가 비슷한 멤버들끼리 자주 뭉치곤 했었다. 저녁시간이었기에 중국집 배달은 필수코스였다. 스크린골프장에서 먹는 짜장면이 그때는 왜 그렇게 맛있었을까?

어느 날부터 와이프의 불만이 커졌다. 아이들 두 명, 그것도 남자아이들 두 명을 유치원과 어린이집 끝나고 데리고 오면 잠들기 전까지 육아를 해야 하는 상황인데 남편은 골프에 미쳐 9시나 10시가 넘어서 들어오니 얼마나 화가 나고 열 받았을까? 지금 생각해도 내가 왜 그랬었는지 이해가 가지 않는다. 그만큼 골프에 미치긴 했었나보다.(지금은 골프장과는 담 쌓았음) 와이프는 혼자서 끙끙 앓고 있었다. 상처는 점점 곪아 고름이 되고 있었을까? 제대로 치료하지 않거나 관리하지 않으면 작은 상처도 피부괴사나 심각해지면 암까지 유발할 수 있다고 하는데 정작 나는 와이프가 점점 곪아가고 병들어가는 것을 생각하지 못했었다. 원자력발전소 현장에 일이 생겨 야근까지 근무를 하고 늦게 퇴근했던 어느 날이었다. 저녁밥까지 건너뛰고 집에 늦게 도착했던 시간이라 차를 주차장에 주차하고 엘리베이터를 타고 올라가면서도 배 속에서 계속 '꼬르륵' 소리가 내 귀까지 들리는 것 같이 크게 요동쳤다. 아, 같이 탄 사람이 없었기에 망정이지.

엘리베이터를 열고 도어락 비밀번호를 누르고 집에 가 어서 씻고 밥 먹고 자야겠다. 샤워하고 있는 사이에 와이프한테 저녁밥 좀 차려줘라고 말해야겠다라고 생각했다. 집 현관문이 열리고 나는 신발을 벗고 거실로 들어서는 순간 와이프와 두 아이들의 기괴한 모습을 보면서 배가 고프단 사실마저 순간 잊어버리고 놀란 입을 다물 수가 없게 되었다. "대체 이게 무슨 일이야? 무슨 일 있었어? 집에 혹시 도둑 든 건 아니지? 집안이 왜 이리 난장판인거지."

거실 한쪽 구석에 몸이 구겨진 채로 쓰려져있던 와이프가 한마디를 힘없이 내던졌다. "아, 우리 애들 정말 대단하다 체력이 장난 아니야. 나는 도저히 감당 못하겠어. 매일 써야 할 에너지가 정해져 있는데 나는 내일 써야 할 체력까지 다 써서 이제 힘없어."

7살이던 첫째아이와 3살이 막 지난 둘째가 서로 장난치고 장난감을 뺏고 뺏기면서 한쪽은 울고 있고 한쪽은 엄마한테 붙어서 같이 놀아달라고 하는 그런 광경. 엄마 속마음도 모르고 울다 웃으며 떼쓰는 저런 모습을 두 눈으로 보며 나는 망치로 머리를 제대로 한 대 얻어맞았다.

내가 지금까지 이런 육아전쟁터를 오로지 와이프에게만 홀로 맡겨두고 저녁에 한 번씩 골프 치러 나갔던 건가? 나름대로 집안일도 많이 하고 모든 쓰레기를 분리해서 버리는 건 내가 다하고 있고 빨래도 잘 개고 청소도 하고 밥도 알아서 잘 챙겨먹었고 이 정도면 집안일 많이 하는 거 아닌가라고 생각했었는데. 그래서 가끔은 나도 스트레스 푼다는 목적으로 스크린골프 한 게임 정도는 괜찮은 거 아닐까? 매번 필드 나가서 돈 수십만원 쓰는 것도 아니고 고작 스크린 한 게임하는데 만오천원, 이만원 쓰는 건데 술 마시는 것보다 그래도 운동하는 게 좋다고 생각했던 내가 지금 뭔가 우리 집이 잘못 돌아가고 있다는 것을 그제야 깨달았던 것이다.

와이프를 침대에 가서 누우라고 하고 두 명의 아이들을 진정시키고 일단 조용히 씻고 나왔다. 냉장고에 있는 밥과 반찬을 조용히 꺼내 전자레인지에 돌린 후 식탁에서 저녁을 먹으며 차분하게 생각을 했다. 지금 무언가 분명히 잘못 돌아가고 있다. 이대로 가다가 분명 더 큰 고장이 생길 것 같다. 이가 아플 때 치과에 최대한 빨리 가서 진료 받고 치료해야 빨리 정상화되고 비용도 아끼는 방법인데 지금 우리 가정에 심각한 질병이 생긴 거 같다. 아직 제대로 누리지도 못했는데 30대 후반이 된 와이프가 저러다 진짜 육아 스트레스와 우울증으로 더욱더 최악의 상황으로 악화되는 건 시간문제라는 판단을 했다. 몇 년 전에 척추골절로 안 그래도 한번 건강이 안 좋았던 적이 있는데 그런 쪽으로 재발하면? 생각만 해도 끔찍했다. 이제부터는 스크린은 당분간 접자! 일 마치면 최대한 빨리 바로 집으로 와서 아이들을 본다! 이것만 해도 육아에 대한 부담을 조금 덜 수 있지 않을까? 처음부터 와이프가 아이들 밥을 모두 직접 해 먹이고는 있었지만 그때 이후로는 근처 반찬매장에서 아이반찬을 배달하거나 주문 후 픽업해서 먹이면서 일주일에 몇 번씩은 요리나 설거지하는 시간을 줄여보기로 했다.

생각보다 그 당시 경주의 물가는 비쌌다. 역시 관광의 도시인가? 여기서 또 생각지도 못한 일들이 벌어졌다. 아이들이 음식을 거부하는 일들이 발생한 것이다. 특히 둘째가 이가 새로 나려고 하는 시기라 그런 건지 아니면 경주에서 산 아이반찬이 입맛에 맞지 않는 건지? 입에 들어가는 거 1/3, 밖으로 뱉어내는 거 2/3였다. 아, 이게 현실 밥투정이구나. 아이

키워보신 분들 대부분이 공감하실 것이다. 아이를 키우면서도 더 좋은 식재료로 정성들인 음식을 직접 해서 먹이고 싶은 그 부모의 마음 말이다. 마트 가서 식재료 고르고 다시 집에 와서 손질하고 음식의 레시피 따라하면서 열심히 시간과 돈을 들여 만들었는데 잘 먹지 않는다? 이건 하늘이 무너지는 일이다. 한마디로 환장할 일이다. 우리 아이들의 밥투정이 심해지면서 나와 와이프 또한 덩달아 아이들에게 짜증과 화가 늘어나기 시작했다. 지금은 전혀 그렇지 않는데 첫째아이가 엄마와의 분리불안 증상이 계속해서 심해지는 시기가 겹치면서 와이프의 정신적, 신체적 스트레스는 커져만 갔고 우리 부부의 걱정은 점점 커지고 있었다.

회사 내에서도 딱 그 시점에 나에게 있어 엄청나게 큰 인생전환점의 사건들이 연달아 발생하기 시작했다.

"조차장, 이제 진급할 시기인거 알지? 고과점수 관리 잘하고, 윗분들한테도 잘 보여야 해."

"본사에 인사 쪽 담당하시는 ○○처장님 알지? 잘 몰라? 내가 그럼 소개 한번 시켜드릴까?"

"조차장이 지방에 지사에만 있지 말고 이번에 본사로 가서 근무 한번 해보는 게 어때? 본사근무해야 진급도 빠르고 윗분들 눈에 빨리 들어오는 거야"

"조차장 이번에 UAE(아랍에미리트)에 원전수주하고 초기 시운전 멤버 뽑는 거 알지? 몇 년 동안 고생 좀 하면 진급하는 건 따 놓은 당상이야. 해외 한번 나갈 생각이면 말해. 본사에 추천해볼게."

그제야 어, 내가 벌써 팀장 진급해야 하는 시기가 온 건가? 나 아직 40살도 안됐는데 너무 빨리 진급하는 것도 안 좋다고 하던데. 내가 과연 팀장직을 제대로 완수할 수 있는 자격이 있나? 자질도 능력도 사람관리 능력도 아직은. 누가 보면 진급시켜준대? 김칫국부터 마시고 있네라고 하실지도 모르겠다. 그 당시 나는 내 바로 상위직급으로의 진급에 대해 깊게 생각해보기 시작했다. 지금까지 모셨던 팀장님들 그리고 그 윗 직급인 실장, 처장님들의 모습이 언젠가 미래의 내 모습이 될 것 아닌가. 그분들은 지금 어떻게 살고 계신거지? 원자력발전소란 특수한 환경적인 특성상 전체시스템을 정지한 후 정비하는 특수한 기간을 제외한 1년 365일 24시간을 연속적으로 트러블 없이 안정적인 전력생산을 목표로 수천 명의 임직원분들이 근무하고 있는 곳이라 문제가 발생되면 그때부터는 비상이 걸린다. 밤이고 낮이고 주말이고 설, 추석 연휴 할 것 없이 각 팀에서 맡고 있는 지정된 고유업무 영역에서 문제가 발생되면 모든 것을 스탑하고 긴급하게 발전소 현장으로 들어가야 되는 것이다.

내가 맡고 있는 파트의 문제가 발생되어 퇴근하고 집에서 쉬거나, 특히나 주말이나 연휴 때 고향에 와 있을 때에 담당 직원 분들과 함께 회사로 복귀한 일들이 많아졌다. 나도 모르게 심적으로 퇴근 후 제대로 쉬지 못한 피로감이 계속해서 쌓이고 있었다는 것을 그 당시에는 나는 제대로 깨닫지 못하고 있었다. 그런데 더 큰 업무적인 책임과 인원과 조직 관리를 해야 하는 팀장님 이상 고위관리자 분들의 압박과 스트레스를 그때서야 서서히 짐작하고 옆에서 지켜보게 되면서 나는 조금씩 자신감을 잃고 있었다.

그 당시에 내가 잠자다가 잠꼬대하는 걸 와이프가 자주 들었다고 했다.

금방 회사로 들어가겠습니다!
회사에 무슨 문제 생겼냐고?
아, 그거 해결했는데 또 그 문제가 발생한 거냐고?

이런 이상한 헛소리를 자주 했다고 한다. 그때부터 나는 전화공포증이 생겼다. 퇴근해서 내 전화 벨소리가 그렇게 무서울 수가 없었다. 퇴근 후에도 편히 쉬고 편히 잠들 지도 못하는 게 이렇게 공포스러운건가?

'와, 지금도 이런데 내가 진급해서 저 많은 직원들의 한 팀 조직을 이끌어 갈 수 있을까?'

'퇴근하거나 주말에는 솔직히 마음 편히 쉬고 싶은데 과연 내가 진급하게 되면 그런 일상은 포기를 해야 될 것인데 내가 과연 버텨낼 수 있을까?'

'팀장님들이나 대부분의 처장, 실장님들이 처자식은 도시에 사시고 본인만 이런 바닷가 시골마을에서 기러기아빠 생활하시는데 그러니 저녁에 외롭고 심심해 술도 많이 드시고 스크린골프 치시고 주말에는 등산 가시는데 혹시 그렇게 될 수밖에 없는 상황이 아닐까? 나도 혹시 나이 들어서 저렇게 살아야 되는 걸까. 아, 솔직히 그렇게 되고 싶지는 않은데, 나 산 타는 거 싫은데.'

엎친 데 덮친 격으로 2018년 포항과 경주 일대 심각한 지진으로 발전소를 정지하고 6개월 동안 전체 시스템과 기계를 점검하고 정상화해나가는 힘든 기간을 거치면서 나는 진급이 문제가 아니라 월급쟁이로서의 인생마저 중도포기하겠다는 결심을 하게 됐다. 땅이 심하게 흔들리고 몇 개의 건물은 무너지고 파괴되었던 것처럼 만 60세까지 퇴직 걱정 없이 근무할 수 있을 거란 남들이 흔히 말하는 철밥통 공기업 직원이라는 타이틀 또한 심하게 흔들리고 더 이상 오래 근무할 수 없을 거란 믿음이 내 온몸과 정신을 지배하게 되었다. 와이프가 육아로 인해 곪아가고 있듯 나도 회사에서 받은 조금씩 상처가 커지고 있었다. 잘 살고 있다고 생각했는데, 자, 이제 문제가 어느 정도 파악했으니 시간이 알아서 해결해주겠지가 아니라 문제를 해결해봐야겠단 생각이 들었다. 어느 날 보통 때와 똑같은 일상처럼 회사에서 일하고 집으로 퇴근해서 녹다운 되어있는 와이프와 뒤엉켜있는 두 아이들을 보면서 내 머릿속에 번개같이 하나의 생각이 스쳤다. 아니, 누군가 나에게 절규하듯 외치는 소리가 들렸다!

우리집만 과연 이렇게 육아하는 게 힘들까?

다른 집 엄마 아빠도 육아로 힘들지 않을까?

전업맘은 전업맘대로 거의 대부분의 시간을 육아에만 몰두하면서 힘들 것이고

워킹맘은 워킹맘대로 반대로 아이들에게 신경써주지 못해 미안할 것이다

엄마들의 문제점을 해결해주는 방법은 바로!

내가 엄마들의 시간을 확보해주어야겠다.

내가 애들을 봐주는 서비스를 제공할 수는 없으니 먹는 것을 대신 만들어주면 어떨까?

요즘 대부분 하나 아니면 둘까지 밖에 낳지 않기 때문에 반드시 귀하게 키울 것이다!

남편 분들에게 미안하지만 남편 입에 들어가는 음식보다 아이 입에 들어가는 음식이 더 안전하고 비싸며 귀해야 한다!

우리가 제대로 된 이유식이나 아이반찬을 만들어 제공해 판매한다면 승산이 있지 않을까?

유기농 재료만을 사용해서 제품가격은 비싸지만 그에 걸맞은 상품의 퀄리티와 서비스를 제공한다면?

전업맘과 워킹맘 모두다 음식을 만들고 직접 해 먹이는 비용과 시간

을 아껴준다면 만족하지 않을까?

마트에서 장보고 집에서 직접 요리하는 시간을 아끼고 정말 그 시간에 중요한 일을 하면 더 좋지 않을까?

그래, 결심했어! 나는 대한민국 엄마들에게 시간을 선물한다! 요리에 대한 스트레스를 줄여드린다!

그리고 대기업의 공장대량식으로 제조되는 이유식이 이미 있지만 나는 확실하게 차별화로 간다! 우리는 수제로 만든다!

마지막으로 균형 잡힌 식단 제공으로 아이들에게 건강함을 선물한다면! 최종 목표인 고객가정의 행복과 평화를 지킬 수 있다!

생각이 꼬리의 꼬리를 물어 여기까지 왔다! 어, 뭐지. 결론은 계획대로 현실화할 수만 있다면 우리는 세계평화와 가정의 행복을 담당하는 마블의 어벤져스 같은 존재? 어쩌다 여기까지 왔지? 아무튼 이런 소리와 절규가 내 머릿속에서 메아리쳤다. 이게 정답이라고 외치는 듯 했다. 아, 기회는 항상 우리 근처에 있다고 하던데 역시 이거였구나! 5분도 안되는 그 찰나의 순간에 모든 사업계획이 머릿속에서 완성되었다! 혹시나 사업가가 체질인가? 와, 소름인데, 완벽하다. 이 정도면 시장에서 충분한 수요가 있는 거 아닐까?

수제 유기농 이유식&아이반찬 전문매장!

음, 근데, 완벽한데, 근데 뭔가 빠진 거 같은 느낌적인 느낌은 뭘까? 아, 맞다! 누가 요리하고 만들지? 핵심이 빠졌구나. 누구를 고용하지. 어, 저기 구석에 쓰러져있는 와이프가 보이네. 저기서 뭐하고 있지? 앗! 잠시만 내가 결혼한 저 사람, 저 누나 지금은 저렇게 정신 못 차리고 있지만 대학교에서 식품공학을 전공하고 4년 만에 졸업한 재원 아닌가(원래 4년제이긴 함). 그리고 각종 조리사 자격증을 취득했고 그 어렵다는 위생사 자격증도 땄다고 들었는데? 요리도 잘 하잖아! 제빵 관련 자격증이 있다고 했던가? 떨어졌다 했던가? 오 마이 갓! 김치! 이건 운명이야. 저 누나가 우리 매장이 원하는 인재상이네. 딱이야. 일단 물어보지 않고 내 마음대로 메인 셰프로 점찍어버렸다. 우리는 창업을 해야만 하는 그 운명이란 말이요.

그렇게 우리의 자영업자로 인생 2막의 시작이 열리고 있었다. 회사에는 나가겠다는 퇴사 결심을 말씀드려야했고 퇴직 후 개인매장창업에 대한 와이프의 이해와 설득작업만이 남았다. 원래 이해나 설득보다는 용서가 빠르다고 했던가? 퇴직해서 자영업 도전인데 아무리 그래도 섣불리 먼저 저지르고 용서를 구하는 건 아닌거 같았다. 제대로 설계된 퇴직 이후 플랜과 창업에 대한 사업계획서를 만드는 중요한 업무들이 내 앞길에 펼쳐졌다. 할 수 있을까? 산 넘어 산이네. 휴.

2

계획형 파워 J인 내가
퇴사 1년 전부터 준비했던 것들

    경주에서 나름 유명하다는 아이전문반찬집에서 사온 음식들을 잘 먹지 않는 우리아이들에게 의문이 들었다. 왜 안 먹지? 왜 먹뱉을 하지? 원래 저 나이 대 아이들이 그런 건가? 메추리알조림, 간장불고기, 된장국. 다른 그릇에 덜어 먹어보니 너무 맛있었다. 갑자기 자신감이 떨어지기 시작했다. 내가 만들면 아니지. 와이프가 만들어서 팔면 이것보다 더 맛있게 잘 만들 수 있을까? 아이들이 잘 먹지 않는다고 엄마들의 컴플레인이 들어오면 어쩌지? 사업을 시작하기도 전에 겁부터 덜컥 났다. 나는 원대한 사업계획서를 회사에서 프로젝트 기획안 만들 듯 실제로 내 윗상사께 보고한다는 생각을 가지고 시간 날 때마다 조금씩 만들어가기 시작했다. 일단 사업계획서를 다 만들고 나서 그때 본격적으로 직장 퇴사 및 그 뒤의 창업일정들에 대해 와이프에게 말하는 게 순서라고 생각했다.

　무턱대고 회사 나가도 알아서 다 되겠지!

　사람이 죽으란 법 없는 거야!

　산 입에 거미줄 치라는 법 있냐? 다 먹고 살게 된다!

　아니 우리집 근처 백반집 가봤는데 먹을 게 없던데?

　젓가락질 갈 데가 없네! 맵고 짜고 달고. 내가 만들어서 장사해도 저
것보단 더 잘하겠다!

　전부다 조미료 맛나고 별로더라.

　우리집 근처에 요즘 서울에서 잘나간다는 ○○매장 없던데?

　내가 빨리 선수 쳐서 자리 잡으면 돈 좀 벌지 않을까?

　나가서 하나씩 배워서 창업해도 돼!

　정 안되면 프랜차이즈 하나 차리면 되고!

　정답이 정해져있지 않겠지만 적어도 나는 즉흥적이고 대처능력이 빠
른 성향이 아니란 걸 스스로 잘 알고 있었다. 어디 여행을 가더라도 첫
날부터 마지막 날까지 일정을 짜고 동선대로 움직이는 걸 좋아한다. 부
동산투자를 10년 넘게 하다 보니 최대한 변수를 줄이기 위해 노력하게
되었고 '사전에 철저하게 준비하자'란 성향으로 굳혀지고 있었다. 평생
을 직장에서 월급 받던 회사원이 퇴사하고 바로 장사를 하는데 그것도
탄탄하게 시스템이 구축된 프랜차이즈가 아닌 개인창업이라! 일단은 내

가 모르는 새로운 분야이다 보니 공부를 먼저 해야 하는 게 순서였다.

2018년 초부터 요식업 관련 분야의 책들을 인터넷서점을 통해 사서 읽기 시작했다. 그중에서도 부부창업 분야의 책도 우리나라뿐 아니라 일본 저자가 쓴 책들도 많이 사서 읽었다. 사람을 고용해서 직원들에게 일을 시키는 게 아닌 우리 부부가 중심이 되어 일을 해야 하는 소규모 개인매장으로서의 창업이었기 때문이다. 회사 일을 하면서 틈틈이 점심시간이나 퇴근 후, 주말시간에 나는 플랜B를 위한 나만의 인생을 준비하고 있었다. 책을 읽고 중요한 부분을 메모하고 기록하는 게 내 일이었다. 그렇게 몇 달 동안 개인매장창업에 대한 시간, 준비, 오픈, 광고홍보, 판매, 배달, 고객들의 평가, 재료나 부수적인 물품 구매와 관리법, 카드결제시스템(포스기), 오프라인매장 오픈 위치, 상권분석, 시간대/동네별 유동인구 체크, 원가율과 제품가격 선정 등에 대한 수많은 선배님들의 지식과 노하우를 내것화 시키기 위해 모든 시간과 에너지를 집중했다. 아는 것이 없어 더 무섭고 두려워 철저하게 준비하는 방법밖에는 없다고 생각했다.

제 발로 회사에서 튀어나와 수천만원을 들여 창업시장에 뛰어들었는데 망한다면? 월급쟁이 신분으로 안정적인 월급을 받는 인생을 포기했는데 장사까지 망한다면 인생은 그렇게 끝난다라고 믿었다. 그만큼 리스크가 있고 위험요소가 너무 많은 선택지였다. 사업계획서를 작성하고 있는 그 시기에 하필 포항, 경주 지진이 발생했다. 너무나 힘든 발전소의 기계와 시스템의 점검기간 동안 이제는 체력&정신적 한계점에 왔다는 것을 나 스스로 인정할 수밖에 없었다. 나가고 싶어 이 모든 상황을 스스로 정당화했던 걸지도 모르겠다.

"나 정말 올해 초부터 계속 생각했었는데 회사 계속 다니는 게 조금 힘들거 같아서."

아이들을 일찍 재우고 드디어 폭탄발언을 해버렸다. 그냥 그 날은 해야겠다는 생각이 들었다.

"왜? 무슨 일 있는거야? 요즘 발전소 점검기간이라 퇴근도 늦고 체력적으로 많이 힘든가 보다."

갑자기 밥 잘 먹다가 뭘 잘못 먹은건가?라는 와이프의 표정에서 적지 않게 놀란 것을 느낄 수 있었다.

"최근에 고민이 좀 많았네. 과연 내가 계속 관리자 직급을 유지하면서 팀원과 조직을 관리하고 위로 진급하면 할수록 책임감도 더 커지고 돌발상황 때 밤낮 휴일할 것 없이 회사 들어가야 되는 이 루틴을 내가 과연 감당할 수 있을까? 도저히 못할 거 같다는 생각이 들어서 그래서 회사를 그만... 두..."

계속 내 힘든 마음과 상황을 말하고 있는데 갑자기 와이프가 다 이해했다는 듯 말을 막아버렸다.

"힘들면 그만둬!"

갑자기 뭐지? 갓(god)인가? 신인가 이 사람은? 아니면 천사인가? 그동안 내가 속앓이 하고 있고 특히 밤에 잠꼬대하면서 회사 다시 들어가다는 헛소리를 들으며 어느 정도 짐작하고 있었구나. 불쌍해 보였을까? 이렇게 바로 그만두라고 한다고? 혹시 숨겨둔 비상금이 있는 건가?

"근데 계획은 다 있는 거지?" 가슴에 비수가 날아와 내 가슴에 꽂혔다 "어.. 뭐.. 있는 것도 있고.. 새로 우리가.. 다시 만들어야 하는 것도 있긴 한데. 일단 다른 지방에 아파트하고 원룸건물에 월세 조금 나오는 거 있잖아. 일단 그걸로 최소 생활비로 버티면 되고 그리고 내가 솔직히 계획이 있긴 한데 한번 들어볼래? 몇 달 간 생각하고 구상한 거야."

이날만을 위해 내가 사업계획서를 만든 거 아닌가! 2018년 초부터 부부창업, 요식업창업에 대해 읽은 책만 수십 권이다! 나를 졸·병(卒·兵)으로 보지 말란 말이다! 나 파워J야! 내가 얼마나 계획형 인간인거 당신이 알잖아! 와이프는 꿈에도 모르는 우리 부부의 요식업 창업계획서 '유기농 수제 이유식&아이반찬 전문매장'을 당당하게 와이프 앞에서(그것도 메인셰프 앞에서) 브리핑하는 역사적인 그날이 오고야 말았다.

"근데 이거 요리는 누가 해? 그리고 어디서 할 거야? 매장 임대로 얻어야 하잖아! 그럼 우리 다시 대구로 이사 가는 거야? 첫째 상우 내년에 초등학교 들어가는 거 알지? 만약에 대구에 있는 학교 배정받으려면 미리 주소 이전 되어있어야 할 거고 그건 그렇고 자기는 요리 잘 못하잖아. 기본적인 거 밥하고 라면 끓이는 거 말고 할 줄 아는 거 있나? 원래부터 요리 좋아했었어? 근데 난 왜 몰랐지? 사람 쓰면 인건비가 요즘 장난 아니잖아! 매장 오픈하기 전에 매장 월세나 보증금도 제대로 확인해서 우리가 매달 월세 낼 수 있는지도 확인해야하고 처음에 매장 인테리어도 해야 하잖아. 초기창업비용은 있는 거지? 아, 정말 회사 그만두고 여기 올인하는 거 결심한 거야?"

아직 브리핑도 안 했는데 걱정거리가 백만 개는 되는 구나. 현실적인 지적들이 많네. 좋아! 어디 첫술에 배부르랴? 나도 다 생각이 있단다. 근데 생각보다 생각이 깊네. 저기까지 생각했단 말이야?

"일단은 매장창업 관련 사업계획서 초안만 잡아본 거고 이제 하나하나씩 세부적으로 액션플랜과 일정을 잡아야지. 언제까지 뭐 시작하고 언제까지 마무리하고 뭐 그런 것들 세부일정들 그건 서로 협의해서 해나가보자. 근데 나 정말 회사 그만둬도 되는 거야?"
"힘들다며? 못 버티겠다면서? 고민할 거 뭐 있어? 즉흥적으로 단순히 힘들다 해서 바로 그만둘 사람도 아니고!"

여자는 약하지만 엄마는 강하다고 했던가? 추가로 와이프, 아내는 최강이다! 냉정하다! 찔러도 피도 눈물도 안 나올 아차, 말이 헛 나왔다 가끔 속마음이 입 밖으로 튀어나온다. 그만큼 남편인 나를 잘 이해하고 힘든 내 상황을 잘 들여다봐주고 어루만져 주었다. 실제로 눈에서 눈물을 흘리지는 않았지만 가슴속에 뭔가 뭉클하고 먹먹한 감정이 차올랐다. 무슨 일이든 다 할 수 있을 거란 자신감이 생겼다. 나는 그 말을 추진력 삼아다시 한번 힘을 낼 수 있었다. 회사 일이 힘들었지만 왠지 힘이 솟았다. 희망이 보였다. 아직 창업해서 돈을 많이 번 것도 아닌데 그만큼 나를 응원해주는 사람이 있다는 건 중요한 것이다. 그렇게 우리 부부는 수차례 사업계획서를 수정보완하면서 서서히 개인창업 오픈을 위해 하나씩 준비해나갔다. 창업준비 데드라인을 2018년 12월 31일로 확정하고 그때까지 모든 창업준비를 마무리하기로 했다. 퇴사날이기도 했다. 매장창업 관련 온오프라인 강의도 듣고 실제 관련된 학원에 등록하여 퇴근 후, 주말시간을 이용해서 하나부터 열까지 요리에 대한 기초와 실제실습교육을 수개월 동안 받았다.

그해 여름이 지나가고 9월 가을이 되는 어느 날 팀장님께 내 상황을 말씀드리고 다른 회사의 이직이 아닌 자영업자로서의 삶을 살기 위해 회사를 퇴사하겠다는 말씀을 드렸다. 재고해보라며 퇴사를 말리시던 팀장님의 표정이 아직도 생생하다. 아니, 뜬금없이 창업이라니, 그것도 요식업을? 이미 목표지점을 향해 발사된 총알이 멈출 수 없듯 우리의 인생 제 2막은 그렇게 시작되었고 퇴로 없이 한 방향을 향해서만 달려가는 우리 부부의 30대 후반, 힘겨운 도전의 출발선 앞에 당당히 섰다. 다시 돌아갈 안전지대는 없다! 매장이 잘 될 거란 확실한 보장도 없다! 남들이 이걸 해서 돈 벌었다더라. 지금 이거하면 성공한다더라 같은 무지성&무개념 자영업 창업 도전이 아니다!

지금 우리 부부는 생존과 죽음 앞의 두 갈림길 앞에 서있는 것이다! 철저한 준비를 해도 망하는 게 자영업이라고 하지 않았던가? 반드시 결과로 증명해야하고 내 선택이 틀리지 않았다는 것을 우리 가족에게 보여줘야만 한다! 회사란 조직 안에서 월급쟁이란 신분을 스스로 견디지 못하고 도망가는 나이기에 우리 스스로 선택한 이곳에 답이 있을 거라 생각하고 최선을 다 할 것이다. 답이 없다면 스스로 답을 만들어내야 한다! 누가 칼들고 협박해서 퇴사한 것이 아니기에 더욱더 그래야만 한다! 월급쟁이의 인생을 정리하고 새롭게 개인매장을 시작한 우리 부부의 노빠꾸 인생 6년이 지난 현재까지도 다행히 잘 이어지고 있다.

[마더셰프 최초 사업계획서 초안]

○ **상호명** : 마더셰프[몇 달전 특허청 상표권 등록 의뢰한 상태] / 로고는 제작해서 만들었음(25만원 정도 들었음, 포토샵)

○ **가게 오픈 예정지** : 대구시 두산동(황금역 도보 5분 거리)

○ **창업예정일** : 2019.03.02(토) or 03.04(월)[실제는 3월 중순]

○ **가게 메인로고?** : [premium baby food] 엄마의 마음으로 정성껏 만드는 프리미

엄 수제 이유식 & 아이반찬 전문점

- **영업 방식** : 주 5일(월/수/금 : 아이반찬, 화/목 : 이유식) or 주 3일(월/수/금 : 아이 반찬/이유식, 화/목/토/일 : 재료준비 + 음식연구)

- **영업시간** : 오전은 재료준비 + 음식제조 / 매장오픈(13시~17시, 이 시간에 매장에 서 구매+픽업 가능) 배달이 어찌 될지 의문임(하루에 몇 군데 돌 수 있을지? / 더 늦어지는 것 아닌지?)

- **고객 구매방식** : 전날 가게 네이버블로그/카카오스토리를 통해 주문 미리 받고 (문자로만) 당일 제조/판매 원칙[물론 반찬 여유분 일정부분 제조 / 매장판매를 위해)

- **메뉴구성** : 반찬3 + 특별식1(국 또는 기타 등등) 이유식(초기/초중기/중기/후기/ 완료기) 각 메뉴별 50인분 판매목표(이유식 초기는 제외)

- **마케팅 방법** : 지역맘카페 꾸준하게 현재는 올리고 있음(업체로는 아니고 일단 음 식사진 찍어서 올리고 있는 단계, 일반인 신분으로)

  카카오스토리를 만들 것인가? 아니면 카페를 별도로 만들어서 주문을 받을 것인 가?

  마케팅 문구는 일부 정리를 해 가고 있음(책과 강의를 듣고 가게 특성에 맞도록 정리 중)

  어짜피 주 타켓은 엄마! : 20~30대 젊은 엄마들을 어떻게 사로잡을 것인가? 관 건!(아이를 같이 매장에 데리고 온다면 작은 요구르트 or 수제과자 줄 예정)

  엄마/아이들 생일 입력(간단한 카톡 선물 보내주면 어떨지!/ 소중한 고객으로 생 각하고 있다는 점 느끼게끔.)

○ **음식 주재료** : 모든 재료는 국산은 기본이고 '자연드림/한살림/초록마을' 등의 재료원가가 비싸지만 좋은 재료로 만들 목표(대신 판매금액을 다른 곳보다는 조금 높더라고 그 원가 이상 좋은 품질로 고객에게 돌려준다고 생각) : 요즘 집마다 아이들이 1~2명이기 때문에 내 아이에게는 좋은 것을 먹이고자 하는 부모의 심리

★ 재료와 양의 충실도 + 정말 좋은 식재료

○ **가게** : 다른 건물에 세를 주고 들어갈 바에 그냥 내 건물에서 시작하면서 은행이자 준다고 생각을 하고 다가구주택매입 후 1층에 가게오픈 예정(별도 월세X, 올해 말 기존 장사 하시는 분 빠질 예정 / 내년 초 공사 시작 예정)

○ **주변 상권** : 주택가 골목임 / 어차피 배달이 주로 될 듯해 보임. 건물 앞쪽 도로를 지나 초등학교 있음(약 100m) / 주변에 어린이집, 유치원 다수 있음. 주변 동네 아파트단지들을 주타켓으로 할 예정임

○ **배달** : 현재는 15000원 이상 주문시 근처동네는 무료 배송/ 나머지 동네는 퀵서비스 비용 2천원 지원예정임(와이프와 남편 둘만 장사를 하고, 오후에 배달 갈 예정(한 명은 매장 내)- 추후 배달용 차량 구매 예정(다마스, 레이밴, 모닝밴 등)

○ **현재까지 진행 상황** : 올 초부터 본격적으로 창업 준비하는 상황(창업은 글로 책으로만 배웠음 : 현재는 내 방향이 맞는지 궁금한 상황) 와이프가 음식을 잘 한다고 생각해서 남편이 먼저 제안함(한식조리사, 제과제빵, 위생사 자격증 소지 / 식품관련 학과 졸업- 부각 시킬 예정), 최근에 와이프는 관련 학원에서 교육을 이수함/ 남편은 12월 중순부터 이유식 교육 받을 예정(동일 학원) 와이프가 주로 반찬, 남편은 이유식 이렇게 각자 맡아서 해야 될 상황으로 진행될 예정, 오픈 전단지 문구 초안 잡았음(여러 책에서 본 내용들 가게 특성에 맞도록 각색 + 오픈이벤트 내

용도 추가했음), 와이프는 11월부터 본격적으로 하루에 음식이나 국을 만들고 플레이팅 사진을 찍어 가고 있음(카페 올리기도 함) + 가게 인테리어 관련 동일업종 매장 계속 자료 보고 있음!

남편은 주말마다 도서관에서 창업관련 책, 음식점 관련 책, 그리고 세무 쪽 책을 꾸준하게 보고 준비하고 있음(잘 모르는 분야기 때문)

올해 말 경주에서 대구로 이사 갈 예정(내년 초 가게 인테리어가 끝나면 그 후부터 3월 오픈 전까지 계속 거기서 연습할 예정)

가오픈 기간 필요할 듯? 언제쯤 할지 고민 중!

그리고 마케팅 방법 / 오픈 전단지를 붙이는 것도 알아보니 각 아파트 관리사무소에 연락해서 승인 받아야 된다고 함!(배달알바 쓸지?)

그리고 반찬과 이유식 '용기'도 업체를 선택할 예정

식단표도 짤 예정임(반찬) / 내년 초 창업관련 인허가 과정 + 사업자등록 + 위생교육 등 완료 예정! / 내년 초 각종 식기류 구매 예정

인스타/페이스북 마케팅 필요한지 의문![필요하다면 적극적으로 마케팅 필요]

○ **스토리, 감성 마케팅 :**

전업맘 육아에 너무 힘든 상황(아이 때문에 밥도 제대로 못 먹고 밖에 나가기도 힘든 상황)

워킹맘 일 한다고 아이 반찬 신경 잘 못 쓰는 상황 → 아이들과의 소중한 시간을 보내세요! 아이들 먹거리는 마더셰프에게 맡기세요!/ 내 아이가 먹을 건강밥상! + 가게 오픈 하는 과정도 기록으로 남길 예정

* 추가로 이벤트 예정 : 잘 먹고 키가 잘큰 아이들(남/녀 아이 각 분기별) / 베스트

후기상(○○원 매장이용권, 1인/매달)) / 베스트 구매상(스벅커피+케익 , 1인/매달) / 오픈이벤트(매장방문 50명 선착순 고급보냉백[배달이 주고 보냉백을 문고리에 걸어두면 거기에 넣어두는 배달방식]

○ **마케팅 예정 :** 바른 먹거리 구매하는 것(식재료 구매) + 음식 사진 + 우리 아이들이 잘 먹는 사진 또는 영상

 - 추후 '유튜브'를 통해서 홍보 예정 / 여러 가지 상황을 만들어 영상 제작 후 업로드 예정!

배달업종의 성패,
매장 오픈 전에 결정되는 이유

"아니, 이번 주에 왜 이리 주문이 없나 했더니 다들 해외여행 가셨다네. 휴, 큰일이네."

개천절과 한글날의 법정공휴일과 연차휴가를 연달아 붙여서 해외로 여행간 고객 분들이 많았던 때였다. 기존 고객 분들의 정기주문이 줄어들자 와이프가 조금 볼멘소리로 투덜댔다. 아이들 어릴 때 제주도는 몇 번 다녀왔지만 우리가족이 국내나 해외로 며칠 이상 여행 가본 적이 없었다. 결혼하고 신혼여행을 괌으로 다녀온 것을 제외하고는 비행기를 타본 적이 없었다. 우리도 한번 해외로 나가자는 건가? 일본이나 베트남 다낭 가고 싶다고 하긴 했었는데.

"우리도 일주일 휴가 한번 쫙 쓰고 애들 데리고 한번 나갔다 올까?"

"지금 애들 방학도 아닌데 무슨 해외야? 고객들 주문은 어쩌고? 그래도 계속 주문해주시는 분들이 계신데."

와이프가 나를 슬쩍 쳐다보며 다시 재료 손질에 집중했다. 코로나가 풀리고 하늘길이 열리면서 금요일부터 일요일, 법정공휴일, 그리고 여름과 겨울휴가 기간 동안 국내보다 해외로 나가시는 분들이 늘어나고 있다. 대구 수성구에 위치한 매장 특성상 주고객층 분들이 대구에서도 어느 정도 상위권의 경제력을 보유하신 분들이 많다. 매 분기마다 해외로 나가시는 고객 분들도 적지 않다.

이번 챕터에서 정말 중요한 내용은 짧고 굵게 말씀드릴 예정이다. 오프라인 매장을 창업하시는 분들은 어느 동네, 어느 위치, 어느 상권에 내 매장을 오픈하실 건지에 대해 고민이 많으실 것이다! 일단 내가 말씀드리고자 하는 분야는 요식업 즉, 일반음식점에 해당한다. 여기서 두 가지 유형으로 나눌 수 있다.

첫 번째는 매장규모가 크고 배달도 가능하지만 주로 고객들이 매장에 방문해서 상품을 구매하고 서비스를 이용하는 매장이다.

두 번째는 정반대, 즉 매장에 직접 와서 먹는 게 아니라 배달과 포장에만 집중하는 매장이다. 처음에 매장 창업을 결심하고 우리는 아이들이 먹는 이유식과 아이반찬을 만들어 배달까지 하는 토탈서비스를 제공하자는 것이 방향성이었기에 두 번째 유형인 배달과 포장에만 집중하자는 선택지로 결정을 하게 된다. 우리가 식재료를 다듬는 조리대와 가스레인지 또는 인덕션을 놓을 수 있는 공간 그리고 포장하는 여유공간 정도만 필요하기에 최대 10평을 넘지 않는 매장규모로 결정했다. 생후 6개월부터 돌 전후 아이들에게는 이유식, 그 이후부터 유치원 아이들(때로는 초등학생이나 어른들도 주문하심, 저염식)에게는 아이반찬.

어린 아이들을 매장까지 데리고 와서 먹이는 게 사실상 불가능한 상황이다 보니 육아를 하고 있는 엄마들이나 집에서 아이들 봐주시는 분들(부모님 또는 도우미)에게 오후부터 배송을 해드리면서 바로 데워 먹일 수 있는 시간적 자유를 드리는 게 우리 사업의 최종 목적이자 모토motto라고 할 수 있다.

우리에게 필요한건 10평 정도 되는 소규모사업장 그 안에 물과 도시가스, 전기가 들어만 오면 되고, 상권이 좋다거나 유동인구가 많은 메인상가 대도로에 위치할 필요가 없는 전형적인 골목상권에 적합한 매장으로 분류된다. 넓게 보면 부동산을 통해 적합한 위치의 매장을 찾아 상가임대인과 보증금, 월세를 협의하고 계약하면 되고 만약 다른 분이 아직장사를 하고 있는 상황이라면 해당 임차인과 권리금을 포함한 추가로 협의할 부분까지 체크해서 매장계약여부를 결정하면 된다.

이제 자세하고 세부적인 결정 사항들만 남았다.
우리 제품, 즉 이유식과 아이반찬을 사줄 고객님들은 과연 누구인가?
우리제품과 기존 경쟁매장이나 대기업 제품과의 차이점과 차별성은
무엇인가?

우리는 수제로 미리 예약주문 받아 그 양만 만드는 시스템이다!
우리는 제품가격이 비싸지만 유기농, 무농약 제품만을 납품받아(자연
드림, 초록마을 등) 제품을 만든다!
공장식 대량제조가 아닌 수제로 사장 부부가 직접 만든다!

결론은 내 아이에게 먹이는 고퀄리티 음식이며 그 이름에 걸맞은 맛
과 영양소를 보장해야 한다. 상대적으로 비싼 우리 제품을 부담 없이 사
먹일 수 있는 고객님들이 많이 거주하는 지리&위치적 입지! 즉! 매장 위
치는 해당지역 내에서 어느 정도 경제력이 상위권인 동네에 가까울수록
유리하단 것이다.

그래야 포장 및 픽업하러 오시는 분들도 오시기 편하고 우리의 배달
동선도 최소화 될 것이다. 그래서 우리는 대구에서 가장 부동산 가격이
비싼 동네이면서도 부자 분들이나 자산가, 사업가분들이 많다는 동네

또는 가장 가까운(우리가 감당할 수 있는 임대료) 위치에 매장을 오픈하기로 결정하게 된다. 다만 메인 상업지역이나 유동인구가 많은 임대료 비싼 매장을 선택할 필요는 없었다. 우리 제품이 생각보다 일반매장에서 판매되는 이유식이나 반찬가격보다 조금 높다고 생각하시는 분들이 많기에 이 정도 프리미엄 제품과 더불어 무료배달서비스까지 제공한다는 것에 대해 어느 정도 심리적 저항을 인정하고 그 금액을 받아들일 수 있는 보이지 않는 장벽이 존재할 수밖에 없다고 생각하셔야 한다. 지금까지 제가 책이나 유료강의에서 듣고 보고 배운 대로 오픈예정인 매장위치를 결정하는 순서와 방법에 대해 말씀드렸다.

특히 배달 위주의 업종은 최대한 인건비를 줄이고, 임대료가 저렴한 곳에서 매장에서 운영을 해야 하며, 저희처럼 부부가 같이 운영하게 된다면 일정금액 이상 주문하신 분들께는 무료 또는 저렴하게 배달까지 해주신다면 고객들이 선택을 받을 수 있는 확률이 올라갈 수밖에 없다고 생각하시면 된다. 물론 그렇기에 하나부터 열까지 모든 걸 사장이 직접 컨트롤하고 할 수 있어야 한다. 누군가 말했지 않던가? 자영업 하는 사장의 몸이 힘들고 피곤할수록 손님들의 입은 즐거워진다고! 무조건 남들 눈에 보이기 좋고, 메인상권에 매장규모 또한 커야 돈도 많이 벌 수 있다는 착각의 늪에 절대로 빠지면 안 된다. 요식업이나 음식점 업종의 창업을 준비하시는 독자님이 계시다면 제 실제 창업사례를 참고해서서 적절한 위치에서 매장창업을 하시는데 작은 도움이 되었으면 한다.

4

직접 보고 듣고 경험한
무조건 100% 망하는 매장업주들의 공통점

"저기요~, 여기 매장 앞에서 담배피시고 꽁초를 여기다 그냥 버리시면 어떡해요?"

매장 근처에 얼마 전 새로 오픈한 식당 여사장으로 보이는 사람이 굳이 우리 매장 앞까지 와서 담배를 피우고 꽁초를 버리는 모습이 내 눈에 딱 걸려버렸다.

"네? 담배꽁초 제가 안 버렸어요!" 와, 내가 두 눈으로 직접 보고 말한 건데. 딱 잡아떼는 저 인성은 뭐지? "저기요, 제가 저기서부터 걸어오면서 버리시는 걸 제 눈으로 봤는데 지금 바닥에 가래침도 계속 뱉고 계셨잖아요. 아니면 여기 매장 앞쪽 CCTV가 있거든요. 이거 같이 확인해보실래요?"

"아, 죄송합니다."

"버리신 거 주워가시고요. 여기 애들 음식 파는 곳인데 여기서 담배 피시면 고객님들 보시고 좀 그러실 수도 있잖아요. 저희 매장 앞에서 담배 피시지 말아주세요. 부탁드립니다."

"네, 알겠습니다. 죄송합니다."

본인이 버린 담배꽁초를 얼른 주워 주머니에 넣고 황급히 본인 매장으로 도망치듯 뛰어간다. 내가 못 봤으면 끝까지 본인이 안 버렸다고 우겼을 테지. 아니 담배 피려면 본인가게 앞에서 피던가 화장실 가서 피면 되지. 굳이 여기까지 와서 피는 심리는 뭐지? 참. 그 이후 몇 달이 지나서 그 매장 앞에서 사람들이 웅성웅성 대고 있는 걸 봤다. 뭐지? 무슨 일 생겼나? 큰소리로 싸우는 소리가 우리 매장까지 들려서 무슨 소린가 나가봤더니 한 고객이 이 매장에 가서 밥을 시키고 먹었는데 그 여사장이 매장 내부에서 큰개를 한 마리 키우고 있었던 것이다. 고객 입장에서는 밥 먹으러 식당에 갔는데 큰개가 매장 안, 그것도 주방에 있는걸 보고 너무 놀라서 컴플레인을 걸었던 상황으로 보였다.

애완동물을 사랑하고 키우고 싶은 건 이해하지만 애완동물을 무서워하고 특히나 큰개를 무서워하시는 분도 있다는 것을 이해하고 인정해야 한다. 그런데 먹는 음식점에 큰 개가 있다. 혹시나 음식위생에 문제가 발생할 가능성은 없을까? 내가 사장인데 내가 개를 키우던 말던 무슨 상관이야라고 치부해버릴 개인적인 문제인걸까? 저 사장은 대체 무슨 생각으로 그 좁은 매장에서 큰개를 주방에서 키울 생각을 했을까? 집에 혼자두기 불쌍해서 매장까지 데리고 온 것일까? 내가 만약 손님으로 가서 주방 안에 큰개가 있는 걸 봤다면 나는 솔직히 두 번 다시 방문하지는 않을 것 같다. 얼마 전부터 그 매장은 '매장손님 안받습니다! 배달만 합니다.' A4 용지에다 이 문구를 써서 매장문 앞에 붙여놓았다. 그 이후 그 매장은 내부에 테이블을 모두 치워버리고 배달전문집으로 변신해 있었다. 거기 배달시키는 고객들은 알고 있을까? 주방에 개가 있어도 상관이 있을지 없을지 궁금하다.

얼마 전 폐업한 우리 매장 근처 치킨집에 대한 이야기이다. 몇 달 전에 친구들 몇 명이 놀러 와서 매장에서 이야기하다가 다들 출출하다 해서 치킨을 시키자고 결정했다. 매장 근처 치킨집이 하나 있어서 그 집에 시키기로 하고 주문전화를 했다. 거짓말 하나도 안보태고 5미터 거리다. 치킨 두 마리와 사이드메뉴, 콜라 대자해서 5만원이 넘어갔다. 바로 옆 이유식집이라 말씀드리고 배달을 부탁드렸다. 그 사장님께서 하시는 말이 "아, 바로 앞 죽집! 근데 저희는 근처라도 배달비 받아요! 배달비 3,500원 포함해서 57,500원입니다. 하실거에요 마실거에요?" 배달비 당연히 받아야 하는 게 맞다. 근데 낮 시간대라 치킨 주문이 본격적으로 많을 시간대도 아니었다. 더 중요한 것은 우리 중 누가 픽업하러 가려고 했는데 갑자기 뜬끔포로 그 사장님의 배달비 타령이었다. 근데 내가 약간 이상하게 생각했던 것은 사장님의 짜증 섞인 전화응대 말투 때문이다. "아, 네 손님 주문해주셔서 감사합니다. 혹시 픽업이실까요? 아니면 배달이실까요? 아, 근처시지만 제가 지금 혼자 일을 하고 있어서 죄송하지만 픽업하러 오시면 감사하겠습니다. 괜히 배달비 나갈 필요 없으니까요. 돈 아깝게." 이렇게라도 말해주셨으면 감사하고 기분 좋게 생각했을 건데 다짜고짜 우리는 근처라도 배달비 받는다! 그리고 마지막에 하실거에요 마실거에요? 뭐지?

과거 수년간 낮 시간대 우리 건물 임차인들의 차가 별로 없을 때 이 사장님의 승용차를 무수히 많은 날들을 그냥 주차비도 안 받고 주차시켜 드렸었는데 아, 좀 그렇네. 그리고 우리 매장은 만오천원 이상만 주문하셔도 근처 반경 3키로 내 전부 무료배송해드리는 데 5미터도 되는 거리를 음.

그날 그래서 우리는 픽업 가서 치킨을 받아왔고 다음부터 그 사장님께 두 번째 치킨 주문은 없었다. 최근에 폐업하시고 문을 닫으셨다. 항상 치킨집 앞에서 문 열고 앉아 담배 피시던 사장님 모습. 이제 더 이상 볼 수 없게 되었네. 담배 피시고 나서 손은 씻고 닭 튀기시는 거 맞으셨겠죠?

골목식당이 한참 유행했을 때 우리 부부는 빼놓지 않고 매주 시청했던 기억이 있다. 요즘 소위 거울치료라고 하던가? 빌런 사장들이 많이 나와서 시청자들의 공분을 샀던 기억이 있다. 그중에서 정말 개과천선하서서 완전히 180도 바뀌신 분도 계시고 정말 잘했던 분 중에서도 나중에 다시 점검하러 갔을 때 예전만 못한 평가를 받는 경우도 적지 않았었다. 과거의 그 자영업자 분들 그때는 정말 절실했을 것이다. 방송국에 사연을 보낼 만큼 일은 열심히 하지만 내가 일한만큼 매출이 올라와주지 않는 그래서 마지막 기회라고 생각하고 백종원 선생님의 조언과 피드백을 받기 위해 그렇게 죽기 살기로 열심히 했을 것이다. 우리 시청자는 카메라를 통해 그렇게 볼 수밖에 없다. 하지만 방송을 타고 어느 정도 유명세를 얻으면서 맛과 퀄리티가 점점 떨어지게 된다. 손님이 많다는 핑계로 재료관리나 손질도 제대로 하지 않고 응대도 불친절해지며 가격은 가격대로 많이 올려서 받는다. 그전에는 중간 브레이크타임도 없이 운영하던 매장이 중간중간 쉴 시간도 생겼고 주말 하루를 쉬는 휴무일도 사장을 위해 만들어졌다. 과거 힘들고 고통스러웠던 지난날을 조금이라도 보상받기 위해 장사도 하고 힐링도 하는 사장들이 늘어났다. 매장을 비우는 시간과 날도 점점 늘어만 간다. 매장은 제대로 돌아가지 않고 손님들은 다시 불평이 많아지고 맛과 퀄리티는 계속 떨어지고 매장은 다시 원래대로 제자리로 돌아왔다. 아니 더 추락했다. 그 몇 달 동안 일장춘몽이었던 걸까? 다시 사장은 모든 원인을 손님탓, 물가탓, 국가정책탓, 자영업자 대출금리탓, 정부탓, 직원이나 알바탓으로 돌리면서 모든 걸 정당화해버린다. 그게 가장 편하다.

내가 가장 큰 문제이고 문제를 해결할 수 있는 사람도 나로부터 출발해야 하는데 모든 것을 외부로 돌려버린다. 그게 가장 쉽기 때문이다. 갖가지 핑계도 많고 이 매장이 무너지면 나도 죽는다라는 절실함도 부족하고 원가만 따져서 무조건 마진을 최대한 남기려고만 하고 홍보나 마케팅에 대해서도 전혀 관심도 없고 배울 의지도 없는데 손님은 또 알아서 제 발로 찾아와주기를 바라고 그런 사장의 얼굴은 티가 나게 되어 있다. 항상 화가 나 찡그리고 있고 불평불만이 많은 표정을 짓고 있다. 손님들은 매장에 들어갔다가도 얼굴보고 도망치듯 나올 수밖에 없다. 매장을 오픈하기 전에 철저하게 A부터 Z까지 계획을 짜도 될까 말까인데 장사가 안 되고 제품과 서비스가 안 팔려 나중에 최초 지급했던 권리금도 제대로 받지 못해 월 임대료도 밀리기 시작하면서 보증금에서 차감되어 나중에 아무것도 손에 쥔 것도 없이 오히려 수천 수억 원의 빚을 지고 1년도 안 되서 처절하게 전쟁터에서 패잔병으로 낙오되는 게 실패하는 자영업 사장님의 현실이다. 창업 초기에 무슨 우월주의에 빠졌는지 오픈하자마자 무작정 장사가 잘되고 성공하기를 바라는 초짜 사장들이 초기 오픈발이 계속 갈 줄 착각해서 직원이나 알바를 여럿 고용하거나 제대로 매장관리를 하지 않고 밖으로 돌아다녀 그 매장은 그전에 망해갔던 다른 매장들의 전철을 그대로 밟아가는 것을 그때 그 사장들은 아마 알아채지 못했을 것이다. 고가의 천정형 에어컨을 필두로 비싼 인테리어를 매장 내외부에 덕지덕지 발라 만든 나만의 매장이 그렇게 빨리 무너질 줄은 아마 상상하기 힘들었을 것이다.

지난주 금요일에 다녀왔던 집 근처 모듬전집 전문점에서 있었던 일이다. 처음 들어갔는데 인사해도 사장님이 받아주지도 않고 무뚝뚝하게 응대조차 하지 않았다. 어, 근데 전보다 가격도 많이 올렸고 전 가짓수도 줄었네. 손님이 줄었구나. 역시나 예전만 못했다. 주문한 모듬전과 막걸리가 테이블에 놓여졌다. 사장님이 전과 막걸리가 든 주전자를 탁자에 꽉! 던지듯 놓았다. 애들도 깜짝놀라 나를 쳐다봤다. 우리 테이블에서 한참 서빙 중이던 그때 다른 테이블에서 벨소리가 났다.

"사장님, 여기 소주 한병 더 주세요! 소주 한 병이 추가되면 매출이 올라가는 거 아닌가. 나라면 기분 좋을 거 같은데. 사장님의 얼굴이 순간 일그러지면서 혼잣말하듯 입 밖으로 몇 마디가 툭 쏟아져 나왔다.
"아, 거참, 성질머리 다들 급하네. 벨까지 누르고 지랄이야."

사장님이 집에 무슨 우환이 있는 건가. 순간 벙쪄버렸다. 아니 벨 누르고 주문하는 게 당연한 거잖아. 어쩌란 거야 그럼? 전들도 오래된 기름을 쓰는지 냄새가 심했다. 슬리퍼도 튀기면 맛있다는 게 학계의 정설인데. 이 전집을 재방문하지 않을 이유들이다. 가격이 갑자기 많이 올랐다 전 개수도 눈에 띄게 줄었다. 오래된 기름을 사용하고 냄새가 났다. 사장님의 손님 응대가 너무 불친절하다. 욕쟁이할머니 컨셉인가요? 여기서 우리 모두는 반드시 거울치료를 해야 한다. 내가 혹시 매장에 방문한 고객님들께 저렇게 응대를 할까? 손님이 오셨는데 바쁘단 핑계로 인사 제대로 안 하는 거 아닐까? 추가주문을 했는데도 저렇게 부정적인 말들이 입 밖으로 한 적이 있나? 저런 화난 표정으로 매장에서 손님을 맞은 게 아닐까? 초심을 잃는 것이 우리 인간의 기본 베이스라면 이런 거울치료를 주기적으로 받는 것이 오히려 더 낫겠다싶다. 사장이 장사를 성공시키기도 하고 사장이 장사를 말아먹기도 한다! 나를 포함해서 현재 자영업을 하시거나 향후에 개인매장 창업이 꿈이신 예비창업자분들은 명심해야 할 것 같다. 내 몸과 정신이 피곤하고 힘들어야 고객과 손님들의 입이 만족하고 즐거워진다! 그것을 통해 우리는 우리 장사를 성공시킬 수 있다! 우리 장사가 성공하면 피곤해도 웃을 수 있다! 이 과정들이 끊임없이 선순환 한다면 반드시 승산이 있다!

5

창업하지 마시고
통장의 돈 조금씩 빼먹으며 사세요

2년 전에 실제로 개인매장 창업 관련 상담을 받으러 오셨던 분의 사례이다. 50대 중반 대구의 모 중견기업 부장님이라고 본인을 소개하셨고 곧 회사를 그만둘 예정이라 하셨다. 무려 30년을 근무하셨다고 했다. 대단하십니다. 리스펙합니다!

지금은 조금 시들하지만 그 당시 마라탕이 한참 뜨고 있을 시기라 그 업종에 대한 미래전망을 궁금해 하셨다. 잘못 찾아오신 거다. 나는 '마라' 전문가도 아니고 그쪽 프랜차이즈도 아닌데? 이분 이야기를 한참 듣는데 나는 확실히 하나는 알 수 있었다. 창업하지 '마라'. 죄송합니다. 이분은 분명 100% 망한다! 매장규모는 최소 80평 정도 대형평수로 오픈해야 한다고 하시고 주방장에 홀서빙을 보는 알바나 직원은 최소 7~8명을 뽑을 예정이라 하셨고 그만큼 바쁘고 손님도 많을 테니 그 정도는 있어야 될 거 같다 하셨다. 배달은 배달어플 통해 대행업체를 쓰면 된다고 하셨고 당당하게 본인은 한 번씩 나와서 홀에서 주문받거나 계산하신다고 했다. 어느 정도 프랜차이즈 교육이나 강의, 창업박람회도 몇 번 가보셨단다. 아, 그래서 그렇구나. 해당 프랜차이즈 본사 담당직원이 장밋빛 미래만 보여준 거 아닐까? 마라 관련 전문가는 아니지만 직장인에서 자영업자로 변신한 몇 년간의 짬바가 있으니 질문을 드려보았다.

"부장님 지금부터 아주 기본적인 사항에 대해 제가 궁금한 거 질문 몇 개 드려볼게요. 80평 정도 되는 매장에서 시작해야 한다고 하셨는데 그 본사에서 혹시 어디 위치에 한다고 정해주실 거 같거든요. 혹시 보증금하고 월임대료는 어느 정도가 적정선이라 생각하고 책정하고 있다 하던가요? 상권이 발달하고 유동인구가 어느 정도 있는 위치에서 시작해야 할 거 같은데, 권리금이나 시설비, 각종 초기 인테리어, 갖춰야할 집기류(주방, 매장홀 등) 모두 어느 정도 예산을 잡고 계신가요? 아까 종업원들 그 정도 규모로 고용하면 매달 나가는 고정적인 인건비(주휴수당 포함)는 감당이 가능하실까요? 그리고 본사 통해서 재료를 모두 다 공급받으셔야 할 건데, 각 재료들의 단가나 계약 관련해서는 혹시 별도로 공부하신게 있으실까요?

마라탕이란 게 어느 정도 인기를 끌지 모르겠지만 제 생각에는 우리가 보통 흔히 사먹는 스테디셀러 같은 중국집, 치킨, 피자, 커피, 햄버거 같은 업종은 아닌 거 같아요. 아마 조금 자극적인 맛인 걸로 알고 있는데 사람마다 호불호가 명확하게 갈릴 것 같거든요. 애들도 요즘 많이 사먹는다 하지만 부모님들이 과연 계속 허락할까 싶기도 하구요. 저부터도 저희 애들 먹여도 가끔 먹이지 자주 사주진 않을 거 같아서요. 한 번씩 먹는 아이템이라고 생각하시고 접근하시면 좋겠어요. 반짝 유행하고 또 혹 꺼질지 몰라서요. 탕후루 그런 거처럼요.

그리고 부장님 아까 주방일이나 나머지 매장 전체 일에 대해 크게 신경 안 쓰신다 하셨는데 저는 이 부분이 가장 리스크가 크다고 생각해요. 특히 음식점인데 주방 일을 잘 모르고 메뉴에 대해서도 잘 몰라도 될까요? 그리고 요즘 알바 인건비 최저시급이나 주휴수당 알고 계실까요? 프랜차이즈 가맹비는 얼마 정도구요? 매달 내야하는 로얄티 같은 거 있나요? 특히 개인창업이 아니다보니 본사계약에 있어 하나부터 열까지 전부 체크리스트 만드셔서 꼼꼼하게 체크하시고 접근하시는 게 좋을거 같아요. 왜 회사에서 업무추진할 때도 똑같잖아요. 이 프로젝트가 성공하기 위해 담당자부터해서 홍보팀, 인사팀, 기술팀, 계약팀 모두 한마음 한뜻으로 해야 성공할 확률이 올라가듯 말이에요.

노파심에 말씀드리지만 섣불리 시작하셨다가 부장님이 지금까지 그 회사에서 30년 동안 열심히 일해서 모은 돈 그 퇴직금 3년이 아니라 3달

안에 허공에 날릴 수도 있어요! 최악은 나중에 현상유지도 안 되서 월급도 제대로 못주고 월세도 제대로 못 내서 보증금 다 까먹으면 부장님하고 부장님 사모님 정말 말년에 고생하실 수도 있어요. 자영업 대출 빚도 못갚으시구요.

매장에서 일하는 주방장이 바뀌어도 그전과 동일하게 마라탕 맛이 유지되는가? 친절한 고객응대를 부장님이 직접 할 수 있는가? SNS 홍보 마케팅을 어떻게 배우고 부장님이 직접 하실 수 있는가? 자영업자 대출 받으시면 매달 대출이자도 나올 건데 거기에 매달 고정적으로 나가는 수도, 전기, 가스, 인터넷통신비용, 화재보험, 매장청소관리를 모두 다 컨트롤하고 다 챙기실 수 있으신지? 잘못하면 나중에 가게 팔리지도 않고 그냥 생지옥에서 살게 되실지도 모르는 거라서요. 매장 장사가 안 되는데 나중에 어느 임차인이 여기 들어오려 하겠어요? 투자한 수억 날리고 매장가치 하락에 권리금은커녕 보증금 다 까먹고 빈털터리 안 되란 법 없어요. 절대로 급하게 생각하지 마시고 휴일에 도서관 가서 우선 창업 관련된 책을 전부 다 보셨으면 좋겠어요. 제 생각은 그렇습니다. 제가 드린 질문이나 말씀 한번 잘 생각해보시구요."

"네, 고마워요. 근데 나는 단지 바로 하겠다는 게 아니고 일단 어느 위치에 매장 오픈하면 사람 많이 올지 그거 물어보려고 오늘 온 건데... 음... 너무 깊게 들어가버렸네."

그 이후에 이분을 다시 볼 일은 없었다. 대화를 하면서 그 부장님 눈을 쳐다보는데 그 눈빛에서 내가 받은 느낌은 이것이다.

아, 저 사람 뇌가 굳어져버렸구나. 누가 말려도 할 사람이다. 이미 거기에 제대로 꽂혔다. 누가 와도 못 말린다. 저 고집과 이상한 근성. 제대로 크게 고생해보셔야 알겠구나. 회사 조직 안에서 높은 한자리에 계시고 내가 낸데.. 남들과 경쟁에서 이 정도 위치까지 올라왔고 회사에서 능력도 인정받았는데 밖에서 작은 매장 하나 성공 못시킬까?

부장님, 죄송하지만 메타인지가 부족하십니다.
회사 안에서야 나를 도와주고 서포트해 주는 조직이란 게 있었기에 그 자리까지 올라가신 거라는 생각을 혹시 해보시진 않으셨을까요?
회사 밖에서 우리 모두는 신생아입니다. 처음부터 다시 다 배워야 합니다. 퇴직하신 분 중에 고령이나 중년의 나이에 매장을 오픈하신분들 중에 유독 실패하시는 분들이 많은 이유가 무엇일까요?
그게 부장님이 되지 않으란 법이 있을까요?

이 상태로 프랜차이즈 매장을 오픈한다면 100% 망할 거라는 내 예감이 틀리기를 바라는 수밖에 없다. 스스로 지옥문을 열고 그 지옥 불구덩이에 들어가지 마세요. 꼭 지옥을 직접 체험해봐야 지옥이 무섭다는 걸 깨닫는 건 아니니까요. 30년 일하시고 받게 될 그 피같이 소중한 퇴직금. 그냥 통장에 넣어두시고 조금 조금씩 곶감 빼먹듯 쓰시는 게 최선입니다. 준비가 전혀 안되셨기 때문입니다. 그게 바로 기쁨이고 행복입니다. 행복은 생각보다 멀리 있지 않습니다. 아직 40년 이상 더 사셔야 합니다! 가늘고 길게 천천히 가시죠. 부장님! 그 지옥에 마지막으로 문까지 닫아버리고 들어가시진 마세요. 제발요!

6

그럼에도 불구하고
죽기 전에 자영업을 할 수밖에 없는 이유

최근 뉴스기사 제목이다. 매년 나오는 기사 중의 하나다.

'60대 은퇴자 1인 기준 평균 생활비 200만원이다. 국민연금이나 퇴직연금으로는 턱없이 부족하다. 은퇴자들이 추가로 생활비를 벌기 위해 재취업, 공공근로, 알바, 자영업을 선택한다. 부동산, 주식 등의 재테크 투자를 통해 추가수익을 얻는 사람은 전체의 10%가 안 된다.'

이것이 대한민국의 현실이다.

자영업自營業의 국어사전 상의 정의는 '자신이 직접 경영하는 사업'이다. 독자님들도 모두 알고계시겠지만 우리 모두는 언젠가 다니고 있는 회사에서 나와야한다. 100% 정해진 미래이다. 다만, 아버지가 사장님이고 사업체를 물려받으실 분들은 제외이다.

최근 발표된 자료를 보니 대한민국 직장인 평균 퇴직연령이 40대 후반이라고 한다. 평균이니 그전에 퇴직하는 분도 계시고 정년까지 근무하시는 분도 계실 것이다. 바로 다른 기업으로 이직하시는 분도 계시지만 여력이나 개인적 상황이 안 되어 재고용이 힘든 분도 있다. 배달, 단기알바, 현장노무, 택배, 편의점에서 일해서 돈을 버는 분도 많이 계신다.

평균적으로 50대 초반에 다니던 회사에서 나온다라고 가정했을 때 국민연금을 수령하기 위해서 아직 10년 이상의 기간이 남아있다. 연금 보릿고개의 기간이 10년이 넘는데 그 사이 뭘 먹고 살 거냐? 이 문제 앞에 우리 대부분은 자유로울 수 없다. 대부분 자영업이나 장사를 하거나 비슷한 계열사나 하청업체로 이직하거나 일단 그냥 쉬는 경우로 나눠 볼 수 있다. 일단 그냥 쉬어도 언젠가 자금압박에 부딪힐 수밖에 없다. 10년을 그냥 내리 놀 수도 없고 더 큰 문제는 그 국민연금을 예정대로 받는다 하더라도 충분하지 않을뿐더러 그때 연금기금이 파산하지 않으리란 법도 없다. 다른 쪽에 이직을 한다 하더라고 그 회사나 조직에서 50~60대 인력을 고용해서 같이 일하다는 것에 부담을 느끼지 않는 회사나 고용주는 적을 것이다. 현실적으로 기존에 받던 월급보다 훨씬 적은 월급을 견디지 못해 1년을 채 버티지 못하고 제 발로 나오는 자발적 퇴사자가 적지 않은 것도 현실이다. 그렇기에 대부분의 퇴직한 50대 전후 사람들은 '자영업' 선택을 할 수밖에 없는 확률이 높은 것이다. 그러니 우리 대부분은 죽기 전에 무조건 한번은 자영업을 하게 되어있단 말이 과장이 아니란 걸 빨리 인정해야한다.

평생 회사조직이란 시스템 속에서 내 전문분야 스페셜리스트로서 살다가 회사를 나와 보니 나는 아무것도 할 줄 모르는 신생아네! 과연 내가 밖에서 뭐라도 제대로 할 수 있을까? 그래서 퇴직 전 대부분의 사람들의 고민과 걱정, 불안수치가 최고점일 수밖에 없다.

이 불안감을 대하는 태도에서 크게 두 가지 부류로 나뉜다고 한다. 전자는 불안감이 나를 완전히 지배해서 사람 자체가 부정적인 마인드로 변한다. 그래서 더욱더 초조해지고 심하면 무기력과 심한 번아웃이 동반되며 모든 삶의 의지가 추락한다. 후자는 불안감이 있지만 그 불안을 다시 한 번 내 인생을 재도약하고 제2의 삶을 살기 위한 추진력으로 만든다고 한다. 즉, 실천하고 행동, 실행하게 만드는 원동력으로 만들 수 있는 사람이다. 사람들은 끼리끼리 같은 부류들을 주변에 둔다고 한다. 그런 인맥과 커뮤니티가 나를 안정된 그룹에 소속되어있다 착각하게 만든다. 직장인들은 보통 직장인들끼리, 자영업자 분들은 그들끼리, 사업가도 그들끼리, 투자자도 그들끼리. 다른 분야에 도전하려하면 대부분 같은 커뮤니티에 있는 사람들은 부정적 의견과 관점을 갖고 있다. 특히 퇴사 후 매장창업이나 자영업에 도전하려 하는 사람이 주변에 같은 직장동료나 선후배들에게 조언을 구하는데 이건 문제해결을 할 수 없는 최악의 선택이다.

초등학교 6학년인 우리 첫째에게 부동산 급매찾기에 대해 물어보는 것과 크게 다르지 않다. 무슨 소리냐고? 내 앞에 문제가 발생했다면 그 문제를 해결해줄 수 있고 해당 분야에 대해 경험 있는 적임자에게 가서 물어봐야 제대로 된 답이 나올 확률이 크다. 그런데 내 주변 직장동료, 선후배들이 자영업을 해봤는가? 매장 창업에 대해 제대로 공부해봤을 까? 상권에 대한 전문지식이 있을까? 해당 상권의 평당 매장 임대료가 얼마인지 알고 있을까? 우리는 이미 답을 알고 있다. 모르는 사람에게 질문을 하면 이런 답이 돌아온다.

아니 지금 시대가 어떤 시대인데 자영업이야?

지금까지 모아둔 돈 다 날릴 일 있어?

지금 우리 동네 장사 안 되서 문 닫은 매장이 얼마나 많은지 알아?

내 친구 누가 장사했는데 지금 접었어.

우리 친척 중에 누가 있는데 망했어.

그러니까 괜히 이상한 헛바람 들지 말고 남들 사는 대로 살아.

월급쟁이가 최고야. 어떻게 해든 여기 붙어 있어!

아니면 협력사나 하청업체 미리 좀 눈도장 찍던지, 남들 사는 대로 살어, 뭐 그리 튀려하니?

평범하게 사는 게 좋은 거야. 그게 행복인거고..

근데 내가 소스 받았는데 이번 주식은 정말 너한테만 알려주는 건데 너도 한번 투자해봐.

뭐지?

그전 챕터에서도 제가 계속 강조 드리고 반복해서 말씀드리지만, 무지성, 무계획 창업은 무조건 반대다. 하지만 그 사람이 경험하지 못한 일들에 대해 무조건적인 비난과 부정적인 의견과 조언을 100% 받아들이는 것 또한 잘못되었다 생각한다. 저렇게 말하는 주변인이 있다면 이렇게 질문을 다시 던져보자.

안된다고 하지만 말고 그럼 현실적인 대안이 있는가?

계속 월급쟁이로 살면 문제가 해결되나?

다른 회사에서 나를 채용 안 해주면?

혹시 당신은 어떤 계획과 플랜이 있나?

무지성 정치테마주, 잡주식이나 잡코인 투자 말고?

혹시 정말 전문적으로 자영업이나 매장창업에 대해 공부하거나 강의로 배우고 나서 해주는 조언인건지?

혹시 그 망했다고 하는 지인 분, 왜 망했는지 혹시 정확하게 원인분석이 되었는가?

우리가 퇴사하게 되면 무언가 돈벌이를 해야 하지 않을까?

현직에 있을 때 시간, 정신, 경제적으로 여유가 없다 하더라도 그때 미리 준비하고 대비해야 한다. 만약 현실적으로 자영업이 불가능하다고 하면 젊은 시절부터 내 월급을 대처할만한 규모의 현금시스템 소득을 미리 준비하고 만들어놓고 나와야한다는 것이다. 어찌 보면 어려운데, 어찌 보면 당연한 일이다. 계속 반복해서 말씀드리지만 우리는 언젠가 회사에서 나와야하고 언젠가 인생에서 한 번 내 스스로의 사업을 할 수밖에 없는 것이 100% 결정된 미래이기 때문이다.

내가 13년 동안 근무했던 원자력발전소도 법으로 정해진 정비/점검 기간이 있다. 몇 년 이상 기계와 시스템을 사용하면 문제가 생기기에 사전에 수천, 수백 개의 부속품과 전자장비들을 점검하고 체크하는 것이다. 오래되면 새것으로 바꾸고 문제가 생기면 테스트를 통해 문제를 해결하고 수명이 끝난 것들은 새 모델로 바꾼다. 영원한 건 세상에 없기 때문이다. 여기서 핵심은 문제가 생겨 점검하는 것이 아니라 문제가 생길 것을 대비해서 사전에 미리 시스템을 정지하고 모든 것을 손본다는 것이다. 우리 인생도 마찬가지다. 분명 수명이 다하고 내 능력이 쓸모가 없어질 그 유통기한은 하루하루 다가오고 있다. 내 통장과 지갑에 있는 현금이 인플레이션 때문에 시간이 지날수록 가치가 하락하는데 내 능력와 커리어도 시간이 지날수록 인플레이션 현상에서 자유로울 수 없다. 슬프다 가치가 떨어지는 나를 생각하고 있노라면 여기서 감상에 젖어있다가 한순간 나락으로 떨어지는 건 시간문제이다.

문제가 생길 것을 대비해서 사전에 즉, 현직에 있을 때 미리 대비하고 준비해야 한다. 월급이란 현금흐름이 있고 회사란 조직과 시스템의 힘을 내가 등에 업고 있을 때, 내 능력과 영향력이 바닥까지 추락하기 전에 반드시 우리는 우리 각자의 살아갈 생존주머니를 따로 준비하고 만들어가야 한다. 회사가 우리를 책임져주지 않기 때문이다. 그리고 모든 정비/점검기간을 장기간 마친 후 다시 발전소를 재가동할 때에도 아무렇게나 하는 것이 아니다. 모든 것은 순서와 절차가 있다. 수천 수만 개의 기계, 전기전자시스템, 로직을 점검하고 다시 정상운전출력까지 도달시켜 전력을 생산하는 단계 단계 그 하나의 절차마다 절대적으로 정해진 시간이 있다. 즉, 예열기간 말이다. 절대로 서두르거나 그 절차를 생략해서는 안 된다. 원자력발전소 특성상 문제가 발생하면 사회적으로 큰 문제가 생기기에 절차서라는 것이 존재하고 무조건 지켜야 한다. 순차적으로 빌드업하고 예열기간을 거쳐서 모든 기기, 전기전자시스템을 정상화하는데 적게는 며칠, 오래 걸릴 때는 일주일 이상 걸리기도 한다. 월급만 받던 직장인이 회사를 조직을 나와서 자영업에 도전한다는 의미 또한 비슷하다. 절대적인 예열시간, 빌드업 시간이 지켜져야 한다.

절대로 서두르지 말고 다른 사람들. 특히 경험하지 않은 사람들의 말은 어느 정도 참고만 하며 해당분야 전문지식이 있거나 실제로 해당업종을 운영하고 있는 분들께 가셔서 도움을 구하시는 게 최선이다. 특히나 중년 이후 창업은 더욱더 천천히 보수적으로 진행해야 한다. 실패해서 멈추고 쓰러지면 그 타격감이 젊은 사람들에 비해 몇 배는 크고 다시 일어서기가 쉽지 않기 때문이다. 우리 모두는 사실 이 모든 것을 이미 알고 있지만 이 또한 100명 중 1명이 제대로 깨닫고 실천할까 말까이며 그것이 현실이다. 누가 빨리 깨닫고 누가 먼저 행동하는가의 싸움이다. 이 싸움터에서 벗어날 수 있는 사람은 없다. 아, 재벌 2, 3세 분들 제외한다. 독자님들은 이 싸움에서 어떤 포지션인가? 이기고 싶다면 제대로 준비하자! 시간은 언제나 나의 편이 아니기 때문이다!

7

건물주가 되어
내 건물에서 장사해야 망하지 않는 이유

　집 근처 오래된 빵집이 하나 있다. 이 동네 사시는 분들은 물론이고 멀리서도 이집 빵이 맛있어서 빵 나오는 시간에 맞춰 빵집 앞에 기다리시는 분들도 제법 많다. 언젠가 둘째아이 생일이라 케이크도 살 겸 거기 빵맛이 너무 궁금해서 들른 적이 있다.(사실 우리 부부는 빵을 잘 사먹지 않는다.)

　그때 주방 안에서 열심히 빵을 만들고 계신 사장님 내외분이 계셨다. 50대 중반에서 60대 초반으로 보이셨다. 그때 나는 느낌적인 촉이 왔다. 왠지, 이 건물 저분들이 소유한 것 같은 혹시 조물주보다 더 높다는 갓물주? 케이크를 포장하고 빵을 몇 개 더 고르면서 타이밍도 좋게 그때 매장 내 손님들도 없고 해서 두 분께 이런저런 가벼운 질문을 드렸는데 그때 그분들이 하셨던 말씀이 내 무릎을 탁 치게 할 정도 임팩트가 있는 시간이었다. 역시나 촉이 맞았다. 3층 상가주택건물이었고 1층은 사장님께서 빵집을 운영하시고 2층과 3층은 월세로 임대해서 임대료를 받고 계신다고 하셨다. 사장님 내외분의 실제로 거주하는 곳은 건물 근처 작은 아파트라고 하셨다.

바쁠 때는 바쁜 대로 한가할 때는 한가한 대로 일단 일이 많으면 많아서 좋고 일이 없을 때는 심리적으로 덜 쫓긴다 하셨다. 해당 매장은 메인 대도로 상업지역 위치가 아닌 골목 안쪽 주택가에 위치한 곳이었고 두 분이 직접 재료손질, 제빵, 포장, 판매, 택배 등의 일을 주로 거의 다하시고 일이 바쁠 때 근처에 사시는 자녀분들이 한 번씩 와서 도와주는 상황이라 하셨다. 벌써 10년도 넘게 이 건물을 매수해서 1층 상가에서 내 이름의 빵장사를 하고 계신다고 하니 정말 존경스러웠다.

나도 이미 2019년에 세 번째 다가구 건물을 매수해서 건물 1층 근린생활시설의 매장에서 우리 부부가 함께 매장을 운영하고 있던 상황이라 그 사장님들께 동질감이 느껴졌고 저 또한 와이프와 함께 비슷한 형식으로 장사를 하고 있다고 말씀드리니 젊은 사람들이 참 열심히 사시네라며 응원도 해주셨다. 그전에 다른 건물에 상가 임대인이나 건물주에게 매달 월세를 내고 장사할 때와 지금의 상황은 정말 차이가 많이 난다고 하셨다.

처음부터 돈이 많은 상황이 아니었기 때문에 20년 동안 열심히 장사를 해서 그 돈으로 아이들을 키우고 열심히 차곡차곡 모아서 나중에 꼭 우리 이름으로 된 상가에서 장사를 하든 아니면 원룸이나 다가구, 상가주택 중에 1층에 근린생활시설 공간이 있는 건물을 매수해서 우리 이름으로 된 진짜 우리 매장을 하자는 것이 부부의 목표였다고 하셨다. 그 목표를 20년 만에 이루셨고 그 이후에 10년 가까이 시간이 지난 현재에 우리가 만난 것이다. 건물 매수할 때 당연히 100% 현금을 주고 산 것이 아니라 2, 3층에 사시던 분들의 보증금과 일부 담보대출을 받아 매수한 상황이라 대출에 대한 월이자는 계속 나가야한다. 그렇지만 위층에서 나오는 월세(임대료)가 어느 정도 이 건물을 매수했을 때 발생하는 대출이자를 감당할 수만 있다면 이야기는 180도 달라진다. 매출이 높던 낮던, 장사가 잘되든, 안되든 간에 매달 꼬박꼬박 돌아오는 월세 입금날에 대한 스트레스는 없어진다는 것이 내 건물 장사의 최대장점이다.

또한 남의 건물이나 상가에서 장사를 했을 때 해당 매장 내부에 해당 업종에 맞는 인테리어와 시설을 최소 수백만원에서 최대 수천, 억 단위까지 들여 시작하게 되는데 만에 하나 장사를 접거나 폐업하게 되었을 때 보통 상가임대차계약서상에 원상복구조항이 의무적으로 기재되어 있다. 그냥 공중분해 되어 없어지는 돈이 될 수도 있다. 하지만 내 건물에 시설비, 인테리어 투자를 한다?

나 역시 그렇게 인테리어를 했지만 남의 매장이나 상가에 인테리어를 하는 것과 내 것에다 하는 것은 마음가짐부터 완전 다르다. 내 건물, 내 상가의 가치 또한 같이 상승하게 되는 것이다. 우리 매장 같은 경우도 음식업이나 요식업을 할 수 있는 모든 주방, 가스, 전기, 수도시설을 갖춰놨기 때문에 혹시라도 나중에 우리 부부가 매장 일을 하지 않게 되더라도 돈 들여서 그 시설이나 인테리어 된 것들을 철거할 필요가 없이 그대로 다음 분이 사용할 수 있도록 세팅된 상태로 그분께 월세를 받고 상가계약을 하면 되는 것이다. 시설철거 및 원상복구에 대한 리스크 또한 사라진다.

마지막으로 항상 내가 하는 장사나 매장이 잘 안되었을 때, 즉 폐업하게 되는 수순은 항상 거의 비슷하다. 매출이 예상했던 것만큼 나오지 않아 마이너스가 되면서 초반 몇 달간은 버티고 버티고 하다 더 이상 힘들어지면 직원이나 알바의 인건비까지 문제가 되기 때문에 인력을 줄일 수밖에 없다. 통장에 있는 여유자금이 바닥이 나면 자영업자 대출을 받아 그 돈으로 재료를 사거나 월세를 내거나 집 생활비로 사용하게 된다. 그 상황이 수개월 반복되면 더 이상 자금여유도 없고 맡겨놨던 보증금도 연체된 월세만큼 모두 다 차감되어 이제 계약이 해지가 된다. 매장 폐업을 하게 되고 모든 집기류나 사용한 제품들은 중고시장에 헐값으로 떨이로 팔려나간다. 매장 내부 시설과 내부 인테리어는 최초 상태대로 원상복구하게 되고 다시 돈이 또 들어간다. 1년도 안 되서 통장에 돈도 텅텅 비게 되고 최초 부담하고 들어왔던 권리금을 회수할 방법은 없다. 제대로 엑시트도 못해 보증금도 다 까먹었고 빈털터리가 된다. 만약에 내 건물에서 장사를 하는 상황이었다면 어떻게 되었을까? 다른 건 모르겠지만 하나의 가능성이 주어진다. 건물이나 토지가격의 상승이라는 가능성! 위치나 입지마다 가치나 가격상승의 속도가 모두 다르겠지만 지금까지는 토지나 건물의 공시가격은 꾸준히 올랐었다. 내 건물에서 장사를 하는 것이 아닌 남의 건물이나 상가에서 장사를 하게 되면 부동산 가치상승 가능성의 선택지 또한 스스로 찢어버리게 되는 것과 같다. 베팅할 수 있는 기회를 스스로 날리는 것이다. 독자님들 중에 이렇게 바로 반문하실 분들이 계실 것 같다.

아니 건물주 좋지. 근데 뭐 건물 사는데 한두 푼 드는 것도 아니고 참!

그거 위층 세대 임차인 관리도 내가 다해야 하는 거잖아.

장사도 바빠 죽겠는데 그것까지 신경 쓸 시간이 어디 있겠어?

그리고 임차인 중에 월세 연체되고 나를 힘들게 하는 사람 있으면 피곤할거고 아, 머리 아프다 싫어!

만약에 건물 샀는데 건물 살 때 받은 대출, 그거 금리 올라서 이자가 올라가면 어떡하나?

건물 사는 거 좋다 이거야. 근데 당신 말대로 건물이나 땅값 안 오르면 어떡할 거야? 당신이 책임 질 거야?

건물 그거 잘못 사면 큰일 난다는데 나중에 안 팔리면 어떻게 하라고?

처음 부분에 말씀드린 빵집 사장님도 20년이 걸려 빵을 팔아 모은 돈으로 상가주택을 매수했다고 말씀드렸고 저 또한 10년 동안 투자해서 모은 돈으로 건물 매수가 가능했다. 한두 푼 드는 게 아니기 때문에 조금 멀리 내다보시고 하나의 목표로 잡아보시면 좋겠다는 것이다.

임차인 관리가 힘들겠다라고 하시는 분들도 계신데 쉽지는 않다. 그렇다고 불가능한 것도 아니라고 생각한다. 남의 돈 벌기가 가장 어렵다고들 하는 이유이다. 대출금리가 갑자기 올라서 이자가 더 많아지면 당연히 부담이 더 커지는 게 맞고 땅이나 건물가격이 오르지 않는 것에 대한 불안도 있을 수 있다. 나중에 매도가 안 되는 것에 대한 리스크가 존재하기도 한다.

그렇다면 이 문제들을 해결할 수 있는 단 하나의 방법은 공부하는 것밖에 없다. 아파트처럼 시세가 어느 정도 나와 있는 게 아니기 때문에 특히나 다가구, 상가주택 매수나 투자에 있어 공부를 하고 준비를 해야 하는 것이다. 임차인 관리와 건물 임대운영 또한 부담으로 느껴지실 수도 있어서 내가 과연 할 수 있을까. 여기까지 생각에서 멈추시는 분들이 대부분일거라 생각한다. 사람이 계속 부정적인 생각을 하게 되면 그 자리에 정체될 확률이 높다. 아무것도 하지 않는 것을 선택하는 것이 얼마나 불행하고 비생산적인지 깨닫지 못한다. 몸이 아프거나 큰 병에 걸려 정말 하고 싶은 일이 있음에도 물리적, 신체적으로 할 수 없는 안타까운 사연을 가진 사람들이 얼마나 많은데 우리는 정말 그렇게 살면 안 된다. 다른 것은 모르겠지만 절대로 인생을 낭비하거나 그냥 무의미하게 흘려보내서는 안 된다.

　나는 이 책에서 계속해서 강조하는 핵심주제가 '꼭 서울이 아니더라도 지방에서 충분히 내가 하는 일을 통해 돈을 벌고 열심히 모으고 재테크 투자한 돈으로 현금흐름이 나오는 부동산이나 건물을 매수해서 언젠가 없어질 내 월급을 대처할 만한 현금흐름을 만들자! 그 시작이 빠를수록 좋다!' 인데, 수십 수백 억짜리 건물을 투자하는 것이 아니다. 평범한 우리들 현생에서 투자하고 매수가 가능한 건물, 우리가 근로소득을 통해 입사 초반부터 모은 돈, 시드머니를 잘 굴려서 나중에 현금흐름이 나오는 그 부동산을 소유하자는 것이며 각 지방에 거주하시는 독자님들께 남들이 잘 가지 않는 이런 방향의 길도 있다는 것을 제 스스로 경험하고 체득한 것들과 할 수 있는 방법을 간접적이겠지만 알려드리고 싶은 것이다. 그리고 포기를 하거나 하지 않는 선택을 하시더라도 반드시 어떤 분야에 흥미가 있거나 조금이라도 관심이 있으시다면 꼭 공부 먼저 해보시고 내 성향과 상황에 맞는지 검토를 하신 뒤에 포기하더라고 하셨으면 한다. 그래야 죽기 전에 후회가 적을 것이다.

　그 건물에서 열심히 땀 흘려 일해서 매장운영을 통해 그 빵집 사장님 부부와 우리 부부처럼 장사로 돈을 벌수만 있다면 위에서 말씀드린 대로 내 장사에만 더욱더 집중할 수 있는 단단하고 안정된 영업시스템을 만들 수 있다는 것이다. 그만큼 리스크는 줄어들게 된다. 1~2년 만의 단기 프로젝트가 아닌 5년에서 최대 10년 사이 충분히 여유로운 기간을 잡고 나는 반드시 내 건물에서 월세를 받아 현금시스템소득을 만들것이다!라고 목표를 정해놓고 하루하루를 사는 사람과 그냥 장기적인 계획이나 목표 없이 회사 다니고 미래 준비를 제대로 하지 않는 사람과의 차이는 지금 당장은 크게 나지 않겠지만 시간이 지날수록 벌어질 수밖에 없을 것이다. 그리고 무조건 제대로 된 준비(투자금, 관련 지식)가 밑바탕이 된 후에 이 방향의 길을 선택해야 한다. 묻지마&무지성 투자는 인생 멸망의 지름길이다.

건물을 매수할 충분한 여유자금이 생길 때까지 하나의 큰 목표를 세우시고 열심히 돈을 모음과 동시에 나는 반드시 어떤 위치에 어떤 건물을 어떻게 싸게 급매로 매수할 수 있는지에 대해 여러 고수님들의 책, 영상, 글, 강의를 통해 배워나가고 내 것으로 만들어가면 되는 것이다. 요즘에는 건물투자와 임대운영 또한 유튜브나 책으로 관련 지식과 정보가 너무 상세히 잘 나와 있어 크게 걱정하실 건 없다라고 생각한다. 나또한 거의 10년 전에 첫 원룸다가구건물을 매수하고 투자한 경험이 있었기에 두 번째 이 건물(현재 장사하는 곳)을 매수하고 운영하기 수월했을지도 모른다. 하지만 모든 사람에게는 처음이란 것이 존재한다. 나도 10년 전 처음이었다. 주변에 알려주는 사람도 없었고 경험한 사람도 없었으며 지금처럼 유튜브에 정보가 있는 것도 아니었다. 스스로 정말 절실하고 길을 찾으면 길이 보인다. 아니 스스로 없던 길을 만들게 된다.

오며가며 지켜본 그 빵집 사장님은 지금도 정말 열심히 살아가신다. 주변이웃들의 평판도 너무 좋다. 빵집을 하려면 정말 이른 새벽부터 일을 시작해야한다고 하셨다. 일이 고되니 일찍 주무셔야 한다. 일찍 자야 하니 야식이나 배달은 꿈도 못 꾼다. 오히려 건강에 더 좋다. 사장이라고 목에 힘주고 다니거나 갑질하며 사시지 않는다. 건물주라고 어깨 힘주시지도 않는다. 내 건물에서 진짜 내 장사를 하게 되면 마음가짐부터 달라진다. 매출이 상승하고 사람들이 많이 모이면 그 건물의 가치는 덩달아 같이 상승한다. 월세 임대료 또한 상승하고 권리금까지 오른다. 최종적으로 내 건물과 땅값이 오른다. 또 열심히 장사한다. 방문해주신 고객들에게 항상 친절하게 응대하고 좋은 상품과 서비스로 보답한다. 입소문이 나면서 더 많은 손님들이 몰린다. 초심을 잃지 않고 꾸준히 원래 했던 대로 객들의 입속을 즐겁게 해준다.

내 건물의 가치를 그 어떤 호재나 발전계획으로 올리는 것이 아닌 건물주 스스로 올린다! 어제도 오늘도 내일도 아마 그러실 것이다. 너무 멋있다! 그날 빵집 사장님 부부를 만나 잠시 나눴던 대화를 통해 나도 나중에 이렇게 성장하면 좋겠다란 생각을 하게 됐다. 정말 대단하시고 모범적이시다. 맛있는 빵 냄새를 맡으며 그렇게 매장을 나왔다. 맛있는 빵 냄새가 온 동네에 퍼진다.

그렇게 큰 부자가 아니더라도 내 건물에서 장사할 수 있어 감사하고 내 매장을 찾아주시는 고객님들께도 감사하다. 마지막으로 건물에서 주거로 임대하여 월세내고 사시는 모든 임차인 분들께도 진심으로 감사드린다.

8

고객들이 돈을 내는 이유는 단 3가지
- 시간, 돈, 문제점

　사람들이 매장에 방문하거나 배달해서 상품과 서비스를 돈을 주고 사는 이유는 무엇일까? 장사, 판매마케팅 관련된 책이나 강의에서 공통적으로 강조하는 3가지를 독자님들께만 짧고 굵게 알려드려보겠다. 3가지만 해결하면 사람(고객, 손님)들은 지갑에 있는 돈을 지불한다.

　첫째, 시간을 절약하게 해준다.
　둘째, 지불하는 비용 이상의 돈을 오히려 아껴준다.
　셋째, 사람들이 갖고 있는 문제점을 해결해준다.

　내 상품과 서비스가 저 3가지를 해결해주는 것들인가? 나는 매장을 오픈하기 전에 일단 우리 매장만의 정체성에 대해 생각했다. 고객들에게 정확한 우리 매장의 창업목적과 이유에 대해 설명할 수 있어야했기 때문이다. 여기서 우리만의 스토리가 있는 판매전략을 접목시킬 수만 있다면.

실제로 고객님들께 어필한 우리만의 스토리 전략은 우리 부부 또한 그 당시 두 어린이를 키우고 있는 부모!

엄마(와이프) 대학교 전문학과 졸업 + 관련자격증 보유

엄마이자 전문가가 요리하는 프리미엄 수제 유기농 이유식&아이반찬!

우리 '마더셰프'만의 매장창업 목적과 배경!

첫째, 시간을 절약하게 해준다. 우리 매장의 주 핵심고객은 어린아이를 키우고 있는 엄마이다.(요즘은 아빠 손님도 많음) 전업맘은 전업맘대로 아이와 거의 하루 온종일 붙어있고 특히 우리 첫째처럼 분리불안증세가 있는 아이를 키우는 엄마들은 잠시도 떨어져있기 어렵다. 집안일도 해야 하고 아이도 봐야하고 밤낮의 생활패턴이 바뀌고 손목까지 고장 나면서 체력과 멘탈이 무너진다. 워킹맘은 워킹맘대로 밖에 나가서 직장생활을 해야 하니 아이를 돌볼 시간은 더더군다나 없다. 어린이집에 맡기는 엄마들은 퇴근시간에 부리나케 달려가 아이들 픽업해 가야하고 집에 가면 떡실신된다. 아이에게 음식 하나 해먹일 시간과 체력은 없어진 지 오래다.

→ 엄마들은 바쁘고 시간이 없다. 우리가 고객님의 아이들 먹는 음식을 대신해서 제공해주자! 유기농 수제 이유식&아이반찬, 다른 일에 집중할 수 있고 더 중요한 일에 시간을 보낼 수 있도록 도와준다면 승산이 있다! 무료배달까지 해주면 더 만족하시지 않을까?

둘째, 지불하는 비용 이상의 돈을 오히려 아껴준다. 일단 마트에 가서 식재료를 사러가기 위해 운전해서 나왔다. 마트에 가서 차를 주차시키고 식재료들을 사서 나온다. 다시 운전해서 집으로 간다. 유튜브나 책을 통해 레시피를 보고 열심히 따라 만든다. 전쟁터 같은 싱크대의 그릇과 도마, 칼, 냄비, 분쇄기 등을 설거지한다. 소중한 우리 아이에게 먹였는데 아이가 잘 먹지 않고 뱉어낸다. 다시 멘붕에 빠진다. 내가 대체 뭘한 거지? 여긴 어디고 나는 누구?

→ 전문가의 레시피를 통해 맛과 영양을 동시에 잡은 이유식, 아이반찬을 직접 수제로 만들어 유기농제품을 제공하자. 어, 뭐지. 그냥 사 먹이는 게 훨씬 더 경제적인데? 잘 먹기까지 하네. 그래. 이런 곳에 사용하는 돈은 아끼지 말자! 그리고 절대 잊지 말자! 시간도 돈이란 것을! 아참, 정량보다 더 드리는 건 필수! 양이 많이 먹고 남기더라도 더 드린다!

셋째, 사람들이 갖고 있는 문제점을 해결해준다. 잘 먹지 않는 아가,

음식을 뱉어내는 아가, 몇 개월에 어떤 입자를 잘 먹는지 모르는 엄마들, 언제까지 이유식을 먹이고 언제부터 반찬으로 넘어가야 할지 잘 모르는 엄마들 당연하다. 그들도 엄마가 처음이니까 모든 게 서툴다.

→ 아이를 처음 키우고 육아하는 초보엄마들에게 최대한 올바른 정보를 제공하고 문제점을 해결해드리자! 상담이나 문의 전화가 오면 최대한 친절하게 정보를 알려주자. 첫 주문의 시작은 보통 거기서부터 시작이다! 우리 매장은 초보엄마아빠들이 갖고 있는 아이들의 음식들에 대한 걱정과 고민을 해결해주자! 우리 또한 아들 2명을 키워내지 않았던가! 첫 방문을 시작으로 꾸준하게 우리 매장과 상품을 찾는 고객님이 되고 더 나아가 긍정적인 입소문으로 우리 매장을 널리 알려주실 분이다!

아직 우리도 매장운영한지 채 10년도 안된 초보이자 햇병아리이다. 그럼에도 불구하고 저 초심을 잃지 않으려고 한다. 사람들이 어디에 관심이 있고 어떤 것에 돈을 쓰는 걸 아까워하지 않는지에 대해 끊임없이 공부하고 사회 전반적인 분위기나 트렌드를 놓치지 않으려 노력해야 할 것이다.

2020년 코로나 사태가 터지면서 대부분의 자영업자나 사업, 매장운영이 힘들고 폭망해 무너졌지만 그 사회적인 분위기 속에서도 새로운 트렌드를 미리 읽어내 그 길목에 먼저 가서 사람들의 문제점을 해결해 준 사람들이 큰돈을 벌고 성공할 수 있었다.

비대면서비스나 배달문화가 그것이었고 정기구독서비스(음식, 음료, 밥, 커피, 세탁물 등)의 성장도 마찬가지였다. 아이들 관련된 음식이나 옷, 신발 쪽 사업의 큰 성장도 있었고 반려동물관련 사업아이템 또한 드라마틱하게 대박성공을 이뤄냈다. 특히나 개인화, 프라이빗화된 문화 때문에 1박 대여비만 수십만원하는 풀빌라 사업 또한 초호황기를 누리고 있다. 외부로 나갈 필요 없이 그 빌라 안에서 모든 놀거리, 먹거리, 즐길거리가 다 갖춰서 있어 남녀노소 모두에게 아직까지 꾸준한 관심을 받는 업종이다.

이렇게 시대가 변함에 따라 사람들의 욕구나 욕망이 달라진다. 원하는 것들도 수시로 변한다. 다음에는 또 어떤 업이 성공하고 발전할지 이번에는 우리가 그 길목을 먼저 차지할 차례이다. 우리는 사람들의 돈과 시간을 아껴주고 문제점을 해결해주는 상품과 서비스를 제공하면 된다! 돈과 성공은 그 뒤에 우리를 따라올 것이다!

9

기본으로 돌아가야 오랫동안 생존한다
(BACK TO THE BASIC)

매달 수천만원 매출을 올리는 대단하게 성공한 사업가나 사장도 아닌 내가 이런 내용으로 책의 한 챕터나 할애해서 쓸 수 있는 자격이 있을까? 이 책을 처음에 기획하고 어떤 주제로 채워 넣을까 수없이 고민하다 넣기로 결심한 내용이 자영업 창업 관련이다.

보통 가장 사고를 많이 내는 운전자가 초보운전자도 아니고 10년 이상 경력자도 아닌 이제 막 초보티를 벗어던지고 운전에 재미와 맛을 들기 시작한 2~3년차 운전자라고 한다. 나 또한 이제 경력 6년이 넘어가는 초보티를 이제 막 벗어던지는 시기와 시점에서 내 초심을 다시 생각하고 기본으로 다시 돌아가지는 다짐으로 1~2인의 소규모 창업이나 부부 창업에 있어 처음 매장을 오픈했을 때 가졌던 마음가짐과 자세를 돌이

켜봐야겠단 생각이 들었다.

　계속 강조해도 부족할 만큼 나는 세상 사람들이 필요한 상품과 서비스를 만들어 필요한 사람에게 판매한다. 필요한 사람, 즉 고객은 돈을 내고 내 상품과 서비스로 교환한다. 말 그대로 사는 사람이 없으면 내 사업, 내 매장, 내 장사, 내 상품과 서비스는 무의미하며 시장에 아무런 쓸모가 없다. 고객님들은 나에게 월급을 주는 사장님이고 그 돈으로 매장을 유지하고 다음 식재료를 살 수 있고 우리 아이들을 잘 키울 수 있는 돈과 기회를 주시는 고마운 존재란 것을 잊어서는 안 된다. 사장이 갑이고 손님이 을! 최근에는 이게 반대로 뒤집혀서 손님이 초울트라 갑! 가장은 을도 아닌 병, 정. 이런 프레임 자체를 깨부숴야 한다! 서로에게 필요한 것을 주고받는 공생관계! 항상 매장에 있는 내가 먼저 귀한 시간 내서서 매장에 방문해주시는 고객님들께 밝게 웃으며 인사드리고 최대한 친절하게 응대하는 것을 기본 매뉴얼로 뇌에 장착해놓아야 한다.

　고객들은 보통 직접적으로 싫거나 기분 나쁜 소리를 하지 않는다고 한다. 음식이 맛없거나, 비싸거나, 사장이나 종업원이 불친절하면 말로 표현하는 것이 아닌 행동으로 보여준다. 그냥 재방문하지 않는다는 것을 우리는 명심해야 한다.

　또한 사장은 무조건 부지런해야 한다. 아침부터 저녁까지 회사생활과 똑같이 정해진 시간에 일한다고 생각하고 루틴을 정해 계획대로 움직여야 한다. 그 투입된 시간만큼 음식의 맛과 신선도는 올라가게 되어 있다. 필요하다면 주말에도 매장을 오픈해야 한다. 매장 매출이 안정화되기 전까지는 특히 오픈하고 나서 몇 개월 동안은 모든 시간과 에너지, 비용, 열정을 매장에 올인해야 한다!

특히 요식업이나 음식점을 하시는 분 중에 어느 정도 실력이 올라가고 이제는 눈감아도 만든다라고 과시하시는 분이 있는데 망하는 지름길이다. 나는 절대로 나의 감을 믿지 않는다. 오픈하기 전에 수많은 연습을 통해 만든 나만의 재료비율과 레시피, 적정조리시간을 해당 조리양(몇 인분)에 따라 이미 계산되어진대로 철저하게 지킨다.

내 기억이나 감을 믿지 않고 시행착오를 거쳐 확정되어 만들어진 내가 직접 만든 레시피 노트를 믿고 조리할 때 시간타이머를 믿고 재료의 중량을 재는 저울을 믿는다. 눈으로 정확하게 알 수 있는 숫자화 된 데이터만 말이다. 그것만이 나를 믿어주고 주문해주신 고객들에게 신뢰와 믿음을 드리는 유일한 방법이다.

작은 것이라 생각하고 무시하며 별것 아니라 넘어갈지도 모르겠지만 음식을 만들어 판매하는 업종에서 무조건 '덤'의 문화가 도움된다. 생각하면 좋다. 무조건 정량보다 10~20% 더 많이 제공해드리면 엄마들이 만족도가 더 커진다. 6년째 이 원칙만은 철저히 지키고 있다! 매장 처음 오픈했을 때를 기준으로 제품의 퀄리티, 맛, 신선도를 계속해서 유지해나가는 건 물론이고, 다른 신메뉴 개발이나 고객님들의 개선 피드백 의견들을 충분히 수용해서 보완해나가고 수정해나가는 노력을 앞으로 계속해나가야 할 것이다. 처음에 고백했듯 우리 또한 아직도 완성형이 아닌 계속적으로 성장하는 중이다. 차갑고 냉혹한 자영업 시장에서 사라지지 않기 위해 발버둥치고 있는 중이다. 사소한 것 하나 놓치지 않으려 촉각을 곤두세우고 있다. 소규모 매장이나 창업을 준비하거나 이미 매장을 운영하시는 사장님들 또한 내가 무시하고 관심 가지지 않는 사소한 문제들이 쌓이고 쌓여 내 매장의 몰락을 내 스스로 만들 수도 있다는 경각심을 가지시고 다시 한 번 초심에 대해 생각해보자.

우리 부부 또한 다시 돌아갈 예정이다. 최근 방영되어 인기를 끈 넷플릭스 '흑백요리사'를 우리도 흥미롭게 봤었다. 특히나 초반에 탈락하신 분들이 패자부활전을 통해 생존해서 다시 살아돌아가기가 그렇게 어렵다는 것을 모든 과정을 통해 보았는데, 현생의 진짜 장사, 자영업은 한번 무너지면 다시 일어서기란 현실적으로 불가능하다라고 생각해야 한다.

마지막으로 공짜마인드나 거지마인드를 내 뇌 속에서 삭제하셨으면 좋겠다. 별다른 큰 홍보, 마케팅, SNS 광고도 하지 않고 알아서 고객들인 내 매장과 가게를 찾아주겠지. 알아서 가치를 인정해 주겠지. 의외로 홍보나 마케팅에 큰 관심이 없고 할 의지도 없으신 사장님들이 많다. 그런 것까지 투입할 시간, 노력, 에너지가 없다는 핑계다. 돈 들어가는 건 죽기보다 더 싫고, 작년에 매장에서 일하고 있는데 다짜고짜 매장 문을 열고 찾아와서 나를 유튜브에서 봤다고 하며 정말 급하게 왔다며 본인을 소개한 중년 남성분이 떠오른다. 나를 보고 유튜브도 하고 부동산 투자도 잘하고 이렇게 본인 건물에서 장사도 잘하고 있으니 남부러울게 없다라고 하며 본인이 창업을 준비하고 있는데 지금 당장, 창업방법이나 비법에 대해 모두 알려달라고 했다. 사람 좋은 웃음을 하고 말이다. 나도 이 일이 상상 속에서 지어난 허구의 장면이면 좋겠지만 현실에서 일어난 팩트를 기반으로 말씀드렸다. 대충 그분의 상황을 들어보니 그 정도 되면 이기적인 것을 넘어 무례한 사람이라고 판단되어 이렇게 감정 섞인 말을 내던지고 매장 밖으로 내보냈었다.

아무리 유튜브 구독자라고 해도 이렇게 일하는 매장에 갑자기 찾아와서 다짜고짜 창업하는데 그 과정을 도와 달라. 비법을 알려 달라! 상당히 불쾌하고 무례하게 느껴진다.

구독자가 벼슬은 아니다.

구독자이기에 앞서 사람이 되어야 하는 게 아닌가?

칼만 안 들었지 이거 협박 아닌가?

내가 왜 내 귀한 시간 내서 지금 그런 말을 해야 하는가?

시간 약속을 잡고 온 것도 아니고 태도 또한 불량스럽고 내가 당신한테 진 빚이 있는 것도 아니고 지금 우리 매장 고객님들에게 제공해야 할 제품을 만드는 그 시간에 집중해야 하니 그만 나가주면 좋겠다.

놀랍게도 매장 오픈했던 초창기에 이런 분들이 몇 분 더 있었다. 하나둘 받아주다가 보면 어느덧 사람을 호구 취급하는 인간! 용기와 과감함을 포장한 무례함을 장착한 정작 본인들만 모르는 빌런들!

마인드가 썩었고 공짜, 거지근성이 있는 사람들이 사장질하는 그 매장이 잘될 수가 없다. 세상에 공짜는 없고 남에게 바라기만하고 본인은 아무 노력도 하지 않은 그 대가는 가혹하다!

노숙자와 거지가 서울역에만 있는 게 아니다. 돈도 없고 양심은 어디에 팔아먹은 건지 없는 누가 옆에서 밥상을 다 차려서 음식을 입속까지 넣어주고 나중에 이까지 닦아주길 바라는 그것도 공짜로 바라는 그런 사람들은 반드시 망한다. 그게 세상 이치이다.

부동산투자 고수분들이 항상 강조하는 것이 있다. 바로 '초심자의 행운'에 대해 항상 조심하자는 것이다. 내 실력이 아닌 운이나 시기적으로 시장상황 덕분에 거둔 성공과 현실화된 수익을 무조건적으로 경계하고 멀리하자는 것이다!

장기간으로 쌓인 실력의 바탕이 없는 상태에서 자만심과 용기만으로 얻은 일시적인 성공은 모래위에 쌓은 성만큼이나 위태롭다. 장사나 자영업도 다르지 않다. 빈 수레가 요란한 것이다. 고수는 조용히 묵묵히 그 길을 간다. 그냥 뚜벅뚜벅 걸어갈 뿐이다. 힘들지만 매일매일 처음 시작했을 때와 마찬가지로 똑같이 그냥 해나간다.

처음 장사를 시작했던 그 마음가짐 그대로의 초심을 매일 새롭게 다짐하고 계속해서 유지하는 사람만이 길고 가늘게 내 장사와 자영업의 생명을 유지하고 성장, 성공시킬 수 있다! 초심자의 행운, 그 저주에 걸리지 않도록 우리 모두를 철저히 객관적으로 포지션 시키자! 그게 유일하게 살길이다.

기본으로 돌아가야 한다!
우리 모두! BACK TO THE BASIC!

2025년은 피벗(pivot)의 시대! 이제부터는 수익형부동산으로 현금흐름을 만들 시간!

PART 4

1

원룸다가구건물 투자 타이밍!
일생일대의 귀인을 만나다

2015년 초여름을 지나 늦더위가 시작되는 8월의 어느 날 토요일이었다. 오랜만에 엄마를 만나러 가는 길이였다. (아직도 저는 어머니를 엄마로 부르고 있습니다. 양해 말씀 부탁드립니다) 그 당시 경주에서 근무하고 있던 나는 경주의 사원아파트에서 거주하고 있던 상황이라 대구에서 혼자 지내는 엄마를 자주 보러갈 상황이 못 되었다. 결혼해서 일하고 애 키우고 바쁘다는 핑계로.

아버지와 결혼생활을 정리하시고 혼자 사신 지도 벌써 15년이 넘어가고 있었다. 대구에 있는 동네 중에 유독 빌라와 일반주택이 많은 곳이 있는데 거기에서 벌써 6년째 전세로 살고 있는 상황이다. 내비게이션을 보면서 그 동네 수많은 주택과 빌라들 사이로 엄마가 사는 집까지의 그

218   🏢 PART 4

길이 왜 이리 길게 느껴졌는지 모르겠다. 유독 버스정류장과 거리도 멀고 고지대에 위치하고 있어 출퇴근할 때 오르락내리락하며 시간이 많이 걸릴 것 같단 생각이 들었다. 겨울철 눈이라도 많이 오는 날에는 4륜구동이 아닌 일반 차들이 여기까지 올라오기란 쉽지 않겠다란 생각도 함께 말이다.

왜 거기서 그렇게 6년이나 사시고 있을까? 바로 전세가격이 쌌기 때문이다. 지은 지 오래된 구축 빌라건물이면서도 건물 위치 또한 대도로와 멀고 고지대 맨 위쪽에 있으니 차가 없는 사람이 살기에는 너무 불편했다. 투룸 정도 크기였고 실평수는 12평이 조금 넘어보였다. 그 당시 6천만원 정도였던 걸로 기억한다. 방2, 거실1, 욕실1, 베란다1, 이렇게 구성된 작은 투룸 빌라의 전세가격. 건물 아래쪽 1층 주차장에 자리가 하나 비어 건물 앞 좁은 도로에서 차를 수차례 앞뒤로 왔다 갔다 하며 차를 주차장자리에 밀어 넣고 있는 그 순간이었다.

"차 거기다 대지마!" 차량 에어컨을 틀고 있던 상황이라 창문이 닫혀있어 저 소리가 어딘가로부터 들리긴 했지만 나한테 하는 소리라고는 전혀 상상하지 하지 못했다. 그냥 계속 주차공간 라인 안쪽에 차를 대놓고 차 시동을 끄고 차문을 열고 왼발을 지면에 닫는 순간!

"차 거기다 대지 말랐잖아! 거기 우리 자리야!"

아, 이거 나한테 하는 소리가 맞구나. 그 시간 건물 주변에 나와 있던 사람은 나밖에 없었다. 근데 좀 이상했다. 성인 목소리가 아닌 거 같은데. 차 대지 말라는 목소리가 났던 위쪽으로 고개를 올려 쳐다보았다. 엄마가 전세로 거주하고 있던 그 건물 꼭대기 4층. 베란다 큰창에서 5~6살 정도 되는 꼬마가 나를 보며 씩씩대고 있었다. 그 순간 황당해서 그냥 나도 눈에서 레이저를 쏘고 노려봤다. 보통 녀석이 아니었다. 몇 초간 정적이 흘렀다. 뭐지 저 싸가지 없는 놈은! 저렇게 대놓고 어른한테 반말을 한다고?

얼마 후 엄마인지 할머니인지 모르겠지만 그 꼬마 녀석을 뒤에서 안아서 거실 안쪽으로 끌고가다시피 데리고 갔다.나는 여기 건물 2층에 가족을 만나러왔다라고 공중에 그 누구에게 말을 던졌다. 꼭대기 층에서 나를 그냥 아무 감정 없이 쳐다보던 그 중년여성의 눈빛이 아직도 눈에 선하다.

한두 번이 아니었을 것이다. 본인 가족 이외 건물에 사는 임차인이나 임차인 분의 지인이 차를 대면 저렇게 위에서 소리를 쳤을 것이다. 그리고 아무도 그 꼬마를 말리지 않았을 것이다. 그 옆에 어른들도 그 꼬마와 다를 게 하나도 없다. 잘못되고 예의에 어긋난 언행을 했으면 따끔하게 꾸중하고 가르쳐야 한다. 어디 머리에 피도 안 마른 녀석이 어른한테 반말 찍찍하는 거야! 안 그래도 대프리카 여름날, 더워서 불쾌지수도 하늘을 찌르는구만, 휴.

2층까지 걸어서 계단을 올라가서 현관문 옆 벨을 눌렀다. 안에서 반갑게 아들을 반겨주는 엄마가 있었다. 그랬으면 안됐지만 그 날은 방금 전에 발생했던 일 때문에 감정이 좋지 않았다. 좁아터진 이 빌라 투룸 집구석. 하나하나 모든 게 다 마음에 들지 않았다. 꽃무늬 벽지도 다 뜯어내고 싶다. 화장실은 또 얼마나 예전 스타일인지 타일 사이사이도 오늘따라 더 더러워 보이고 변기 커버도 고정이 덜되어 덜렁덜렁 대는 게 그냥 확 떼어내고 싶다. 플라스틱 재질로 된 일체형 변기와 세면대, 분홍 소시지같이 생겨 더 꼴 보기 싫었다.

사용한 지 20년은 되어 보이는 대용량 냉장고도 보기 싫었다. 싱크대 상하부의 문짝에 체리 색깔도 오늘따라 정말 마음에 안 든다. 색이 바래 겉면이 새까매진 에어컨 커버도 더러워 보인다. 오랜만에 아들이 엄마 보러 왔다고 한상가득 차려준 엄마 음식은 눈에 들어오지 않고 30년 넘게 쓴 그 식탁마저도 당장 내다버리고 싶단 생각이 들었다.

엄마가 입은 옷도 싫었다. 제발 옛날옷 좀 버리고 새거로 좀 사 입으라고 한 지가 언젠데. 5살짜리 꼬마에게 뺨 맞고 와서 50살이 넘은 엄마에게 화풀이라 정말 못났다. 음식을 먹으면서도 엄마가 하고 있는 이야기가 귀에 들어오지 않았다. 그 날은 왜 그랬는지 아직도 미스터리다.

"아니 지금 한여름인데 에어컨 세게 틀어 놓은 거 맞나? 방안이 왜 이리 덥지?"

같이 밥을 먹고 있던 엄마가 숟가락을 놓으며 답했다

"아 저거. 주인한테 말은 했는데 손 좀 봐달라고. 봐 준다 봐 준다하고 까먹었는지 아직 손보러 안 왔네. 8월 달 다 지났는데 뭐. 조금만 더 있으면 날 선선해지니까 그냥 넘어갈라고."

숟가락을 식탁 위에 탁! 놓고 아까보다는 데시벨을 높여 말했다.

"아니 불편하면 주인한테 말해서 고쳐달라 하는 게 맞는 거지! 지금 한여름에 에어컨 상태가 이런데 밤에 제대로 잠 오겠나. 지금 열대야가 며칠째 계속이잖아. 주인한테 계속 말해야지. 말을 안 하니까 주인도 그냥 넘어가는 거다 이건. 저거 기본옵션이니까 문제 있으면 주인이 고치는 게 맞는 거고. 잘됐다. 지금 말해야겠다. 내가 올라가서 말할게!"

"알겠다. 우선 밥 먹어라 내가 너 가고 나면 말할게."

이 좁아터진 투룸빌라 아무리 남의 집 전세살이라고 하지만 눈치 보며 사는 엄마가 그때는 괜히 미웠다. 불편한 게 있으면 말을 해야 고쳐

주고 바꿔주는 거지, 휴.

내가 다시 경주로 가고 나면 엄마는 이 좁아터진 오래된 구축 투룸빌라에서 혼자 조용히 살겠지. 불편한 게 있어도 집주인 눈치 보며 이게 과연 맞는 건가? 조금 있으면 지금 다니는 공장에서 일 더 못할 거라 했고 지금 팔, 어깨, 특히 허리가 안 좋아서 시간날 때마다 한의원에 침 맞으러 다니는데 6천만원짜리 전세에 계속 사는 게 맞는건가? 그렇다 해서 나도 결혼해서 애 키워야 하니 다달이 용돈 드릴 수도 없는 형편이고, 아, 정말 모르겠다. 머리 아프네.

50살이 훨씬 넘은 엄마는 평생 대출 한번 받아본 적 없는 사람이다. 그만큼 빚에 대한 공포와 두려움이 크다. 대출받으면 정말 큰일 나는 줄 아는 내 엄마였다. 그날 밥을 먹고 금방 다시 나와 버렸다. 왜 이렇게 빨리 가냐는 엄마의 아쉬운 얼굴을 뒤로하고 그냥 거기서 나와야 내가 제대로 숨을 쉴 수 있을 거 같았다. 그냥 그랬다. 1층 주차장에 내려와 다시 그 건물을 쳐다보았다. 주차장, 1층, 2층, 3층, 4층, 주인 세대라. 이 빌라가 저 4층 꼭대기에 사는 사람 소유란 말이지?

이 건물 얼마 정도 할까? 대체 얼마가 있어야 저렇게 5살짜리 꼬마도 어른한테 소리 빽빽 지르며 살 수 있는 거지? 운전대를 잡고 다시 경주로 가는 길에 같은 생각을 계속했다. 희한하게 복잡했던 머리가 백지 상태로 바뀌며 평화가 찾아왔다. 돌아가는 길에 다시 엄마에게 전화를 했다. 우리 이렇게 살지 말자고! 저 구축건물 투룸빌라에서 이제는 나올 시간인 것 같다고! 저기 계속 살면 미래가 보이지 않는다고! 나도 지금까지 5년 동안 열심히 투자해서 모아둔 돈 있으니까 엄마 전세금 빼서 우리도 저런 건물 사서 같이 운영해보자고! 지금 당장은 아니지만 나도 우선 원룸, 다가구, 다세대빌라 쪽 공부해보겠다고! 우리 돈만으로 살 수는 없으니 대출을 받아야 할 것인데 우리 너무 두렵게 만 생각하지 말자고, 내가 알아서 공부해보고 찾아볼 테니 너무 걱정말라고. 내가 설마 엄마의 인생을 힘들게 하진 않을 테니 거기서 살면 평생 12평짜리 투룸 전세 인생에서 절대로 벗어나지 못할 거란 확신이 생겼고 조만간 우리는 결정해야 한다고! 엄마도 곧 회사에서 나와야하니 부동산 통해서 일정부분 현금흐름을 만들어놓는 게 올바른 선택이며 현실적으로 내가 엄마 노후를 책임져줄 수 없으니.

그냥 그렇게 머릿속에 있던 말을 그냥 모두 다 수화기 너머로 흘려보냈다. 걱정하는 엄마를 안심시키고 일단 다시 내가 조금 더 알아보고 연락하겠다라고 하며 통화를 끝냈다. 내가 35살 때 그 사건을 겪은 이후로 그렇게 원룸다가구 투자의 첫걸음이 시작되었다. 우연하게 벌어진 일이 나와 엄마의 운명까지 바꾸게 되었다. 이 글을 쓰는 이 순간 다시 그 시절 그 꼬마에게 말하고 싶다.

아저씨가 그날 너 덕분에 '각성' 하게 되었어. 너무 고맙고 그때 너가 없었더라면 아저씨는 건물을 산다는 생각조차 하지 못 했을 거야. 평생 너를 귀인이라고 생각할게. 다시 한 번 감사하고 너도 잘 살아! 근데 뒤통수는 조심하자!

2

35살에 인생 최대 쇼핑인
원룸건물을 사다

그날 이후 나는 브레이크가 고장 난 8톤 트럭이었다.(그만큼 눈에 뵈는 게
없었음) 회사 오전근무를 마치고 점심시간이 되면 그날 이후부터 점심은
그냥 삼각김밥으로 때우며 인터넷으로 폭풍검색을 하기 시작했다.

원룸건물 투자법

원룸건물 매수하는 법

다가구건물 급매잡는 법

다가구건물 투자시 주의해야 할 사항

수익형부동산 투자방법

상가주택 매수하는 방법

그해 8월부터 10월까지 퇴근 후에도 다른 사람들과의 약속을 일체 잡지 않았고 오로지 집에서 관련된 내용을 공부하고 정리하며 고수 분들의 글과 책도 보고 하나하나씩 투자노트에 기록해 나갔다. 와이프에게는 사전양해를 구했다. 골방에 갇혀 내가 잘 모르는 분야인 건물투자와 주의할 점에 대한 모든 정보와 지식을 모아 정리했다. 그때 둘째가 태어나기 전이라 조금의 시간적인 여유가 있었다. 그리고 8월말부터 본격적으로 대구에 전 지역에 있는 다가구, 상가주택, 원룸 매물들을 보러 다니기 시작했다.

주말에 몰아서 볼 때는 건물 10개는 기본적으로 보러 다녔다. 주중에는 경주에서 일을 해야 하니 금요일 퇴근해서 대구로 넘어와 소장님을 만나 저녁부터 건물을 보기 시작했고 토, 일요일에도 다른 건물매매전문 부동산 소실장님들과 만나서 많은 건물들을 보러 다녔다.

엄마가 시간이 될 때는 같이 보러 갔었고 시간이 안될 때는 혼자 보러 돌아다녔다. 주말에도 독박육아를 하는 와이프에게 미안했지만 그때 그렇게 한정된 시간에 집중해서 보러다니지 않으면 중간에 포기할 것 같은 좋지 않은 느낌이 들었는데 그건 왜 그랬는지 지금도 정확하게 알 수는 없다. 처음에 건물을 볼 때는 정말 아무것도 머리에 들어오지 않았다. 그 당시 유튜브가 거의 대중화되지 않은 상황이었고 주변에 건물투자를 했던 분이나 건물주 같은 인맥이 없다보니 오로지 맨땅에 헤딩하는 수밖에 없었다.

　이런 다가구, 원룸, 상가주택건물을 보러갈 때 보통 A4 용지 한 장에 해당건물에 대한 상세내역과 임대현황, 수익률을 알 수 있는 정리된 문서를 주는데 하루에 적게는 3~4개 많게는 10개 이상 건물을 보다보니 나중에 몇 시간이 흐른 후 집에 와서는 전혀 매칭이 되지 않았다. 2번째 봤던 건물이 이거였나? 5번째 봤던 건물이 수익률이 가장 좋다고 했다? 그리고 중간쯤 봤던 매물 내부상태가 좋았는데, 아.

　그 이후부터 방법을 바꿨다. 현장에 가기 전 부동산사무실에서 해당건물에 대한 설명을 충분히 들은 후 나는 모든 내용을 그 A4 용지(건물수익률표)에 메모해나갔다. 현장에 도착해서도 마찬가지였다. 전체적인 입지나 위치에 대한 평가, 건물을 처음 봤을 때 느낀 첫인상, 주변 인프라, 교통, 상권, 주변 건물들의 배치나 현황, 건물 내부 관리상태, 만약 공실(빈방)인 방이 있다면 내부를 꼭 살펴보고 사진까지 촬영했고 마지막에 옥상에 올라가 옥상바닥 상태를 살펴보고 부동산중개소장님과 전체적인 평가를 같이 하고 마무리했다. 그날 듣고 보고 배운 모든 내용들을 다 적고 그날 하루를 마무리했다. 이런 원칙과 철칙을 지켜 실행하니 며칠이 지나도 그 메모의 내용만 보면 금세 다시 해당건물에 대한 기억이 돌아왔다. 아, 이거였구나. 건물을 많이 보러 다니시는 분들은 무조건 이렇게 적용해보시면 좋겠다. 한 달, 두 달, 세 달이 넘어가면서 그 A4

용지가 100장이 넘어가게 되었다. 종이에 3단 구멍을 뚫고 파일철로 만들었다. 파일철 앞에 '우리 건물 후보군' 이렇게 워드로 쳐서 출력해 붙였다.

그 이후에 그 건물 중에서 나와 엄마가 갖고 있는 예산안에서 매수가 가능한 후보군들을 추려내는 작업을 진행했다. 100개 넘게 건물을 보고 나서 확실하게 깨달은 것은 대구의 어느 위치가 임대업하기가 좋은 위치인지, 이 정도 대지(바닥면적), 이 정도 년식, 이 정도 방갯수 들에 따른 년수익률이 이 정도 나와야하고, 현재 매물로 나와 있는 이 건물의 가격이 적정한지 비싼지에 대한 느낌이 조금씩 왔고 건물적정평가에 대한 지식레벨이 꾸준히 상승하기 시작했다.

말도 안 되는 가격으로 눈탱이 치려는 사람들도 있었다. 이 바닥에도 사기꾼들이 많구나 그때 뼈저리게 느꼈다. 갓 준공승인 난 비싼 가격의 신축건물이나 이와 반대로 가격은 너무 저렴했지만 위치가 너무 안 좋거나 년식이 너무 오래된 건물은 제외시켰다. 대지면적이 너무 작은 건물도 후보군에서 탈락시켰다. 내가 생각한 수익형 건물의 투자 기준조건들은 이랬다.

년식은 10년~15년차 되는 다가구원룸건물
월세가격이 어느 정도 거품이 빠진 준신축

대지면적 80평 이상

대구 수성구 내 입지

방갯수가 많아 수익률이 높은 건물

평균매매가격 대비 급매가격으로 나온 매물

도보로 5~10분 이내 대중교통(버스나 지하철)을 이용할 수 있는 건물

    불행히도 너무 욕심을 부린 건가? 그런 매물은 잘 나오지도 않고 지금 갖고 있는 매물이 없다며 대부분의 부동산에서 손사래를 쳤다. 하지만 나는 포기하지 않았고 그동안 수십 명의 부동산소장님들과의 인연도 있고 내가 반드시 투자할 것이라는 의지를 보여줬기에 그분들 중에 내가 생각하는 매물을 소개해 주실 거라 믿고 있었다. 단순히 그냥 내가 아무 생각없이 건물 보러 다니는 사람은 아니란 걸 다들 이미 알고 계셨다. 그해 10월 마지막 주, 그렇게 운명적인 전화 한통이 걸려왔다. 사장님 이건 정말 급매 맞다. 사장님이 말씀하신 조건 거의 90%는 충족하니 보러 오셔야 한다! 다른데 말 안하고 가장 먼저 사장님께 전화 드린 거다! 그날 퇴근하고 평일이지만 퇴근 후 바로 대구로 출발했다. 소장님과는 해당 건물 앞에서 바로 보기로 했고 그때 마침 퇴근해서 집에 쉬고 있던 엄마를 같이 모시고 현장으로 달려갔다. 피곤하거나 힘들고 귀찮고 그런 건 존재하지 않았다. 심장이 두근대고 떨렸다. 두려워서 떨리는 건가, 설레어서 떨리는 걸까?

"과연 건물 사고 대출까지 받는 게 맞는 거야?"

차에 탄 엄마는 아직도 대출의 두려움에 대해 우려스러운 목소리와 함께 걱정하고 있었다.

"엄마 근데 내가 지금까지 살면서 이 정도로 열심히 단기간에 집중해 본 적이 없거든! 일단 아들 한번 믿어봐."

대구 수성구 모 동네에 사거리 코너에 서 있는 건물이 저기 멀리서부터 내 눈에 들어왔다. 사거리 코너 자리가 무엇보다 마음에 들었고 바로 앞에 공원이라 쾌적했다. 지하철은 근처에 없었지만 버스터미널이 도보 2분 거리에 있어서 괜찮았다. 도보 10분 거리에 대형마트, 종합병원, 아동병원도 있었고 근처에 마트, 편의점, 음식점이 있었다. 거의 다 마음에 들었고 이제 마지막 남은 하나! 바로 가격! 건물가격! 급매가격이 맞을까?

마음에 들었지만 포커페이스를 유지했다. 우리는 부동산 소장님과 같이 건물 주변을 돌아보고 건물 안쪽까지 들어가서 세세하게 살펴봤다. 대지면적이 80평이 넘다보니 방도 큼지막한 게 이 또한 마음에 들었다. 제발 가격도 우리가 원하는 금액 이하여라!

옥상에 올라가니 주변 동네가 한눈에 다들어왔다. 아, 근데 옥상방수 상태가 불량이네. 이거 다시 방수공사해야겠다. 그만큼 여기 건물주가 관리를 제대로 못하시고 있는 건가? 그렇다면 더 좋지, 가격협상에 유리하니까. 건물 계단을 걸어 내려와서 부동산 사무실로 향했다. 부동산 소장님이 이 건물주(매도자)의 사정에 대해 말씀해주셨다. 믿거나 말거나이지만 현재 다른 쪽 하시는 사업이 조금 문제가 생겨 현금이 급하게 필요하신 상황이시라 이 건물을 내놓은 거라고 하셨다. '옳지! 급매로 파는 게 맞구나!'

건물매매가격을 듣고 기존 건물에 있던 보증금과 대출을 같이 계산해보니 엄마와 내가 갖고 있는 자금으로 충분히 인수가 가능했다. 그 당시에 대출 또한 승계가 문제가 없었다. 어차피 엄마 명의로 매수할 계획이었기에 아직 직장근로자였던 엄마의 소득증빙문제는 아무런 문제가 되지 않았다. 평생 첫 대출, 평생 첫 엄마이름으로 된 집!

엄마에게 두 가지 모두가 평생 처음인 그런 집이 되는 순간이었다.

마음에 들면 오늘 가계약금을 넣자고 했다. 배운 게 있는데 써먹어야 한다. 건물 너무 마음에 든다. 사장님 그런데 저희가 인수해서 옥상방수부터해서 각 방들 내부인테리어나 리모델링 작업이 필수로 필요한 거 같다. 여기 건물도 직접 관리를 잘 하신 편이 아니시라(하시는 사업이 바쁘시니 당연한 것) 저희가 들어갈 뒷돈이 많은데 2000만원만 내려주시면 지금 바로 계약금 넣겠다고 딜을 걸었다. 그리고 여기 건물에 엄마가 실거주하실거란 것도 마지막에 전달했다.

표정이 급격하게 어두워지신 부동산 소장님께서 일단 건물주 분에게 전화를 해보신다 하시고 자리를 떴다. 5분 뒤 다시 자리로 오신 소장님은 2천만원은 안 된다고 주인 분이 말했다고 했다. 지금 내놓은 가격도 급매다. 다만 정 그렇게 말씀하셨고 어머니가 실거주하신다고 하셨으니 1500만원 조정해주면 어떻겠나 하셨다. 할 수 없다는 표정으로 마지못해 계약하겠다고 했지만 나는 속으로 오케이!를 외쳤다. 여전히 옆에서 걱정하는 엄마의 손을 꼭 잡고 눈을 보며 말했다.

"걱정하지 마. 내가 잔금할 때까지 다 챙길테니까! 우리 이거 정말 싸게 사는 거다! 내가 이건 보증할게! 대구 온 동네방네 건물 다 보러 다녔잖아. 이 정도 위치, 이 정도 땅 크기, 이 정도 가격이면 평생 다시는 못 볼 물건이다! 100점은 아니지만 90점 이상이라고 생각한다."

2015년 11월에 잔금까지 하고 우리는 그때부터 현재 2024년 하반기인 지금까지 운영해오고 있다. 9년이 넘어가고 10년 가까이 되는 기간 동안 왜 힘들고 어렵고 고통스럽고 스트레스 받는 일이 없었겠는가? 그간에 있었던 일을 다 적으려면 책을 다시 한 권 더 내야할 정도이다. 큰 돈은 아니지만 꾸준한 월세를 통해 현금소득을 만들어주는 고마운 첫 번째 원룸건물이다. 지금까지 토지공시가격도 꾸준히 상승하여 나중에 매도할 때는 매도차익 또한 충분히 기대해볼만하다.

나를 대신해 엄마에게 현금 용돈을 주는 첫 번째 우리 건물! 항상 고맙고! 앞으로도 우리가 쓸고 닦고 잘 관리하고 운영해서 반짝반짝 빛나게 해줄게. 타고난 천재를 이길 수 없겠지만 우리 평범한 직장인이 어느 한 분야에서 열정을 가지고 한 우물만 파보겠다!라는 올바른 신념과 목적의식을 갖고 있다면 나는 반드시 성공할 수 있다고 믿는다. 부동산은 역시 많이 돌아다녀본 사람이 좋은 물건을 살 수 있는 기회가 주어진다! 꾸준히 반복해서 해나가는 사람을 이기긴 여간해서 쉽지 않다! 죽기 살기로 열심히 했고 준비된 사람만이 내 눈앞에 찾아온 기회를 잡을 수 있다! 그것이 투자에서 성공하는 유일한 해답이다.

3

건물투자할 때의 기준!
5:3:2의 법칙에 충실하자

서울이나 경기도 핵심입지의 다가구, 상가주택건물이나 갓 준공승인
된 신축건물은 절대금액 자체가 너무 높다. 수십억에서 100억이 넘어가
는 건물도 보았다.

우리는 지방광역시, 시도 지역을 기준으로 10억 이하의 건물을 기준
으로 잡으셨으면 좋겠다. 아니, 아무리 새우깡 가격이 50원에서 지금
1,500원이 넘는, 즉 인플레이션으로 돈 가치가 이렇게 하락했다고 해도
10억 말이 10억이지 일반 월급쟁이가 어떻게 10억을 버냐? 당연히 힘들
것이다라고 말씀드린다.

모든 일에는 순서라는 게 있고 절대로 서두르거나 급하게 해서는 안

된다. 나 또한 운이 좋아 그전에 했던 부동산 투자물건을 팔고 남은 매도차익과 계속해서 저축해서 모은 돈, 그리고 엄마가 갖고 있는 여유자금을 합쳐서 건물을 매수할 수 있었듯이 대부분의 평범한 직장인은 단숨에 한번에 바로 한방에 건물매수는 불가능하다고 먼저 인정하고 시작하는 게 우선이다. 그리고 이런 다가구, 상가주택을 매수할 때 필연적으로 담보대출을 받게 되어 있고, 기존에 사시던 분들의 전세나 월세보증금을 그대로 승계해서 다음 매수자가 그대로 계약을 인수하기 때문에 실제 건물매매가격 전체의 현금을 갖고 있지 않아도 인수가 가능한 것이다.

지금까지 10년 가까이 되는 시간 동안 총 3채의 원룸건물을 운영해본 경험과 지금까지 수십 명과의 건물투자 상담을 통해 세워진 나만의 법칙을 소개한다.

바로!

5:3:2의 법칙+@

예를 들어, 건물가격이 10억이라고 가정했을 때

내가 실제로 내가 갖고 있어야할 현금은 최소 5억(실투자금)

해당 건물의 담보대출은 3억

그리고 임차인분들의 보증금 2억(대출과 보증금 비율은 조정 가능함)

이렇게 세팅하는 것이 가장 안전하다!

다년간 많은 분과의 상담과 내 실전투자를 통해 결론지었다.

또한 +@는 '여유자금'이다.

최소한 해당건물에 있는 최소 하나나 두 개 방의 전세금을 바로 내드릴 수 있는 정도의 현금유동성을 확보해야 임대운영에 안정성을 유지할 수 있다. 건물 살 때 너무 올인해서 통장에 든 현금 모두 탈탈 털어서 매수하지는 말자는 말씀이다.

아파트와 다르게 원룸, 다가구, 상가주택 전세는 이사 가는 날에 맞춰 그 당일에 기존 분이 이사하시고 다음 분이 들어오시면 다음 분의 전세금을 나가실 분의 전세금을 바로 내주며 아름답게 마무리되는 예술적인 타이밍과 상황은 현실에는 좀처럼 보기 드물기 때문이다.

일단 이사 나가실 분의 전세금을 내가 먼저 내드리고 짐이 빠진 방의 내부 상태를 먼저 확인해서 입주청소를 포함해 모든 전자제품, 옵션의 정상동작 상태 유무를 점검하고 내부 컨디션을 깔끔하고 청결하게 한 상태에서 주변 부동산에 다시 물건을 내놓고 다음 임차인을 알아보는 수순이기에 최소 며칠에서 최대 몇 달간 방이 계약되지 않는 그 피 말리는 시간을 버티고 이겨내기 위한 현금 여유자금을 반드시 통장에 보유해두어야 하는 것이다. 최근 몇 년 동안 빌라, 다가구, 오피스텔의 전세사기다! 깡통전세다! 전세보증보험 등의 이슈들로 인해 전세수요가 급감하고 전세 임차인 찾기가 하늘의 별따기가 된 상황이라 이 부분에 대해서는 더욱더 보수적으로 생각하고 안전장치를 확실히 해두어야 내 명줄이 단축되지 않는다.

그리고 건물투자뿐 아니라 아파트, 빌라를 포함한 모든 부동산투자에 있어 가장 핵심은 바로 가격이다! 얼마나 싸게, 얼마나 저렴하게, 얼마나 급매로 내가 살 수 있는가! 거기서 이미 부동산투자의 승패가 이미 결정된다고 해도 과언이 아니다. 그 부동산의 가격이 다운될 상황은 무엇일까? 그것을 확실히 배우고 나만의 무기로 장착하기 위해 우리는 남들 모두 쉬고 놀고 여행가서 먹방 찍을 때 조용히 책보고 강의를 듣는 것이다.

급하게 먹는 밥이 체한다고 했다. 최종목표가 시간이 흘러 40~50대에 회사를 나와서 월급이 없는 나약하고 약해빠진 나를 구원하기 위해 월급을 대처할 현금흐름을 월세로 만들겠다라고 계획하신 분이 계신다면 지금부터 준비하셔야 한다. 생각보다 오랜 시간이 걸려야 안정적인 현금흐름시스템이 만들어지기 때문이다.

20~30대 젊은 분들은 일단 내가 가진 자산의 규모가 작기 때문에 월급 받아 모은 시드를 잘 모아서 그 모든 종잣돈을 실물자산으로 교환해두는 일에 모든 정신과 에너지, 돈, 시간을 집중해야한다. 지금은 아파트를 투자해야할지 분양을 받아야할지 위치는 수도권에 투자할지 아니

면 지방에 투자를 해야 할지 한 살이라도 젊고 머리가 잘 돌아갈 오늘부터 우리는 공부하고 준비해야 하는 것이다.

최소 5년에서 최대 10년의 기간을 목표로 잡고 일단은 인수할 건물의 금액기준 전체 10할 중에서 5할을 우선 절약과 투자로 만든다라고 생각하고 다년간의 시세차익형의 부동산투자를 통해 내 자산의 규모를 계속해서 키워나가는 쪽에 베팅해야 한다. 그것 말고 다른 방법은 현실상 크게 없다. 물려받을 재산이 있는 것도 아니고 대박사업 아이템이 있거나 로또에 걸리지 않는 이상에야 다른 확률은 0에 가깝다.

그리고 하루에 조금씩이라도 습자지에 물이 조금씩 스며들며 흡수되듯 수익형부동산에 대한 공부도 조금씩 해두면 좋겠다. 지금 당장 매수할게 아니니 현장까지 가서 건물을 볼 필요까지는 없다. 일단 먼저 이론적으로 건물가치 판단방법이나 깔려있는 토지의 용도 등에 대한 지식을 먼저 쌓아나가고 시간적 여유가 있다면 내가 살고 있는 주변동네부터 매물을 보러 다니고 보는 눈을 조금씩 키워나가면 된다. 건물을 매수할 수 있는 최소한의 현금인 몇 억, 나는 평생 발버둥 처도 그 돈 내손으로 못 만져볼거야라고 하는 사람과 지금부터 어떤 종목과 어떤 지역에 부동산을 싸게 급매로 사서 몇 년 뒤 매도하는 이런 과정의 반복들을 통해 나는 반드시 5년 안에 10년 안에 해낸다!라고 생각하며 하루하루 실천하고 살아가는 사람과 어찌 5년 뒤 결과가 똑같을 수 있겠는가? 누구는 천년만년 젊음이 유지될 것처럼 살아가고 누구는 시간의 기회비용을 놓치지 않기 위해 본인을 갈아 넣고 산다. 모든 건 내 선택이다.

지금도 1년 365일 24시간은 우리 모두에게 공평하게 주어진다. 건물주가 되겠다라는 헛된 망상과 희망회로만 돌리는 잉여인간이 아닌 천천히 조금씩이라도 꾸준히 그 목표를 향해 나아가자! 이제는 몸이 움직일 차례이다.

4

자가건물 1층에서 개인사업을 할 수 있는 두 번째 건물을 사다

38살 봄, 자발적 퇴사를 결정하고 내 장사를 하겠다고 다짐했다. 사춘기를 그렇게 심하게 겪지 않았던 내가 그때 내 인생 사춘기의 절정시기에 진입하고 있었다.

사업아이템을 정하고 본격적으로 회사퇴사 D-day 1년 프로젝트를 가동시켰다. 그때부터는 퇴근 후, 주말은 본격적인 해당업종을 배우고 익히기 위한 시간으로 할애했다. 그러다 봄, 여름이 지나고 가을이 되어 일생일대의 큰 결정 앞에 우리 부부가 놓이게 된다. 바로 어느 동네, 어느 상가에서 월세내고 장사할 것인가? 매장의 위치에 대한 물음표이다.

우리가 창업해서 운영할 업종(프리미엄 수제 유기농 이유식&아이반찬) 특성상 어느 정도 경제력이 뒷받침된 수요층과 고객들이 거주하는 동네에 매장을 계약하고 오픈해야겠다는 결론에 이르렀다. 우리 부부는 그때부터 주말마다 시간을 내어 대구 수성구의 학군지를 중심으로 과밀학군으로 유명했던 초등학교나 유치원, 어린이집이 많은 동네 위주로 상권이 잘 형성된 1층 상가를 빌려 월세내고 장사할 목적으로 매장을 보러다녔다. 한달 넘게 거의 10개 넘는 상가를 보러 다녔지만 생각보다 높은 보증금과 월세에 우리는 선뜻 결정을 내리기 힘들어졌다. 언제 저렇게 월세가 비싸진 거지? 상가임대를 처음해보니 뭐 시세를 아는 것도 아니고 아, 매달 저 월세를 우리가 내고도 과연 남는 게 있을까? 역시 수성구 메인 상권에 주변에 학교도 많은 곳이라 그런가? 보증금도 높고, 대부분 권리금도 크게 형성되어 있네. 그 수천만원 권리금 내고 상가임대하는 게 정말 맞는 걸까? 아, 현실이 이렇게 무섭고 냉혹하구나, 이러면 계산이 달라지는데.

하늘을 찔러 우주까지 튀어나갈 것 같았던 자신감이 지하 100층까지 떨어지고 있는 상황이었다. 어느 토요일 오후경주 사원아파트에서 쉬면서 지금까지 봤던 상가들의 보증금, 월세, 권리금을 비교하고 최소 우리가 찍어야할 월 최소매출액을 계산기를 두드리며 정리하고 있던 그 순간 다시 한 번 내 머릿속을 번쩍하고 지나가는 생각이 있었다. 잠시 가만히 있어보자. 권리금까지 내면서 상가임대하고 매달 저렇게 큰 월세를 내면서 장사한다는 게 리스크가 너무 크다.

PART 4

아니, 이럴 바에는 그냥 1층에 근린생활시설이 있는 다가구나 상가주택을 매수해서 우리 명의로 된 우리 건물에서 장사를 시작하는 게 더 나은 선택이 아닐까?

일단 원룸건물 투자를 해서 지금 3년 동안 큰 문제없이 운영을 해가고 있으니 건물투자에 있어 기초적인 것들은 이미 다 알고 있고, 건물 매수할 때 받아야할 대출에 대한 이자를 해당건물 위층 임차인들에게 받는 월세나 관리비로 충당이 가능하다면 오히려 이쪽이 더 안정적이지 않을까?

그래 결심했어!

남의 건물이나 상가에서 임대차계약 하지 말고 우리 건물을 사자! 우리 건물 1층에서 장사를 하자!

재빨리 이 생각을 옆에서 아이들을 보고 있던 와이프에게 설명했다. 그게 좋을 거 같긴 한데 돈은 있냐?라고 했다. 당연히 없지. 보자, 혹시 돈을 만들 방법이 없을까? 일단 갖고 있는 아파트 중에 양도소득세 크게 나가겠지만 정리하고 지금까지 적금해둔 돈, 아 맞다! 13년 동안 일했던 회사퇴직금이 있네! 건물사려면 5:3:2의 법칙이잖아! 그래 일단은 10억 이하 건물 중에 1층 상가가 있는 건물로 후보군을 좁혀서 찾아보고 물건 나오면 보러 다니자! 와, 발상의 전환이 이런 거구나.

일단 그 토요일 오후에 그전에 저장해두고 있던 건물매매전문 부동산 소장님들께 다시 문자를 돌렸다. 내가 갖고 있는 현금으로 인수가 가능해야하며 1층에 상가가 딸려있는 건물을 매수하려 한다고 말이다! 3년 만에 연락드렸지만 대부분 번호가 그대로이셨다. 내가 그때 건물을 매수했다라고 단체문자를 돌리고 그동안 애써주셔서 감사하단 인사를 드렸기에 아, 이놈은 진짜 살 놈이다라고 느끼셨을 것이다. 간만 보거나 찔러만 보는 놈이 아니구나.

　그때부터 나는 거의 두 달 동안 주중, 주말 할 것 없이 와이프, 아이들 2명(그때는 둘째가 3살) 태우고 과거 3년 전에 했었던 루틴 그대로 경주-대구를 오고가며 미친 듯이 후보 매물을 보러 다녔다. 이때에도 50개 정도의 물건을 봤다. 대부분 우리가 생각하는 기준치와 많이 벗어난 물건들이었다. 결과적으로 회사 퇴직하기 전 우리 부부가 원하는 위치의 한 건물을 급매로 인수하는데 성공하면서 두 번째 건물투자를 마무리했다.

　대구 수성구 내 2급지 정도 되는 위치,

　차로 5분 거리 내 유기농재료 판매매장(자연드림, 초록마을)

　도보 8분 거리 내 지상철역

　도보 5분 거리 내 버스터미널

　도보 8분 거리 내 홈플러스

　주변에 유치원, 어린이집, 초등학교가 있고 지금도 계속해서 신축아파트, 오피스텔이 들어오고 있는 동네,

충분히 핵심 주수요층 고객 분들이 사시는 동네까지 우리가 직접 배달이 가능할 좋은 위치에 건물이 있어줘서 다행이었다. 유기농 재료를 사기에도 최적의 장소였다. 장사를 1~2년 하고 접을 것이 아니기에 나는 이 다가구건물 자체를 주택임대사업자물건으로 등록해 장기보유할 계획을 세웠다. 여러 가지 임대에 대한 규제가 있지만 나중에 매도할 때 매도차익에 대한 세금혜택을 받을 수 있기 때문이다.(양도소득세 과세특례) 장사를 하시려는 분들에게 무조건 건물을 사서 시작하시라고 권유하는 것은 아니다. 다만 계산기는 한번 두드려보시고 결정하셨으면 좋겠다고 말씀드린다.

남의 건물이나 상가에 임차계약을 맺고 더군다나 좋은 상권은 높은 수준의 권리금을 추가로 지불하고 들어가야 한다. 장사가 잘되던 안되던 매달 고정일에 월세는 나가야한다. 내 명의도 아닌 매장에다 수천만 원의 인테리어를 해야 할지도 모른다. 대체 월매출이 얼마 이상이 되어야 남는 장사가 되는 것일까? 한두 달이 아닌 장기간 안정적 매출이 유지될 수 있을까? 장사가 잘 안되어 마이너스가 나면 버틸 방법이 있는가? 우리 부부는 계산을 해보고 금방 깨달았다. 처음 우리계획대로 하다가는 리스크가 너무 크다는 것. 내 건물에 장사한다라는 발상의 전환 또한 선택지에 추가해보면 된다. 플러스 마이너스 계산도 해보시고 직접 비교분석도 하시면서 최선을 선택을 하면 된다.

우리는 다행히도 여전히 우리 매장을 잘 지키고 있고 건물 운영도 잘 하고 있다. 타임머신이 있다면 과거의 그때로 돌아가 38살 때 그 선택을 했던 나에게 칭찬해주고 싶다! 너무 잘했다고! 발상의 전환 너무 좋은 선택이었다고! 소주 한 잔 사주고 싶다! 안주는 오마카세?

5

싸고 좋은 물건은 없다!
급매물을 내 것으로 만드는 핵심 꿀팁

무식하면 용감하다가 아니고 무식이 때론 AI를 이긴다!

두 번째 건물을 매수했을 때 에피소드가 있다. 부동산 소장님들께 급매건물이 나오면 바로 연락주시란 요청도 드렸는데, 그래도 뭔가 아쉬웠다. 왠지 시간에 쫓기는 거 같았고 이렇게 소극적으로 물건만 기다리는 게 맞나? 혹시 지난 3년 사이에 내가 모르는 건물매매전문 소장님들이 계실지도 모르는 거고, 그래 네이버로 검색을 해봐야겠다! 그때부터 틈만 나면 검색하는 게 습관처럼 됐다.

대구 수성구 상가주택

대구 수성구 다가구

대구 수성구 원룸

대구 수성구 근린생활 다가구

대구 상가주택 급매

뭐 이런 식으로 검색할 때 필터조건을 '관련도 순'으로 해두면 블로그 점수가 높거나 네이버에서 밀어주는 유명한 블로그를 주로 상위노출 시켜주는데 필터조건을 '최신순'으로 바꿔서 조회하다 보면 블로그나 카페를 개설한지 얼마 안 된 신생 부동산이나 물건정보를 올린 지 얼마 안된 최신 날짜순으로 물건이 보여주게 되는데 그 방법이 통한 것이다. 물론 운도 좋았고 그 소장님과 내가 계약할 운명이었던 지도 모르겠다.

어느 일요일 오후 아이들과 신나게 놀아주고 낮잠을 재운 후 한숨 돌리면서 책상에 앉아 습관처럼 스마트폰으로 검색을 돌리고 있는데 몇 십분 전에 올린 게시물 하나가 맨 위에 떠있었다.

대구 수성구 원룸 급매

뛰는 심장을 부여잡고 클릭해서 사진과 금액 상세내용을 천천히 읽어보며 아래로 스크롤했다. 뭐야, 이 가격 맞아 정말? 건물 또한 채 10년이 안되었고 외관상태도 너무 좋았다. 가장 중요한 2가지! 가격과 위치에서 압도적이었다. 그전까지 와이프와 애들 태우고 봐왔던 50개 건물들이 순간 머릿속에서 모두 삭제되는 순간이었다. 일단 가짜나 허위매물일지 모르니 나와 있는 부동산전화번호로 연락을 했다. 초짜티를 내지 않기 위해 나름 경험자인 척(실제 운영하기도 했으니) 전문용어를 섞어가며 블로그에 올라온 그 매물에 대한 설명을 요청했다. 결론은 급매였다. 이유는 지난번 첫 번째 매물을 샀을 때와 비슷했다. 다들 어찌 그렇게 사업들을 많이 하시는지. 이 건물주 분도 사업하는데 현금줄이 막혀 어쩔 수 없이 급하게 매도해야하는 상황인데 건물주 본인이 알고 지내던 이 부동산소장님께만 물건을 내놨다는 설명이었다. 그런데 일주일이 지나도 크게 입질이 없자 블로그 글을 본 이날 기준 기존에 내놨던 건물가격보다 6천만원을 내려 광고를 다시 올렸고 그것을 내가 '최신순' 검색으로 찾아 우연히 본 상황이었다. 바로 방금 전에 말이다.

그전에 본 건물 100개 그리고 이번에 50개를 봤던 그 데이터가 어디 가지 않았다. 나는 이미 그 건물의 건물주였다. 1층에 상가도 있었는데 10평 정도 된다고 했다. 어, 우리 매장인데? 딱 좋다 10평! 저건 내거다. 오늘 무조건 보러간다! 애들 둘을 겨우 재우고 그 옆에 지쳐서 쓰러져 있던 와이프에게 블로그 링크를 전송하고 어서 보라며 흔들어 깨웠다. 누워서 글과 사진을 보던 와이프가 이렇게 말했다.

"여기 위치는 좋네. 근데 이 가격이면 싼거 맞어? 그렇게 오래된 건물도 아니라 건물도 이쁘네."

전화를 끊고 옷을 주섬주섬 입으며 나는 말했다.

"어 지금 가야해! 애들 옷 내가 입힐 테니 자기도 어서 옷 입어! 이거 놓치면 평생 후회할거 같아. 뭔가 느낌이 왔어."

그렇게 일요일 오후 5시가 넘는 시간에 우리는 경주에서 출발해서 저녁7시 가까이 되어서야 대구에 있는 그 건물 앞에 도착했다. 오늘따라 고속도로에 차가 왜 이리 많던지. 그 건물을 계약하고 잔금하기까지 과정은 전과 동일하다. 실제로 본 건물은 생각보다 더 좋았다. 우리가 딱 생각했던 위치였고 매장규모도 크지도 작지도 않게 딱 알맞았다. 일단 다시 부동산사무실로 가서 브리핑을 듣고 다시나와 건물을 둘러봤다. 부동산소장님 말이 오늘 6천만원이 조정되었으니 건물주가 이 가격에서 단 1원도 못 깎는다 했다고했다. 지금 주인도 울며 겨자 먹기로 파는 거라 더 깎아달라고 하면 절대 거래 안하겠다고 했다는 것이다. 상관없었다. 깎을 생각도 없었으니. 이미 대지면적/위치/년식/년수익률/건물 인수가능금액/대출을 모두 파악해둔 상황이라 오늘 조정된 가격에 그대로 인수해도 충분히 좋은 물건을 급매로 샀다는 확신이 있었다.

또 하나의 작은 에피소드지만 중간에 계약이 한번 엎어질 뻔했었다. 계약을 하고나서 잔금을 며칠 앞두고 갑자기 매도자가 마음이 변해서 매도계약을 취소하고 싶단 연락이 왔다는 것이다. 그분이 어딘가에서 현금을 준비해 사업상 급한 불을 껐다고 했고 본인이 그때는 제정신이 아니라 너무 싼 가격에 건물을 팔았다며 후회된다고 했다. 나는 감정적으로 나가기보다 부동산소장님을 통해 인간적인 작전을 세워 감성적으로 문제를 해결하고 접근하기로 마음먹었다.

이미 나는 퇴사를 결정했고 회사에 사표까지 낸 상황이다. 우리 전재산(적금, 퇴직금, 아파트매도금) 전부 올인해서 인수하는 건물이다. 우리는 단기로 샀다 팔았다하는 투자를 하려는 게 아니라 먹고 살기위한 장사를 할 공간의 목적으로 이 건물을 매수하는 거다. 계약할 때 보지 않았는가? 이 계약 엎어지면 우리 애들 데리고 갈 곳이 없다!(그 당시 7살, 3살 어린 애들 데리고 계약하러 갔었음) 대부분 사실이다. 사표 냈다는 것만 빼고(어차피 곧 낼 거니까) 감성으로 호소하니 그분도 우리가 불쌍했는지 원래대로 계약하자고 하시면서 그렇게 일이 잘 마무리되었다. 그때였기에 이런 단순&무식, 기계적으로 반복하는 검색방법을 통해 급매를 잡았는지도 모르겠다. 하지만 분명히 급매는 언제 어디서나 존재한다. 어떤 사정이 됐던 간에 그 급매물건이 그리고 정말 급매인지 판단할 수 있는 능력과 지식을 탑재하는 것이 우선이다. 특히나 건물이나 토지는 각 지역과 현장마다 특성과 장단점이 워낙 다양하고 많은 사례가 있기 때문에 현장에 답이 있는 것은 분명하다. 누가 많이 찾아보고 누가 많이 현장에 가서 확인하는가. 거기에서 이미 승부는 결정된다.

때로는 머리보다 손발이 빠른 사람이 더 빨리 성공하기도 합니다!

전 건물주님!

그때 급매가격으로 저희에게 좋은 건물 인계해주셔서 진심으로 감사드립니다!

그때 위기를 잘 막으셨다는 그쪽 사업이 더 커져서 그때보다 더 큰 부자가 되셨을 거라고 믿습니다!

복 받으실 겁니다!

덕분에 그 건물에서 지금까지 열심히 장사 잘하고 있고 아이들 잘 키우고 있습니다. 그때 코찔찔이 아이들이 어느덧 13살, 9살이 되었습니다! 진심으로 감사드립니다! 사장님의 건승을 기원합니다!

저도 더 열심히 살겠습니다!

6

하루아침에 건물주에서 사기꾼으로
나락에 떨어지다

2022년 3월 대선이 끝나고 다음 정부가 들어서며 이제는 부동산 분위기가 좀 달라지는 건가 생각했었다. 다주택자들이나 임대사업자들의 숨통을 이제는 좀 트게 해주나 싶었지만 전혀 예측하지 못한 상황이 눈앞에 펼쳐졌다. 2022년 하반기 시작과 동시에 미국기준금리가 슬금슬금 오르더니 한국금리 또한 덩달아 같이 상승폭을 키우며 단기간 폭등하며 올라갔다. 2023년초가 되자 미국뿐 아니라 한국의 기준금리가 사상 최고치를 기록했다.

엎친 데 덮친 격으로 기준금리의 초단기간 급작스러운 폭등으로 인해 아파트 임대수요가 전세에서 월세로의 대이동이 시작되었다. 전세대출이자 또한 급격하게 상승하다보니 임차인들 입장에서 월세가 더 유리했던 것이다. 그 당시 대한민국 거의 대부분 지역에서 부동산매매, 전세할 것 없이 하락을 넘어 폭락 중이었고 위기감을 넘어 공포심리가 가득차 오르며 사람들을 불안에 떨게 만들었다.

여기에 그 당시 신문, 방송, 유튜브의 경제사회면의 메인을 장식했던 사건들이 연달아 터지고 만다. 바로 역전세, 전세왕, 빌라왕, 전세사기, 깡통전세 이슈가 발생하여 전국 각지에서 일부 임대인들에 의해 전세보증금을 돌려받지 못해 피해 받는 임차인들이 계속해서 생겨나게 된다.

처음부터 기망의 목적으로 건물주, 중개인, 분양대행사, 바지사장이 짜고 수십, 수백 채의 부동산 보증금을 주지 않고 잠적하는 소위 조직적으로 사기를 치는 사기꾼들도 존재하는 게 사실이지만 대부분의 임대인들은 부동산 한두 채를 통해 전세나 월세를 공급하던 같은 국민들 중의 한 사람이었다. 어떻게 해서든지 임차인의 보증금을 제 날짜에 돌려주는 것이 맞다. 하지만 하락한 만큼의 여유자금을 보유하고 있지 못한 임대인들이 순식간에 범죄자 취급을 받는 것을 보며 나 또한 안타까웠고 무서워지기도 한 게 사실이었다.

급작스러운 금리인상에 따른 이자부담상승이 수요 자체를 전세에서 월세로 이동시켰고 특히나 신축입주가 많던 대구 같은 도시는 역전세 금액의 폭이 상상을 뛰어넘을 정도로 많이 조정되고 커졌다. 현재 기준으로 신축아파트가 거의 입주를 했지만 2022년~2024년 대구에 방문해 보신 분들 중에 다들 같은 말씀을 했던 기억이 있다.

"와, 대구는 여기도 공사판! 저기도 공사판이네!
크레인이 없는 동네가 없어!!
저기 짓는 아파트에 정말 다 들어가서 살 사람들이 있긴 한 거야? 엄청나다 정말 천지가 개벽중이네."

신축아파트 입주가 많은 동네나 그 주변에는 신축의 전세도 물량이 많아 가격이 많이 내려가 있는 상황에서 기존에 있던 구축아파트 전세 가격은 5년 전을 넘어 7년 전 10년 전 가격으로 회귀하고 있었다.

대구에 많은 투자를 했던 나 역시 역전세를 피할 길이 없었다. 지금 돌아보면 2022년부터 2024년 하반기 최근 동안 거의 3년의 기간이 투자인생 통틀어 가장 힘들었던 시간이 아니었을까 싶고 절대로 두 번 다시 경험하고 싶지 않는 시간들이라 지금도 과거 그때를 생각하면 가슴이 답답하고 머리가 어질해진다. 양도소득세 중과를 맞더라도 저렴하게 급매로 던져 팔아서 자금을 마련해야했으며, 아파트를 팔아야 전세금을 다시 돌려드릴 수 있기에 나는 다른 대안은 없었다. 대구에 보유하고 있던 몇 개의 물건을 제외하고 타지방에 있던 아파트들까지 나는 그냥 헐값에 내던지고 자금을 마련하는데 총력을 기울였다. 꼭 지킬 자산에만 집중해야겠다 결심했다. 모든 자산을 팔지 않고 들고가려 했다가 모두 다 놓치는 수가 있단 판단이었다. 그런 노력 덕분인지 다행히도 나는 단 하루라도 제 날짜에 전세금을 덜 내어드린다던지 제때 전세금을 돌려드 리지 못한 적이 단 한 번도 없다. 지금 생각해도 이것만큼은 다행이었고 잘한 선택이라고 생각한다. 임차인 분들께 피해를 드리지 않아야 하기 때문이다.

아파트 역전세가 줄줄이 비엔나소시지처럼 터지고 있는데 나는 다시 코를 얻어맞고 쌍코피까지 터졌다. 바로 내가 운영하고 있는 다가구건 물의 전세계약 때문이다. 빌라왕, 전세사기, 깡통전세라는 사기사건이 나 보증금미반환 사건들 대부분은 아파트가 아닌 비아파트(빌라, 다가구원 룸)에 해당되는 것이었기 때문이다.

이 건물에 빚이 얼마나 있는지? 혹시라도 이 건물이 잘못되어 경매라 도 넘어가면 내 보증금 제대로 다 돌려받을 수 있는 건지? 이 주인 놈 혹 시 세금연체이력은 없는지? 대출 제외하고 내 보증금이 선순위로 되어 있는 게 맞는지? 기존에 사시던 임차인분들 중 전세로 계약해서 사시는 분들에게 계속 연락이 오기 시작했다. 위 질문들을 계속해서 물어보면 서 말이다. 정확하게 현재 건물에 대해 대출과 보증금내역에 대해 말씀 드렸다.

그렇지만 그중에 한두 분은 불안하다 하셨고 결국 이사를 나가셨고 보증금을 돌려줘야하는 상황이 발생했다. 건물투자할 때 반드시 +@여유자금을 보유해야한다라고 했던 것이 만일의 사태! 바로 이런 일들을 대비해야 하기에 강조 드렸었는데 내가 바로 그 상황이 처해져버렸다. 불행히도 나는 그 여유자금은 아파트 역전세를 막는데 써버리고 통장에 현금이 없던 상황이었다.

현재도 마찬가지지만 나 같은 다주택자들에게 여러가지 제약으로 대출이 막혀있어 발만 동동 구르고 있던 상황에 역전세반환대출 또한 한도가 나오지 않았다. 빨리 다음 사람을 구해야 하는데 누가 지금 그런 시기(빌라사기, 전세사기)에 계약하러 오겠는가?

일단 투트랙 전략으로 갈 수밖에 없었다! 첫 번째로 대구 전역에 있는 원룸계약전문 부동산 소실장님들께 사정 설명을 드리고 다음 전세자 분을 계속해서 찾아봐 달라고 부탁드렸다. 그전까지 절대로 애완동물사육을 허락하지 않았지만 일단 한걸음 양보했다. 고양이 한 마리 키우는 것까지는 나도 양보해버렸다. 그리고 복비 또한 최대한 지급하겠다고 약속했다. 두 번째로 대구 전역에 있는 제1, 2 금융권에 돌아다니며 역전세반환대출에 대해 알아봤으며 심지어 유튜브나 네이버블로그상에 나오는 대출전문상담가들의 상담을 수시로 받았다. 한때 30일 정도 기간이었지만 나와 어머니가 운영하던 원룸에서 공실이 동시에 10개가 넘었던 시기가 있었다. 월세도 손님도 없고 전세손님도 없고 다들 어디 가셨나? 본가로 들어가신 건가? 나는 아파트 역전세로 지난 3년 동안 큰 자금을 마련하기 위해 갖고 있던 자산을 많이 팔고 정리했으며 다가구원룸건물의 전세보증금 반환과 공실계약을 위해 밤낮 할 것 없이 이리 뛰고 저리 뛰어 다니며 피해를 드리지 않기 위해 최선을 다했다. 멘탈을 놓지 않기 위해 정신줄을 단단히 잡고 있었다.

마지막 카운터 어퍼컷을 맞고 나는 링 위가 아닌 부동산이란 시장 위에서 다운되어 버렸다. 10초간 기절이 아닌 그냥 졸도상태였다. 원룸담보대출 금리폭등! 3.5% → 7.4%, 두 배가 넘는 금리로 인해 이자 또한 2배가 넘어갔다. 전세보증금을 내줘야하고 금리폭등으로 이자부담이 커진 주변 임대인, 건물주 분들 중에서 경제력이 그만큼 뒷받침되지 않으신 분들은 가을철 추풍낙엽처럼 힘없이 추락하고 있었다. 무섭도록 가격이 하락된 원룸, 다가구, 빌라매물들이 시장에 넘쳐 나왔다. 다들 내 것 먼저 팔아 달라 난리였다. 그걸 팔아야 보증금을 내주니까. 그래야 사기꾼 소리를 듣지 않으니까 말이다. 시간이 가면 해결해준다는 말은 반은 맞고 반은 틀린 이야기다. 내가 한 만큼, 돌아다닌 만큼, 전화기로 연락을 한 만큼, 그 기회가 온다고 생각한다.

주변의 부동산 소장님들의 도움을 받아 겨우 건물의 전세임차인분을 계약했으며(복비도 많이 드리고, 전세금도 많이 내렸음) 은행권의 한 귀인을 만나

다행히도 역전세 관련 대출을 받아서 늦지 않게 제날짜에 기존 전세자 분의 보증금을 돌려드렸다.

2024년 11월 현재 운영하는 다가구원룸건물의 대출금리는 5% 초반 대로 내려갔고 공실은 하나 있는 상황이며 큰 문제없이 운영하고 있는 상황이다. 아파트 자산 역시 대부분 매도하고 정리하였으며 꼭 갖고 가야할 물건들만 보유하며 반강제적으로 자산 다이어트를 시행하게 됐다.

이 책을 꼭 써야겠다라고 동기부여를 줬던 사건이 이번 챕터에서 말씀드린 이런 사건들의 영향 덕분이다. 그러게 왜 무리해서 투자를 하냐? 왜 빚을 냈냐? 감당하지도 못할걸! 왜 아파트를 여러 채 샀냐? 하실 분도 많으실 것이다.

15년 가까운 시간 동안 나는 정부가 하지 못하는 아파트나 원룸공간을 빌려주며 대한민국 임대차 시장의 안정화에 계속적으로 기여하고 긍정적 영향을 주고 있는 사람이라고 생각하고 살아왔다. 앞으로도 그 생각이 바뀌지 않을 것이다. 다만 개수는 계속 줄여나갈 것이다.

자본주의 대한민국에 살면서 집을 여러 채 가지는 것은 법적으로도 문제가 없다. 다만 앞으로의 정부정책 방향은 집을 여러 채 가지는 사람들에게 더 큰 세금을 납부하도록 납세의 의무를 계속해서 강화해나갈 것이란 예측이다. 앞으로 정부에서 일반 개인에게 다주택자를 세금적 혜택을 주고 하라고 해도 하기 싫다는 분들이 점점 늘어날 것이다. 그만큼 힘들다는 것이다.

나는 적법하게 임대사업을 하고 그에 따라 정확한 소득세, 종부세, 재산세를 납부했다. 내가 열심히 벌어 아껴 모은 돈과 레버리지를 더해 실물자산에 투자하여 자산을 키우고 현금흐름을 만드는 것! 그 과정에서 불법이 없고, 임차인에게 피해를 주지 않는다면 아무런 문제가 없다는 것을 다시 말씀드린다. 나라에 돈이 많으면 LH(한국토지주택공사)가 집을 지어 공공임대주택을 많이 풀면 되는데, 지금도 공사 빚이 100조가 넘는다는 기사를 봤고 임대주택을 지을 때마다 오히려 빚이 늘어나고 있다고 하니 기가 찰 노릇이다. 지금 이 시간 이후부터 우리 독자님은 어떤 선택을 해야 하는지 한번 고민해보셨으면 좋겠다. 어른이 된 우리에게 이제는 그 누구도 이런 조언과 도움 되는 말을 해주지 않는다. 다들 각자도생 할뿐이고 남의 인생에 끼어들고 싶지도 않기 때문이다.

불과 2년 전에 역전세를 해결하기 위해 아파트 여러 채를 급매로 던지며 자금을 마련해야 했었다. 공실이 10개나 생긴 원룸과 비아파트전세사기 이슈가 동시에 터지며 하루하루 밤잠 설치며 불면증으로 고통받고 뜬눈으로 밤을 샌 날들의 연속이었다. 이자 폭등으로 모든 지출과 소비를 틀어막고 허리띠를 졸라매어 아이들 태권도학원까지 강제로 그만두게 했던 못난 가장이었다.

  2년이 지난 현재가 되었다. 이렇게 잘 살아 있고 숨 쉬고 있다. 다른 사람과의 비교는 불행과 지옥이라고 한다. 어제의 나와 비교하면 나는 지금 천국에 살고 있다. 절대로 그때로 돌아가지 않을 것이다.

7

향후 원룸&다가구&상가주택 투자에 있어 핵심 요소 1가지

2024년 10월 기준으로 한국 기준금리가 3년 2개월 만에 3.5 →3.25%P로 0.25%P만큼 인하되었다. 부동산 관련 주요 뉴스기사를 보거나 구독자수가 많은 경제, 부동산전문 유튜버 분들의 향후전망에 대한 이야기를 들어보니 초고금리 기간 동안 잠잠하고 조용했던 수익형 부동산 투자에 대한 내용들이 늘어나고 있다.

이미 금리는 선반영되었다.

크게 변할 건 없다.

0.25%P 가지고는 아무런 영향이 없다.

이렇게 말씀해주시는 내용도 나 또한 일부 동의하고 비슷한 생각을 갖고 있다. 위에서 잠시 말씀드린 대로 전국 대부분 지역에서 2022년말 ~2023년초 사이 단행됐던 단기간 금리폭등으로 인해 이자부담이 커지고 역전세나 전세사기 이슈들이 연달아터지며 경제력이 뒷받침되지 않는 원룸, 다가구, 상가주택의 건물주 분들이 급하게 매물을 시장에 던졌었다.

아파트뿐만 아니라 건물투자에 있어서도 나는 가장 1번! 핵심으로 생각해야할 요소는 바로 가격이라 꼽는다. 그 아파트가, 그 건물이 대체 시세보다 얼만큼 저렴해? 동일평수기준 통상적으로 거래되는 가격보다 얼마나 싼 건데? 물론 이것을 파악할 수 있는 눈을 키워야한다라고 지난번 챕터에서도 강조를 했었다. 2024년 하반기 들어 부쩍 원룸, 다가구투자 문의나 상담이 접수되고 있고 여쭤보시는 주변 분들도 조금씩 늘어나는 게 사실이다.

지난 3년의 부동산 공포 시기동안 급매로 헐값에 후려쳐진 가격으로 새 주인에게 간 손 바뀐 물건들도 꽤 많고 현재까지도 아직 새 주인을 찾지 못한 매물들도 많다. 내가 지난 10년 가까이 알고 지낸 건물매매전문 부동산소장님의 연락에서 어느 정도 알 수 있는 내용이었다. 이런 이런 건물 지금 싸게 나온 거 있는데 혹시 살 사람 없냐고? 아니면 돈 있으면 닥호씨가 사두라고(아, 지금 돈 없어 아무것도 못하는데 아쉽긴 하네. 다주택자라 취득세도 중과되고 팔다리 다 잘려서 아무것도 못한다고 말씀드렸음.) 어둠이 있으면 빛이 있

는 것이다. 누군가에게는 절체절명의 위기이고 누군가에게는 일생일대
의 기회이다.

4~5년 전 대비해서 아직 금리가 높은 수준이긴 하지만 나는 지금이
건물매수의 적기라고 생각한다. 내가 투자하고 싶은 지역과 위치의 물
건들을 자주 보러 돌아다녀야하며 비교평가를 통해 각 건물의 투자성을
잘 정리해야 한다.

건물 내외부 상태의 수리나 리모델링 여부

내가 받을 수 있는 대출한도(반드시 은행가서 확인)

매매가는 최대 얼마까지 조정가능한지?

그 위치가 충분한 수요가 있는 곳인지?

내 실투자금으로 충분히 인수가 가능한 건물인지?

단기간 매도하는 물건이 아닌 장기로 보유해도 될 확신이 있는지?

금리가 1~2%가 높아 이자부담이 크다 하더라도 2년 전, 3년 전 대비
억 단위로 건물가격이 내려가 있다면?

수익률을 따져보고 주변 시세나 수요적인 측면을 살펴봐도 충분히
매력적이라고 생각하면 그 기회를 다른 사람에게 양보할 필요는 없다는
것이다.

그리고 다시 한 번 강조드리지만 원룸, 다가구, 상가주택을 매수한다

는 것은 단기간의 시세차익용 투자가 아니란 것이다. 시세차익의 꿈을 깨시면 선택의 폭이 여유로워진다. 지방에 있는 저평가 건물을 투자하는 것이 우리의 목표이지 강남 압구정, 반포의 잘나가는 꼬마빌딩, 대형 올근생물건 투자가 아니다.

장기로 보유하며 안정적인 월세 현금흐름을 만드는 것이 궁극적으로 가장 중요한 목적이다. 혹시라도 수년이 흐르고 정리를 하고 싶을 때 내가 샀던 금액 대비해서 땅 가격이 올라 건물매도가격이 올라있다면 그 시세차익에 대한 것은 '덤'이라고 생각하면 좋다. 그래야 마음이 편하다.

내년, 내후년에 큰 경제위기 이슈만 없다면 당분간 금리는 우하향할 거라는 전망과 예측이 우세하다. 금리가 더 내려가면 건물주 분들의 숨통은 조금 더 트일 것이다. 이자가 내려가면 여유가 생길 것이고 급하게 팔아야할 이유가 점점 없어지게 된다. 이자가 내려가니 수익률을 다시 올라간다. 수익률이 올라가니 내려갔던 건물가격이 다시 상승한다. 이것이 전체적인 건물가격이고 수익률의 메커니즘이다. 임대인, 집주인, 건물주들이 나보다 덜 똑똑하고 멍청하다고 생각하면 큰 착각이고 오산이다. 나보다 지식이나 경험이 더 많으면 많았지 적을 수가 없기 때문이다. 세금이나 여론에 많이 두드려 맞은 임대인일수록 살아남기 위해 더 많은 공부와 준비를 하고 있다.

사상 최저가격의 급매가이고 하필 금리도 낮은 시기에 수익률도 두 자리 수이고 공실이 절대 날수가 없다는 위치에 있다는 그런 정말 좋은 건물을 누가 나한테 공짜로 소개해준다? 가만히 있는 나에게? 사기꾼이 아닐까 의심해보시면 된다. 아니 100% 사기꾼이라 확신하면 된다. 싸고 좋은 물건은 세상에 없고 정말 있다하더라고 그런 물건은 이미 부동산 본인이나 가족, 지인들에게 가버려 그런 물건이 일반 매매시장에 나오는 일은 극히 드물다. 세상에는 절대로 공짜점심은 없고 남들이 아니라고 할 때 아무도 관심 없을 때 반 박자 빠르게 진입하는 게 투자자이다.

8

지방에서
월세 30만원의 의미

"친구 닥호야. 알겠어 알겠는데. 원룸 월세 30만원이라고? 그거 받으려고 그렇게 개고생 하는 거야? 안 쓰럽다. 참, 돈도 안 되고 맘고생은 고생대로 하고 이 건물 이거 계속 운영해야 되는 거야?"

부동산투자를 통해 반강제적으로 각성되기 전 친구 준재가 몇 년 전에 나에게 했던 말이 아직도 생생하다.

보통 구축이나 준신축건물 기준 원룸월세 시세가 보증금 200만~300만원, 월세 30~35만원 사이가 보통이다. 임차인 기준으로 보증금은 계약종료 후 다시 갖고 갈 돈이니 월세 30만원 한 달 30일 기준으로 매일 거주비가 1만원이란 것이다. 독자님들은 이 돈이 많다고 생각하시는지?

아니면 저렴하다 생각하시는지? 대한민국처럼 이렇게 주거비가 안정된 나라가 있을까? 나는 싸도 너무너무 싸다고 생각한다. 심지어 내가 처음 원룸을 투자했던 9년 전과 비교해서 월세가격은 거의 오르지 않았다.

여기는 지방이고 건물 또한 구축이라 그럴 것이다. 작년에 서울에서 다중주택 투자상담을 받기 위해 내려오신 분과의 대화에서 가장 놀란 것이 서울 관악구 쪽에 있는 다중주택의 원룸 월세 가격이었다. 보증금 3천만원에 월세가 무려 60만원! 충격이었다. 서울과 지방의 원룸 월세 가격이 보증금은 10배! 월세는 무려 2배!나 차이 났던 것이다.

너무 비싼 거 아닌가 했지만 보통 평균가격이 저랬다. 나름대로 몇 시간 동안 공부하고 검색해봤지만 그 가격이 맞았다. 서울 관악구에 우리나라 최고의 대학이 있는 곳이고 지방에서 내 자녀가 그 대학에 입학 했다고 좋다하시는 부모님들이 주거비를 지원해주시면서 등골이 휘는 걸 넘어 부러져버릴 수도 있겠다 싶었다. 학교 안의 기숙사에 들어갈 수 만 있다면 좋겠지만 말이다.

이렇게 서울과 지방간의 부동산 격차가 점점 커지고 있다. 서울은 심 지어 지난 몇 년간 원룸, 고시원 월세도 꾸준히 오르고 있다는데 지방에 서 보면 완전 별나라 이야기다. 하지만 잊지 말아야 할 팩트가 하나 있 다. 그 다중주택 가격이 지방 보통 구축건물 비슷한 면적 기준으로 5~6

배가 비쌌다. 평균시세가 30~40억 사이였다.

건물가를 40억이라 잡고 이 건물을 매수하기 위해 5:3:2의 법칙을 대입해보자.

내순수투자금 20억
보증금 12억
대출 8억!
여기에 +@(전세금 1~2집 내줄 여유자금 최소 1억 전후)

그렇다! 서울에서 구축 다중주택건물을 매수하는 것이 이 정도로 큰 돈이 들어간다는 것을 우리는 직접 눈으로 확인했다. 그렇기에 내가 계속 강조하는 '지방'에 내 건물 매수를 목표로 해야 그나마 우리가 살아있을 생전에 그 목표를 달성할 수 있는 것이다.(내 자녀나 내 손주들이 아닌) 죽고 나면 아무 의미가 없고 아무 소용이 없기에.

그때 그렇게 각성 전 준재가 그런 말을 했었고 나는 이렇게 답했던 기억이 있다.

"준재야 한 달에 한 호실 당 30만원 정말 적은 돈은 맞지. 그것도 거의 10년 동안 오르지도 않았네. 근데 있잖아 준재야 이런 방이 5개가 되고 10개가 되면 상황이 달라진다. 지방에서 월세 300만원을 받으면 어느 정도 안정적인 생활이 보장되지 않겠니? 서울보다 그만큼 물가도 저렴하고 열심히 돈 벌어 투자해서 이런 건물에 전체 모든 호실을 월세로 세팅하는 거지. 그래서 따박따박 월세 받고, 또 하나의 목표가 있다면 광역시 요지의 위치에 대장아파트 한두 개 사서 임대주는 게 내 목표야. 근데 처음 시작부터 내가 수천 수억의 자산이 있는 게 아니잖아. 처음 시작은 그래서 30만원이 되는 거고 그게 현실적으로 맞는 거고 일단 시작을 해야 그 수익이 커질 확률이 생기는 거 아니겠니? 30만원만이라도 월 고정적으로 들어온다면 솔직히 너 어떻겠니? 조금은 마음 편하지? 내가 어디 가서 일당제로 일을 하거나 배달을 해서 며칠을 일해야 벌 수 있는 돈이잖아. 근데 이 건물 통해서 내가 임차인 관리만 잘해주고 불편사항 최대한 개선해주고 건물청소 관리 깨끗하게 해주면 내가 내일을 하거나 집에서 쉬고 놀 때도 심지어 잠을 자고 있을 때도 나를 대신해서 일을 해주고 돈을 벌어다 주는데 얼마나 고맙니. 단기적인 시각보다 멀리 봐야 한다. 알겠니, 준재야? 난 그렇게 생각한단다. 자는 거 아니지? 눈감고 있네. 아무튼 그래서 30만원이 나에게 주는 의미는 생각보다 큰 거 같아."

얼마 전 유튜브 통해서 고백한 내용이 하나 있다. 어플 알림설정을 통해 월세가 입금되면 스마트폰에 소리나 진동이 온다. 솔직히 고백했지만 나는 이제 별다른 감흥이 없다. 거의 10년 가까운 시간동안 저 알람을 얼마나 많이 들어봤겠는가. 나부터 우선 초심을 잃어버리고 있었다. 내가 뭐라도 된 것처럼 건물주인데 이 정도는 당연히 받아야지. 아니 이렇게 관리해주는데 하루 1만원이면 싼 거지. 이거 대출이자 내고 나면 얼마 남지도 않아. 월세뽕에 취하면 사람이 이렇게 돼 버린다. 나도 성인군자가 아닌지라. 어쩌면 초심을 잃는 게 당연할지도 모르겠지만. 그 영상에서도 다짐했고 다시 이 글을 쓰고 있는 지금 이 순간도 다짐한다.

월세 30만원 정말 큰돈이고 귀한 돈이다! 임차인 분이 나에게 주는 월급이다! 항상 최선을 다해 고객들이 불편하지 않게 최선을 다한다! 임차인들께 먼저 인사하고 감사의 마음을 가지자! 또한 이 건물 통해 건물 1층에서 우리 부부가 장사할 수 있음에 감사하다! 작은 돈이라도 사랑하고 아껴줘야 나한테 그 돈이 계속 올 것이다! 절대로 30만원 쉽게 보지 않겠습니다! 앞으로도 계속 받게 해주세요!!

9

3번째 투자했던 원룸건물을
6년 만에 1억 넘게 손해보고
매도 후 깨달은 것

구미시 원룸건물 몽땅 매매! 4억 6천만원! 인수가격 2,300만원! 년수익률 48%, 폼 미쳤다!

구미시 2016년 준신축 원룸건물 급매! 5억대! 주인급매! 금액조정가능!

거제시 원룸통매매! 수익률 25%! 5억 3천만원!

거제시 고시원건물 통매매! 6억대! 주인급매!

갑자기 구미, 거제시에 있는 건물 매매? 다가구, 원룸 그리고 고시원 같은 물건은 철저하게 수익형부동산 투자 종목 중 하나이다. 그만큼 수익률이 중요하고 수요가 탄탄히 기반이 갖추어진지가 중요하단 의미이다.

저 두 도시를 예시로 갖고 온 이유가 있다. 공통점이 무엇일까? 가슴

아픈 이야기가 될 수도 있지만 2000년대 중후반까지 중공업, 섬유, 공장, 조선, 전자산업 즉 2차산업을 주도했던 가장 대표적인 지방 두 도시이다. 내가 자세하게 아는 이유는 한 곳은 내가 대학을 나왔던 곳이고 한 곳은 특히나 내 친구나 후배들이 첫 취업한 회사가 많이 있던 곳이기 때문이다. 2010년 전까지 정말 잘 나갔었다. 특히나 일자리가 탄탄하게 받쳐주었기에 원룸, 다가구, 빌라, 고시원 등의 공실을 찾아보기 힘들던 시기였다. 하지만 여러 가지 원인들 특히, 수도권 중심의 일자리 집중화, 2차산업의 사양화시대 진입, 전자, 조선산업의 몰락과 기존 회사나 공장들의 폐업으로 일할 곳이 없어지니 자연스럽게 근로자와 노동자들이 썰물처럼 빠져나갔다. 건물에 월세내고 거주할 사람이 없는 도시가 되어버린 것이다.

저 원룸건물 매매가격을 다시 한 번 보자. 4억대, 5억대 원룸건물 금액이 말이 되는가? 서울 지금 원룸 전세가격이 2억대라고 하는데 통건물 매매가가 4~5억이라고 하면 지금 이것이 얼마나 말이 안 되는 것일까? 현실감이 그만큼 떨어진다. 외딴 섬이나 산꼭대기에 있는 건물도 아닌데. 그러니 더 참담한 것이다.

그렇게 향후 지방산업에 대한 예측을 하지 못하고 우후죽순으로 기존 구축건물을 부수고 새로 지어 신축공급 또한 넘쳐난 것이 또 하나의 부동산 몰락의 이유가 됐다. 도시의 산업규모가 줄어들면서 일할 사람이 모두 빠져나가자 한 건물에 공실이 거의 반 이상이고 월세가격은 추락해 10만원 후반이면 한 달을 살 수 있다고 한다. 수익률이 추락하니 건물가격 또한 몇 억이 하락할 수밖에 없다. 이것이 바로 수익형부동산 건물의 가치와 가격의 관계이다.

선불리 가격이 싸다고만 해서 수요에 대한 충분한 분석과 현장답사 없이 수익형건물 투자를 하는 게 이렇게 위험하다는 것을 말씀드렸다. 그런데 그 어려운 것을 내가 해내고 말았네! 가장 늦게 사고 몇 년 운영하지 못하고 1억의 큰돈을 손해보고 매도했던 세 번째 건물투자 실패사연에 대해 짧게 고백하고 마무리할까한다.

두 번째 건물을 매수하고 난 후 얼마 되지 않아 한 온라인 부동산 카페글을 통해 건물 직거래 물건에 대한 정보를 봤다. 건물 주인분이 직접 올린 글이었고 본인이 중국 쪽 사업에 집중해야하기에 이 건물을 본인이 샀던 금액 대비 더 싸게 판다는 글이었다.(전 건물주 모두가 사업가인 희한한 우연) 건물이 깔고 있는 대지면적이 작았지만 층당 방이 5개씩 총 15개의 올 원룸으로 구성되어진 수익률 측면에서는 최고라고 할 수 있는 그 건물에 눈이 돌아버렸다. 전세 또한 많이 껴있고 대출받아 매수하면 내 돈이 실제로 많이 들지 않는 상황이었다. 매달 대출이자를 내더라도 현금 들어오는 게 꽤 쏠쏠하겠더라 생각하고 그 뒤부터 현장답사하고 주변시세 조사 후 글을 올린 건물 주인분과 만나서 수차례 면담과 회의를 한 끝에 처음 금액보다 조금 더 조정해서 직거래로 건물을 매수해버리게 되었다.

결과는 5년 정도 운영하고 올해 초 건물을 매도했다. 내가 처음 샀던 금액보다 수천만원 싸게 팔수밖에 없었고 그동안 건물 리모델링비에 들어간 돈 또한 수천만원이 되기에 합쳐서 1억 정도를 정확히 손해보고 실패한 투자로 기록되어 이렇게 독자님들께 고백하고 있는 것이다.

팔고나면 보이는 것들! 손해보고 나서 팔았더니 알게 된 것들!(꼭 이런 비싼수업료를 내야만 알게 되는 것일까?) 실패의 원인에 대해 객관적으로 말씀드리고 이 챕터를 마무리 할 테니 꼭 저 같은 실수를 하지 않으시길 기원한다.

- 대구에 있는 지방대학교 근처에 위치한 건물(지방대학신입생 점차 감소중 + 학교내부기숙사 신축, 증설)
- 도시가스가 아닌 심야전기(건물주가 세대별로 전기세 계산해서 나눠줘야함, 보통 일이 아님, 또한 전기로 난방을 하기에 겨울에 전기세 폭탄! 임차인들 도망감.)
- 골목 깊숙한 안쪽에 위치(주변에 다른 건물들이 빽빽, 건물앞으로 4미터라 쾌적성 떨어짐. 건물 안쪽에 위치하다보니 특히 밤에 위험함)
- 대학가 주변이라 건물 주변에 원룸, 고시원이 바글바글 함(공급폭탄) (먼저 공실을 빼기 위해 집주인들끼리 출혈경쟁! 월세가격이 계속 내리고 있던 상황, 수익률

저하)

- 건물가격이 싸서 수익률이 높다 생각했지만 얼마 뒤 현실을 깨달았음(장기공실방이 늘어나 총월세가 줄어들었고 월세금액 자체도 계속 내려감)
- 주변 부동산에서 과도한 복비 요구(정말 남는 거 없음)
- 땅 면적이 작은 상태에서 방을 15개나 넣어놨으니 임차인을 비선호(방면적이 고시권보다 조금 더 큼)

결론은 바로!

급매로 사는 건 중요하지만 싸다고 다 좋은 건 아님!

꾸준한 월세수요가 있는 지역/위치/동네를 선택해야 함!

지방대학가는 특히 앞으로 피해야할 지역!(통폐합 또는 폐교)

직장인을 대상으로 하는 일자리가 많거나 일자리로 가는 교통편(버스, 지하철)이 편한 곳이 좋음!(일자리가 계속 없어지는 지역은 피하고 2차산업이지만 계속해서 꾸준히 회사, 일자리, 공장이 많은 곳은 아직은 버틸만 함)

방의 크기나 구조가 너무 작거나 불편하면 선택받지 못함!

도시가스로 난방시설이 된 곳만 사야 함!

어깨에 뽕이 너무 들어갔나 보다. 건물투자도 잘했고 월세 따박따박 받다보니 내가 뭐라도 된 것처럼. 역시 초심을 잃는 게 인간이라더니. 나란 인간도 참 철저하게 반성했고 배웠고 실수했지만 앞으로는 절대로 같은 실수를 반복하지 않겠습니다!

10

월급 이외 현금흐름시스템을
하루 속히 완성해야 하는 이유
– 수익형부동산 월세의 힘

작년 12월 겨울한파가 매섭게 몰아치던 어느 날 새벽부터 매장 일을 하고 다음 타임을 위해 잠시 테이블 의자에 앉아 쉬면서 노트북을 보고 있었다. 매장 바로 앞쪽 통유리창으로 다 보이는 도로 위에서 두 노인분이 심하게 싸우고 있었다. 언성이 높아지더니 두 분이 멱살까지 잡는 사태까지 이르렀다. 싸움이 커질 거 같아 경찰서에 신고를 해야 하나 잠시 고민하는 사이 갑자기 문을 확 열고 한 분이 들어오셨다.

"아이고 죽집 사장요~, 잠시만 자네가 이야기 한번 해주게. 아니 내가 이 동네 폐지, 파지, 빈병 이런 거 맨날 주워가는 거 알지? 내가 보통 오전에 한번 오후에 한번 이렇게 두번 리어카로 왔다 갔다 하잖아! 나 많이 봤잖아!"

"아, 네. 할아버지 자주 봬서 알고 있습니다. 근데 지금 밖에 무슨 일로."

같이 싸우고 있던 할머니도 목소리를 키우셨다

"나 원 참. 아니 구역 정해놓고 줍고 다니나? 이름이라도 써놨어? 당신 거라고? 영감탱이가 노망이 났나. 오며가며 먼저 보는 사람이 갖고 가는 거지 무슨 구역타령이야! 살다 살다 보니 별 희한한 정신 나간 노인네 다 보겠네."

저 두 60대 노인분 앞에서 나는 어떠한 결정도 할 수 없었다. 그 폐지가 누구 것인지 손들어줄 수 없다. 나도 그 답을 모르기 때문이다. 과거에 저분들에게 무슨 일이 있었던 것일까? 지난 인생 어떤 고난과 역경들이 그들 삶을 짓누르고 있는 걸가. 그들을 비난하거나 혐오의 감정을 느낀다는 뜻은 아니다. 그럴 자격도 없고 그리고 싶지도 않다. 이렇게 추운 12월 겨울에 한분은 리어카, 한분은 작은 손수레를 끌며 이 동네 저 동네 돌아다니시며 돈 될 만한 물건을 찾고 다니시는 게 너무나 안타깝고 씁쓸한 생각이 들었다. 용돈벌기 위해 건강삼아 저 일을 하시는 게 아닐 것이다. 말 그대로 생존을 위한 그 일 자체! 오늘 적정무게나 수량을 확보하지 못하면 어쩌면 굶어야 할 수도 있는 처절하고 냉정한 현실과의 싸움을 이분들은 매일매일 하고 있는지도 모른다.

그들의 얼굴에 깊게 패인 주름만큼이나 삶의 고통과 고난 또한 깊겠지. 이미 지방도시 골목 안에도 폐지와 파지, 고철들에 대한 그들의 갈등과 경쟁이 커지고 있다. 이제 이 분야도 레드오션인가? 누가 더 일찍, 빨리, 많이 돌아다니는가의 싸움이다.

그분들이 돌아가시고 작은 전쟁이 마무리되어 매장 안은 고요해졌다. 여러 가지 생각과 감정들이 순간 복잡하게 머릿속을 때렸다. 나는 밖의 영하권 날씨 속에서도 따뜻한 이 매장 안에서 일을 할 수 있어 감사하구나.

저분들께 죄송하지만 미리 미래에 대한 준비를 하지 않은 대가가 저렇게 처절하고 무서운 거구나. 나와 와이프, 우리 아이들의 따뜻한 보금자리와 시간이 지날수록 가치가 상승하는 자산, 그리고 매달 우리에게 현금을 만들어주는 시스템 안정적으로 구축하고 또 그 시스템을 굳건하게 지키는 일이야 말로 내가 앞으로 집중해야 할 일이다.

나는 나이가 들어 내 건강과 체력이 지금보다 현저하게 떨어질 때 덥거나 추울 때 밖에서 고생하고 싶지 않다. 그것이 솔직한 심정이다. 60, 70대의 추움과 더움은 지금 젊었을 때보다 더 날카롭고 아프고 못 견딜 정도의 고통을 안겨줄 것이기에. 부동산투자를 하거나 관심 있는 분들이 거의 대부분 읽어보라 추천받은 책 중의 하나가 바로 '부자아빠 가난한 아빠'일 것이다. 내가 생각하는 그 책의 핵심은 자산과 부채를 구분하라! 이다 내 주머니를 기준으로 돈이 들어오게 만드는 것은 자산!, 돈이 나가게 만드는 것은 부채! 이것만 밑바탕에 깔아두고 투자하기 전 의사결정에 있어 우선순위에 둔다라면 크게 실수할 일은 없게 된다.

일단 자산이 적거나 없는 사람이 할 수 있는 선택은 한정적이다. 앞으로 더 잘 살고 싶은 사람이라면 열심히 일해 받은 월급을 선저축을 통해 모아 실물자산에 투자해야 한다. 장기적으로 투자하고 재테크해야 일정규모 이상의 자산과 현금흐름시스템을 만들 수 있다라고 생각하고 그 방향이 옳다라고 인정해야 우리는 그 고난의 길을 지치지 않고 갈 수 있다. 자수성가한 부자들이 모두 다 겪은 지루하고 힘든 그길 말이다. 자신을 통제하지 않으면 우리는 절대로 원하는 걸 이룰 수 없다.

제대로 된 자산이나 현금흐름시스템을 구축하지 않은 상태에서 소비와 지출(소비제, 여행, 명품, 과도한 식비, 자동차)을 하게 되어 자산이 아닌 부채가 늘어나게 된다면 다른 사람이 먼저 만들어놓은 현금흐름시스템(자산)을 위해 평생 동안 피땀 흘려 대신 일만하고 돈만 펴주다 늙어 죽을 확률이 커진다.

노후, 은퇴 시점에 나를 보호해주고 지켜줄 안정적인 자산과 현금흐름이 없는데 SNS 보며 남들 하는거 다 따라하고 사진 올려서 좋아요, 응원댓글 받아봤자 내 인생에 무슨 의미가 있냐는 것이다. 거짓 자존감을 채우기 위한 소비성 SNS 활동을 자제해야 하는 이유다! 이제는 도파민 중독에서 빠져나와 '돈파민'을 생산하는 활동으로 내 모든 시간과 에너지를 집중해야한다. (돈파민 : 실제로 내가 돈을 벌고 자산이 커지는 활동)

괜찮은 입지나 위치에 있는 부동산을 어떤 이슈로 인해 가격이 하락하고 조정되었을 때 내 돈으로 사서 박아놓고 기다리면 그 자산은 웬만해서는 절대로 나를 배신하지 않는다. 물론 그 장기간 시간 동안 평탄하고 행복한 일들만 있는 건 아닐 것이다. 모진 풍파를 겪고 리스크를 안고 위기를 극복해야 달콤한 자산상승의 열매를 따먹는 주인공이 될 수 있다. 그렇기에 절대 다수가 포기하고 절대 소수만이 성공한 게 된다.

지금까지 투자했던 건물 3채 중에 두 채는 아직도 잘 운영하고 있고 한 채는 처절하게 실패했고 손해보고 매도했다. 나도 아직은 서툴러 여전히 성장하고 진화하고 있는 과정이다. 우리 모두는 언젠가 월급이 없어질 것이고 지금보다 나이가 많아질 우리 스스로를 구원하고 인간다운 삶을 살아가기 위한 현금흐름시스템을 퇴직하기 전 현직에 있을 때 반드시 만들고 나와야하는 숙명을 잊지 마시길 바란다.

에이, 그건 시기가 좋아서 된 거지!
그때는 가격이 지금보다 쌌잖아!
지금보다 금리도 낮았었고!

나라도 그때는 살 수 있었을걸!

너니까 됐지!

아저씨~ 퇴근해서 집에서 편의점 맥주 4캔 사서 툭 튀어 나온 배 두드리며 오늘도 넷플릭스 보며 하루 종일 고생한 스스로에게 소확행을 선물로 선사하며 하루를 아름답게 마무리하는 아저씨요~. 진짜 노력해봤나요? 타임머신 타고 과거로 돌아가도 같은 선택(아무 것도 하지 않은 선택)을 할 거란 걸 본인이 가장 잘 알지 않나요? 혹시 너라서 안 되고 못 하는 거 아닐까? 네, 너니까 안됐지!

독자님께 마지막으로 한 말씀만 더 드려본다. 국부론에서 애덤 스미스가 했던 말이라고 한다.

"세상이 풍요로운 건 인간의 이기심 때문이다. 인간의 본능인 이기심이 사회 전체의 이익을 위해 잘 활용하고 있는 나라가 잘 사는 첩경이라고 보았다."

정말 공감하는 말이다. 지금 우리는 차가운 자본주의에서 살아간다. 합법적인 이기심에 대해 생각해볼 때이다. 다 같이 잘 먹고 잘 사는 이상은 허구의 소설에만 존재한다. 일단 나 먼저 챙기자! 내가 잘 살고 내 가족들이 잘 살아야한다. 어떻게 하면 좋은 자산을 급매로 싸게 살 수 있을까 매의 눈으로 세상을 관찰하고 기회가 왔을 때 잡아먹자! 이기적일 필요가 있다라면 그렇게 내 신체와 정신의 기본값을 수정해야 한다. 나는 앞으로도 합법적으로 자산을 키우고 현금흐름을 늘릴 것이다. 독자님들 또한 같은 선택을 하셨으면 좋겠다.

마지막으로 앞으로 갑작스러운 대내외 큰 변수가 없는 이상 향후 금리는 우하향할 것이며 대출받아 내야하는 이자(돈을 빌리는 대가) 또한 낮아질 것이다. 독자님들이 사시는 각 지역에서 눈에 불을 켜시고 매의 눈으로 싸게 급매로 정말 저렴하게 나오는 부동산을 계속 찾아보시는 노력을 하신다면 퇴근 후 집에서 푹 쉬고 아이들과 보내는 시간과 밤에 꿀잠을 자고 있을 시간. 그 모든 시간에 나를 대신해서 열심히 일해 줄 부동산을 매수할 수 있다고 확신한다! 우리는 거기서 기회를 찾을 것이고 미리 준비한 사람만이 성공할 권리가 있다는 것 또한 명심하자!

수익형부동산 투자의 핵심과 투자타이밍은 급매가격으로 던져지고 있는 물건
  + 그것을 알아볼 줄 아는 식견과 투자금
  + 낮은 금리의 시기! 3박자가 맞을 때 사는 것이다.
  지금 서서히 그 시기가 오고 있다!

N잡러만이 생존한다!
글로 쓰고 영상도
만들었더니 돈이 되는 시대

PART 5

1

콘텐츠&지식 소득을 만들 수 있었던
나만의 2가지 필살기 공개!

21,970 / 2,091 / 307

뜬금없이 이게 무슨 숫자일까?

2018년 9월 26일 유튜브 첫 영상을 올렸고,

정확히 6년 뒤 2024년 9월 26일 기준으로 6년은 21,970일,

유튜브 영상 2,091개,

그동안 만나서 상담한 인원수 307명,

블로그는 유튜브 시작 전인 2017년도부터 본격적으로 시작했다.

유튜브 초창기 영상들 대부분은 내 블로그의 글을 바탕으로 영상제
작에 사용되었다.

구독자수 대비해서 유튜브 영상수가 이렇게 많은 채널은 보기 쉽지

않을 것이다. 그렇게 나는 지금까지 홀로 영상기획, 대본작성, 촬영,편집, 업로드, 채널관리를 해가고 있다. 거의 1일 1영상이라고 해도 과언이 아니다.

이전 챕터에서도 수차례 말씀드렸지만 나는 뛰어난 천재도 아니고 엄청난 기획력이 있는 사람도 아니며 사업가 기질도 찾아볼 수 없는 사람이다. 뭐하나 특출 날 것 없는 내 자신에 대해서 나는 다행히도 정확한 나의 강점과 장점을 알고 있었다. 우리 대부분은 돈을 벌고 그 돈으로 가정을 꾸리고 카드 값을 갚기 위해 근로현장에서 일을 한다. 그리고 향후 은퇴, 퇴직 후 삶에 대한 걱정과 월급이 없어질 어두운 미래에 대한 대비책으로 투자와 재테크를 병행하시는 분들도 있다. 사실 첫 번째 근로소득, 두 번째 투자소득 모두 다 내가 정말 좋아하고 흥미가 있어서 하는 사람들 거의 없을 것이다.

현재에 내가 먹고 살기 위해 일을 해서 돈을 벌고 미래에 내가 먹고 살기 위해 투자, 재테크를 하고 있다. 그만큼 힘들고 어렵고 많은 시간이 걸릴 것이며 인고 인내의 시간을 잘 버티는 사람만이 성공할 확률이 높다. 이번 챕터 메인 주제인 우리에게 있어 세 번째 소득! 바로 '콘텐츠 지식소득'은 위 소득과 약간 결이 다르다.

가장 중요한 것은 내가 정말 좋아하고 흥미 있고 가슴 뛰는 주제나 일 중에서 정해야 중간에 그만두지 않고 롱런할 확률이 높은 게임이다. 내 성향에도 잘 맞아야 한다. 그렇기에 나는 나의 단점과 약점에 대해서도 정확히 알지만 내 장점과 감정 또한 스스로 잘 파악해야 한다고 생각한다.

유튜브채널 운영을 통해 말씀드린 대로 나의 강점 특히 콘텐츠&지식 소득을 생산하는데 있어서 나의 필살기 2개는 바로 하나는 '잘 적고 기록'하는 것과 나머지 하나는 '실행력과 꾸준함'이다.

첫째, 기록과 메모의 영역이다. 나는 외우는데 있어 학창시절부터 상당한 어려움을 겪었다. 머리가 좋고 공부 잘하는 친구는 몇 번보고 금방 외워버리는데 나는 10번을 써야 겨우 외워지는 정도였다. 학생 때부터 다행히 잘 들인 습관 덕분인지 대학교 시절에도 교수님들 말씀을 잘 들어 정리했고 회사 다닐 때도 회사 다이어리에 일정관리를 잘하는 편이었다.

사람은 망각의 동물이라고 하지 않는가? 또한 과거에 있었던 일중 부정적이고 슬픈 일들까지 모두 기억에서 사라지지 않고 지니고 있다면 그 또한 고통일 것이라고 그래서 잊어버리는 게 또 다른 정보와 지식을 받아들임에 있어 긍정적인 효과를 준다는 연구결과를 읽은 적이 있다. 즉, 잘 잊어버리기 위해 우리는 메모하고 기록한다라고 할 수 있다.

나는 지금도 일을 하면서 여유가 있을 때 다른 분들의 유튜브 영상을 본다. 부동산, 투자, 재테크, 건물, 세금, 거시경제 등에 대한 내용을 들으며 만약 이 내용이 너무 좋고 다음번 내 투자의 기준에 추가하면 좋겠다라고 하는 내용이 있으면 재빨리 영상을 정지하고 스마트폰 메모장에 빠르게 기록한다.

소리로 듣는 음성정보는 더 빨리 잊어버리는 경향이 있다. 오디오북 또한 듣다가 비슷한 상황이 되면 일단 기록을 먼저해둔다. 그리고 나중에 일을 하다 중간에 쉬는 시간이 오면 차분하게 매장 테이블에 앉아서 아까 적었던 메모내용들을 바탕으로 거기에 살과 뼈를 붙여서 여러 카테고리로 나눠버린다.

실제 투자할 때 써먹을 것, 유튜브 영상주제로 좋은 것, 블로그 글 주제로 좋은 것, 나중에 독서모임할 때 좋은 주제, 같은 주제에 대한 생각과 결론이 나와 다를 때는 내 생각을 별도로 기록해서 내 콘텐츠로 재탄생 시킬 것 이렇게 나눠놓고 주중에 이런 내용들을 글이 쌓이면 주말에 매장에 나와 그중에 영상촬영할 것은 조금도 다듬어 유튜브 영상을 촬영하고 블로그 글로 쓸 내용들은 그날 글을 쓰고 업로드를 하는 편이다. 글이 길거나 엄청나게 전문적인 글이 아닌 이상에야 블로그 글은 5분 내외로 읽을 수 있는 분량으로 적고 유튜브 영상은 10분 내외로 만들 수 있는 대본을 작성하는 게 보통이다.

이렇게 생산된 내 콘텐츠 지식이 SNS 상에 만들어진 내 채널과 플랫폼을 통해 세상에 뿌려진다. 나는 생산자의 삶을 시작하고 내 글과 영상을 보는 사람들은 그들만의 궁금증을 해소하고 문제를 해결하게 된다. 그렇게 긍정의 피드백을 받고 나는 또다시 에너지를 얻는다.

그동안 내가 15년 동안 전국으로 돌아다니면서 사거나 팔았던 부동산투자에 대한내용, 원룸임대업을 10년 가까이 하면서 겪었던 경험, 만난 사람들, 그것을 통해 얻은 도움 될만한 내용, 실제로 참여했던 투자자모임, 현장에서 만나 뵈었던 부동산중개소 실장님들, 부동산, 투자, 재테크상담을 통해 만나서 이야기했던 상담사례들. 모두 다 내가 성장하는데 엄청난 도움을 주었고 실제 내가 현장에서 겪어서 알고 터득하게 된 찐정보, 살아있는 지식들을 정리한 그 내용들이 모두 내 콘텐츠 지식의 저장창고가 되는 것이다. 실제투자를 시작했던 31살 때부터 블로그, 유튜브를 시작했더라면 하는 아쉬움도 있다.

이 글을 보시는 독자님들은 반드시 현재 경험한 일들을 바로바로 즉시 기록하셨으면 좋겠다. 그때 그 순간의 리얼한 감정과 느낌은 바로 그때뿐이기 때문이다. 기억을 거슬러 생각해낸 가공되고 포장된 느낌이 아닌 진짜 리얼 감정과 느낌. 그래도 천만다행히 37살에 블로그를 시작했고 38살에 유튜브를 시작한 게 얼마나 다행인가.

둘째, 실행과 꾸준함의 영역이다. 이제 시작을 했으면 얼마나 지속가능한가의 싸움이다. 그렇기 때문에 콘텐츠지식을 통해 내 영향력이 커지고 금융치료를 통해 제3의 수익을 받을 수 있게 하는 가장 큰 핵심은 바로 내가 좋아하고 잘하고 흥미가 있는 일과 분야를 선택하는 것이다. 100명 중 시작하는 사람은 10명이지만 1년 이상 장기적으로 꾸준히 하는 사람은 1명밖에 없는 이유다. 누가 진득하게 그냥 묵묵히 계속하는가에서 승패가 갈린다. 우리는 기계도 아니고 AI가 아니기에 중간중간 반드시 지치고 매너리즘에 빠지기 때문이다. 인간이기에 단기간 반짝 이슈되는 주제나 분야가 아닌 당장 돈이 빨리 들어오지 않더라도 시간만 많이 잡아먹고 투자 대비 수익성이 나오지 않더라도 일단 내가 즐겁게 할 수 있는 주제여야만 덜 지친다.

남들보다 훨씬 뛰어나고 돋보이고 잘하는 무언가 있으면 그 분야를 선택하고 밀고 나가면 된다. 하지만 어느 한 분야에서도 특출하게 잘하는 것도 없고 내가 정말 뭘 좋아하고 잘하는지 모르겠다고 생각하는 분들이 정말 많을 것이라 생각한다. 일단 그럴 때 마음을 편안하게 세팅한 뒤 심호흡을 한번 크게 하고 이렇게 생각하자. '그래 나는 상위 10%가 아니야. 난 평범해!' 일단 그렇게 인정을 하고 지금 내가 흥미가 있는 일, 생각하면 설레는 일, 퇴근 후 주말에 이 일만큼은 해도 우울하지 않다! 그런 일을 차분하게 생각해봐야한다. 과거부터 지금까지 꾸준하게 해왔던 일 중에 생각하면 된다.

나 같은 경우도 이런 행동과정과 의식의 흐름으로 지금까지 오게 되었다. 그전에 10년 이상을 부동산투자를 했고, 원룸다가구건물 또한 임대운영했던 경험이 있었다. 천만다행히 망하지 않고 작지만 지속적으로 성공해왔었다. 여기에 블로그를 통해 잘 쓰인 메모와 기록이 있었다. 내가 지난 10년간 현장에서 있었던 여러 가지 일들과 만난 사람들에 대한 기록과 메모들! 성공사례도 있었고 실패사례 또한 적지 않았다. 여기에 나는 약간 관종끼가 있어 남들에게 알려주는 것을 좋아하는 성향인걸 알고 있었다. 블로그에 글 쓰는 것을 좋아했지만 일단 영상을 만드는 일은 해보지 않았다. 일단 그래도 시작은 한번 해보자!

편집하는 방법도 유튜브에 자세히 나와 있네. 금방 배우겠더라. 일단 영상 하나 짧게 찍어서 간단히 편집해서 올려보자. 사람들 반응, 좋아요, 댓글 보니 너무 기분 좋네. 어, 이렇게 하는 거구나. 이거 재미있는데.

아직 할 이야기도 많고 내가 이 분야 최고는 아니지만 해당 분야 최고들만 유튜브를 할 수 있다면 유튜브 보는 사람들도 금방 흥미가 떨어질 것이고, 유튜브 플랫폼 자체도 커지기 힘들 거야. 그래 일단 먼저 시작해서 해당 분야 땅을 조금이라도 획득하자! 어, 열심히 하다 보니 유튜브 수익조건이 되었네. 와, 다른 그 어떤 무언가보다 금융치료가 되니 계속해야할 확실한 이유가 생겼네! 내가 알고 있는 정보와 지식을 꾸준히 성실하게 올렸더니 나중에는 구글에서 월급까지 나오는구나. 이

건 정말 38년 동안 평범하게 살아온 나에게는 정말 특별한 수입이야! 정말 엄청난 엔도르핀이 솟구친다! 더 열심히 해야겠어! 분명히 쉽지 않을 것이다. 나 또한 이 활동들을 시작하기에 앞서 수십 개의 장벽을 넘어서 실행이라는 버튼 앞에 도달했다. 최소 몇 달 동안 엄청난 고민을 하고 결정을 했다.

그리고 시작을 한다하더라고 꾸준한 콘텐츠 제작이 가장 힘들다고 하시는 분들이 많다. 내가 현재 사용하고 있는 방법이 조금이라도 도움되었으면 좋겠다. 사람이 계획과 목표를 세울 때 정확하게 눈에 보이는 숫자와 기간을 적는 게 좋다고 한다. 목표달성에 훨씬 더 긍정적인 효과를 준다. 단순히 살을 빼겠다. 다이어트를 하겠다가 아닌 나는 12월 31일까지 현재 체중에서 3키로를 빼겠다! 이렇게 마감기한과 정확한 감량 수치를 적는 것이다! 내집 마련하겠다! 투자하겠다!가 아닌 나는 2025년 말까지 총 내 순수투자금 ○○○○만원을 모아 대출금○○○만원을 받고(또는 전세 ○○○만원을 끼고) ○○지역에 ○○○아파트 ○○평을 00억에 매수(투자)하겠다! 정확한 지역, 아파트명, 평수. 금액, 투자금, 대출금(또는 전세금)을 적어야 현실화에 더 가까워진다.

이렇게 나는 내 스스로와의 약속을 현재까지 잘 지키고 있다. 올해 중순까지는 1일 1영상이 목표였지만 최근 여러 개인사정으로 일주일에 총 3회(월, 수, 금) 영상업로드 + @, @는 추가로 급하게 제작할 영상이 있다면 촬영한다.

콘텐츠&지식 소득의 다음 단계로 현재 지금 이렇게 쓰고 있는 글을 잘 모아서 한편의 책으로 나오는 것이 될 것이다. 이 또한 현재 출판사 대표님과 정확한 목표기한을 두고 진행하고 있다. 우리 스스로 목표달성에 대한 마감기한이 없으면 늘어지고 게을러지고 미루는 게 보통 인간의 습성과 습관일 것이다. 2024년 올해말 출간을 위해 나는 오늘도 매장 일을 마치고 현재 집근처 독서실에서 이번 챕터를 쓰고 있다. 나는 오늘 밤 9시까지 작은 챕터 3개 분량의 글을 완성하고 집에 갈 것이다!(정확한 기간과 숫자적인 목표)

독자님 또한 생산자의 삶, 콘텐츠 지식으로 제3의 소득을 벌게 될지 세상일은 아무도 모른다. 살면서 한번쯤은 하나쯤은 내가 정말 좋아하고 잘하는 일로 돈을 벌 수 있는 그 행복과 행운을 포기하지 않았으면 좋겠다!

'저는 유튜브 영상을 제작하고 사람들에게 공유해 긍정의 피드백을 받는 이 삶이 너무 좋고 기쁩니다. 나이가 들어서도 계속 할 수 있을 것 같습니다! 앞으로도 진솔하게 제 있는 모습그대로 조금씩 성장하는 모습을 보여드리겠다 약속드립니다!' 적는 기쁨을 알고 꾸준히 실행할 수 있는 내가 너무 좋다!

2

걱정과 고민을 해결하면
현금으로 돌아오는 기회의 시대

"근데 지금 우리 통장에 돈 얼마 남았지? 한 달에 고정비 얼마 정도인지 한번 체크해보자."

결혼하고 2년이 지나면서 내가 점점 자본주의 마인드를 배우고 대출에 대한 부정적 감정을 덜어내던 시점부터 맞벌이였던 우리는 우리 가정의 재무제표를 엑셀로 만들어 매달 체크하기 시작했다. 전세로 2년 살다가 이건 아니다 싶었던 바로 그때였다. 시중에 나와 있었던 부동산 투자, 자기개발 책에서 공통적으로 강조했던 것 중 하나가 일단은 먼저 저축해서 종자돈을 만들어라였다. 그때까지만 해도 우리 부부의 거의 대부분 자산은 전세금뿐이었는데 선저축을 통해서 일정규모 이상의 돈을 만드는 것이 우선이라 판단이 되었다. 1년 단위로 수천만원을 일단 모으고 나중에 전세계약을 끝나고 사원아파트로 이사를 하면서 그동안 모았던 돈과 뺀 전세금을 합쳐서 우리는 첫 번째 투자를 하기로 계획을 잡았다. 모든 사람이 기본적으로 갖고 있는 걱정과 고민이 바로 돈에 대한 것이다. 돈이 많아도 걱정이고 돈이 없어도 걱정이란 말이 있는데 돈이 많은데 왜 걱정인가 싶다. 돈이 많이 없어봐서 그럴지도 모르겠지만.

돈을 어떻게 벌고 모아야할지, 어떤 자산을 통해 인플레이션을 방어할지, 지금 어떤 자산이 저평가이고 저렴한 건지, 우리는 매일매일 고민하고 생각하며 산다고 해도 과언이 아니다.

쉽게 말하면 내가 지금 갖고 있는 고민과 걱정을 내 스스로 해결할 수 있다면 다른 사람의 고민과 걱정 또한 해결할 수 있는 능력을 갖게 되는 것이다. 그렇게 시작했던 선 저축 후 지출을 통해 종자돈을 만들고 저평가 부동산을 매수한 후 추후에 일정금액을 덧붙여 되파는 과정을 반복하면서 우리의 자산을 조금씩 늘어갔다.

회사 내에서 나는 부동산투자를 한다는 말을 정말 친하고 해당 분야에 관심 있는 몇몇 선후배 동료들을 제외한 사람들에게는 절대로 입도 뻥긋하지 않았다. 괜히 뒷담화가 도는 것이 좋을 게 없기 때문이다. 그렇게 한명, 한명씩 그 사람의 현재 재무상태나 수입지출내역을 객관적으로 살펴보면서 그 당시 내가 갖고 있던 지식수준에서 해줄 수 있는 조언과 도움 되는 말을 해준 것이 시작이었다. 회사에 다니고 있는 직장인들 특성상 투잡을 통해 별도의 수익을 추가로 올리기 쉽지 않은 상황이다 보니 소비지출통제 관련된 분야나 향후 어떤 자산에 미리 투자를 해야 할지에 대한 분석이 핵심적으로 포함되었다. 물론 각 개인마다 다른 그 사람의 성격이나 성향들에 대한 다양성 또한 중요하게 생각해야할 포인트였다.

역시 상담이란 건 처음부터 잘되거나 성공적이진 못했다. 계속 하다 보면 어느새 실력이 늘어있었다. 나이는 비슷한지만 투자성향이 완전 180도 달라 방향성 자체가 달라지는 경우도 있었고, 누구는 내집마련, 누구는 미리 사두면서 투자와 거주를 분리하는 상황도 있었다. 그 시절 회사 동료들과 내 친구들의 상담경험이 향후에 실질적인 투자, 재테크, 부동산 상담에 있어 큰 도움이 되었다고 나는 믿는다.

블로그와 유튜브 활동을 시작하면서부터 초창기에는 무료로 이런 상담을 시작했다. 누가 얼굴도 처음보고 신분 또한 확실하지 않는 나 같은 사람을 만나서 그것도 비용까지 지불하며 상담 받으려 하겠는가? 그 당시에는 구독자 수도 지금보다 훨씬 적었고 영상 개수도 적다보니 일단 나는 구독자님들을 대상으로 무료로 일대일 재무, 부동산투자, 소비지출, 아파트 등에 대한 상담을 해드린다는 공지를 올렸었다. 그렇게 시작된 상담이 최근까지 300분이 넘는 분들과 만나게 되었고 정말 수많은

데이터와 다양한 상황들이 모두다 나의 자산이 된 것이다.

물론 작년부터는 소정의 상담료를 받고 상담을 진행하고 있다. 처음 나의 전략은 일단 경험을 더 쌓자!에 집중했었다. 내 가정과 내 주변인들에 대한 상담경험은 있지만 얼굴도 모르는 다른 사람에 대한 상담경험이 없는 상태로 유튜브 채널을 통해 나를 알고 구독한 사람들을 대상으로 나는 무료의 상담컨설팅을 제공해드려서 그분들의 문제점을 해결해드리고 돈과 시간을 세이브해 드리니 좋고 그 상담사례들의 데이터가 축적되어 나만의 노하우로 쌓여나갈 수 있으니 좋았다.

이 돈 걱정 이외에도 지금 다니고 있는 회사에서 나와 다음 직업을 찾는 것에 대한 두려움, 월급이 없어지는 것에 대한 공포, 창업을 고민하고 준비하시는 분들의 걱정, 내집마련이나 아파트투자에 대한 고민, 원룸다가구건물 투자와 운영에 대한 접근법과 방향성 등에 질문들에 대한 답변을 해드리고 문제를 같이 해결해나가는 수많은 과정 속에서 자연스럽게 나또한 더 많이 배우고 레벨이 올라갔다.

다른 사람을 가르치고 다른 사람 앞에서 강의를 하기 위해 오히려 본인이 스스로 더 많이 준비를 하고 공부를 해야 한다고 하지 않던가. 그 말이 바로 정답이었다. 이 상담자분들과의 상담 데이터들이 쌓여가면서 독서모임이나 그룹강의로 확장될 수 있었다. 절대로 하루아침에 뚝딱 생기는 것이 아닌 그만큼의 시간과 경험을 통해 견고하게 만들어진 '시스템'이 탄생된 것이다.

나 또한 내 스스로 한계와 지식수준을 잘 알고 있기에 위의 몇 개 분야만 있어서 날카롭고 정확한 상담지식과 노하우를 알고 적절하게 전달할 수만 있다면 그 해당 분야에서 전문가라는 타이틀로 상징되어 그 누구보다 앞서 거론될 수 있는 충분한 자격을 갖출 수 있는 것이다. 미래에도 우리가 콘텐츠&지식 소득으로 돈을 벌 수 있는 3가지 분야를 내 기준으로 선정해보았다.

첫째, 미래에 대한 불확실성, 불안정성에 대한 염려와 걱정이 크다(경제적 불안심리)

둘째, 나 말도 다른 사람은 다 잘 먹고 잘 사는데 나만 돈 없고 못산다. 이러다 나만 뒤처지는 거 아닌가(조급함 불안심리)

셋째, 이거 사요? 사지 마요? 이거 팔아요? 팔지 마요? GO? STOP?(선택장애 불안심리)

이 문제들을 해결해준다면 우리는 돈을 벌 수 있다!
그리고 온라인상에 반드시 내 흔적을 남겨야 한다!
아무도 보지 않고 관심도 없더라도 꾸준히! 계속해서!
내가 주 3회 유튜브 영상 업로드! 유튜브 초반 무료상담이벤트!를 했던 것처럼 일단은 내 목표를 '시스템'화 시켜서 내 콘텐츠를 주기적으로 반복&생산&유통 시키자!

처음부터 긴 글쓰기가 힘들다면 5줄 글쓰기부터 시작하면 된다.

처음부터 긴 영상제작이 힘들다면 1분 내인 쇼츠 영상부터 시작하자.

내가 성공한 경험담을 포함해서 실패했던 일들, 힘들었던 일들, 다시 극복했던 과정, 모든 내 일상 하나하나가 콘텐츠이다! 언젠가 온라인상의 내 자식 같은 콘텐츠들이 누군가에 도움이 되거나 동기부여가 된다고 믿어야한다. 많은 사람들이 그 콘텐츠를 읽거나 보게 될 것이다. 그리고 그중 몇몇 분은 내 팬이 된다. 그분들 중에 실제 오프라인에서 만나 그들이 갖고 있는 고민, 걱정, 문제점을 들어주고 솔루션을 제공해주면 된다.

내가 모든 것을 다 기획하고 연출해서 내가 주인공인 무대를 만든다고 생각해보자! 죽기 전에 이것을 하지 못해 후회하는 것보다 사람들을 도와주는 일을 하나라도 했다는 것에 큰 의미를 두면 어떨까?

이게 전문가들이 말하는 자기주도 인생 아닐까? 이제 노트와 펜을 꺼내보자. 그리고 내가 과거에 했던 것처럼 내가 정말 좋아하고 잘 할 수 있는 일들을 적어보자. 사람은 분명 적어도 하나는 갖고 있다! 주 몇 회 글을 쓰고 주 몇 회 영상을 찍어 올릴지 적어보자! 짧은 길이의 글과 영상으로 시작하면 된다.

내가 지금 긍정의 희망회로만 돌리며 망상하고 있다고 생각하는가? 퇴근하고 남는 시간이 그렇게 많은데 지금 무얼 하며 시간을 보내시나? 주말에 그 많은 시간을 무얼 하며 시간을 보내시나?

이 글을 보시는 독자님들 중에 누군가 단 한명은 제가 말씀드리는 대로 행동&실행 하실 거라 믿는다. 앞으로 세상의 돈과 부는 본인만의 채널을 이용해서 사람들의 걱정과 고민을 해결해주는 그 사람들에게 집중될 것이다. 내 소중한 돈을 갖다 바치는 사람이 될지 그 소중한 남의 돈을 버는 사람이 될지에 대한 선택은 내 스스로 하는 것이며 그에 대한 모든 책임 또한 오롯이 내가 100% 지면된다.

앞으로 돈과 자산에 대한 부의 양극화가 점점 벌어지듯 각 개인의 핵심 콘텐츠의 보유, 제작, 생산에 대한 양극화 또한 더 커질 수밖에 없다. 용기 있는 자만이 해당 분야에 깃발을 먼저 꽂고 그만큼의 수입을 가져갑니다! 명심하세요!

3

마흔이 넘었다면 퍼스널 브랜드는 필수!
돈 버는 시스템 구축의 시작

　최근 들어 내가 자주 보는 유튜브 콘텐츠 중 하나는 바로 '차박' 관련된 영상이다.

　[차박 車泊] : 명사 여행할 때에 자동차에서 잠을 자고 머무름.

　여행하는 걸 그렇게 즐기지 않는 편인데 요즘 들어 무슨 심경의 변화가 생긴 건지 채널 주인 분들이 본인들의 차를 이용해서 전국각지로 여행을 떠나고 해당 캠핑지나 주차장에서 음식을 해먹고 여유를 즐기는 모습을 넋 놓고 보고 있는 게 좋다. 내가 그렇게 하지 못하기 때문에 대리만족 차원에서 보는 걸까?

　최근 개정시행된 주차장법 때문에 각 지자체별로 차박을 금지한다는 내용들로 큰 이슈가 되고 있었다. 큰돈을 들여서 캠핑카를 사거나 본인이 갖고 있던 차를 캠핑카로 구조변경하신 분들은 상당히 난감해하고 이제 차박을 못하겠다라는 내용들이 많았다. 해당 지역에 사는 거주민들이 무지성 캠핑족들 때문에 겪는 불편사항들 때문에 민원이 생기고 결국에는 이런 법이 시행된 것이라고 하니 안타까울 뿐이다. 장기로 트레일러나 대형캠핑카를 주차해서 주변경관을 해친다는 사례도 있고, 일부 개념 없는 사람들이 캠핑하며 즐길 거 다 즐긴 후 쓰레기는 그대로 고스란히 버리고 가는 황당한 일들이 이런 사태를 낳고 말았다. 그래서 아예 차박을 포기하고 촌집을 사서 전체적인 집수리 후에 정착하는 분도 있었고 본인들이 가진 돈과 대출까지 받아 아예 땅을 사버리는 유튜버도 생겼다. 거기서 아예 본인들이 하고 싶은 차박+캠핑+먹방+정착 이야기까지 모두 풀어내버렸다. 정말 대단하다 싶었다.

보통 그렇게 현실의 벽에 부딪히거나 법적인 문제들로 인해 더 이상 내가 하고 싶은 일을 하지 못했을 경우에 대부분 우리들은 포기하고 말지만 내가 본 소수의 차박 유튜버 분들은 현실에 순응하지 않고 또 다른 길을 모색하고 극복하고 있었다. 그렇게 색다른 콘텐츠를 만들고 새로운 영역을 개척해나가고 있다. 그들의 변화와 성장, 극복 과정을 그대로 보면서 나 또한 그들과 그 과정들을 함께 보고 느끼게 되는 것 아닐까? 마치 내 오랜 친구나 예전부터 알았던 지인들 같은 그런 편안한 감정들.

그들만이 가지고 있는 대표성, 그들만의 상품, 그들이 갖고 있는 브랜드!

#차박#여행#먹방#토지매입#촌집#촌집개조#시골살이#시골정착#30대신혼부부

이렇게 정리할 수 있을 것 같다. '퍼스널 브랜드'는 바로 이렇게 접근해보면 쉽다. 이제는 그 '퍼스널 브랜드'를 나에게 대입해보려 한다.

첫째, 객관적인 나의 정보를 생각나는 대로 기록해보자.(독자님도 꼭 같이 해보시면 좋겠다) 성인이 된 후 밥 먹고 내가 한 일들을 다 적어본다. 중간에 그만두고 마무리를 하지 못했어도 상관없다. 다 적는 게 중요하다.

1981년 12월 7일에 태어났다. 지방국립대 4년 연속 장학금을 받았다 (단, 3학년 1학기는 반액장학금) 대학교 3학년 25살에 토익목표점수인 900점을 획득했다.(취업 후에도 몇 년간 800점대 중반을 유지했다) 전기기사, 전기공사기사, 산업안전기사, 소방설비(전기, 기계), 정보처리기사, 사무자동화산업기사 등의 자격증을 취업 전후에 계속적으로 응시했고 따냈다. 2006년 9월 대학교 4학년 2학기 때인 26살에 한국전력계열사 공기업에 입사하여 13년간 근무했다. 2019년에 개인매장을 창업해서 현재까지 운영하고 있다 [수제 유기농 이유식&아이반찬 전문점(마더셰프)/자가건물 1층]. 부동산 투자를 시작한지 거의 15년 가까이 되어간다. 그중에 원룸다가구건물 매수 후 임대운영은 10년차가 되어간다.

네이버 블로그 글을 처음 쓰기 시작한건 2017년부터이다. 유튜브 영상을 통해 영상크리에이터의 인생을 시작한건 2018년부터이다. 유튜브 활동을 하면서 투자, 재테크 관련된 상담을 시작했고 300분이 넘어가고 있다. 나는 현재 작가로서 인생 첫 책을 출간하기 위해 글을 쓰고 있다. 2011년에 결혼해서 두 아이(13살, 9살 남아)를 키우고 있는 4인 가족의 가장이다.

둘째, 이제는 나의 성향을 적어본다.(좋은 것만 적지 말고 장단점 모두 다 솔직하게 적자.) 나는 계획하는 것을 좋아한다. 일정표대로 움직여야 마음이 편하다.(일간, 주간 계획표 작성), 어디 가서 잘 나서지는 않지만 주목받기를 어느 정도는 좋아하는 관종끼가 있다. 누구의 고민 상담을 잘 들어주고 나름대로 해결책을 잘 해주는 편이다. 책 읽는 것을 좋아한다. 영화 보는 것을 좋아한다. 코인노래방 가는 것을 좋아한다. 친한 사람들과 술자리를 좋아한다. 성격이 급한 편이다. 해야 할일을 다 해놓고 집에서는 쉬는 걸 선호하는 편이다. 계획형이다. 실행력이 좋은 편이다. 말이 너무 많은 사람들은 보통 버겁고 어렵다.(특히 본인 말만 하는 사람) 공짜 거지근성 있는 사람들을 귀신같이 알아본다. 무례한 사람은 멀리한다. 한 번씩은 혼자만의 조용한 공간에서 생각을 정리하는 시간이 필요하다.(도서관, 독서실) 요즘은 아이들과 집에서 보내는 시간이 가장 좋다. 젊은 20~30대 분들 중에 열심히 살고 있는 사람들을 보면 친해지고 싶고 도움을 줄 수 있는 방법에 대해 고민할 때가 많다. 시끄러운 장소를 그렇게 좋아하진 않는다.

마지막 단계로, 이제 위 두 내용들 콜라보해서 세상에서 하나밖에 없
는 나만의 키워드를 뽑아내면 된다.

#직장인 재테크[사회초년생, 신혼부부에서부터 4050세대까지!]

#무주택자 내집마련

#원룸다가구건물 실전운영방법

#월세수익형부동산투자

#지방아파트 전세갭투자

#부동산초보탈출

#부동산 다마고치(친구사례)

#40대 퇴직 은퇴준비

#직장인 개인창업준비

#재테크, 투자 일대일상담

#성실함과 꾸준함

#노력파

#미친 실행력

#부부상담 전문가

이 정도로 나만의 키워드가 나왔다면 90% 이상이 끝났다고 보면 된

다. 내 경우는 유튜브 채널을 운영한지 6년차가 되어가고 상담을 통해서도 많은 분들을 만나 뵙고 난 후 내 영상을 많이 봐주시는 핵심적인 나이 대는 바로 30대 중반~40대 중반 사이였다. 일대일 상담을 신청하시는 분들 또한 그 나이대가 대부분이셨다. 예전 백종원의 골목식당에서도 항상 강조하시는 핵심내용이 메뉴를 최소화, 단일화해야 식재료나 재고재료들에 대한 관리가 용이하다는 것이다. 그래야 그 식당이 전문화될 수 있고 정체성이 정확하게 만들어질 수 있다. 즉, 타게팅을 줄이고 핵심수요층에 적합한 콘텐츠를 제공해야 해당분야에서 내가 더 빨리 자리 잡을 수 있다는 판단이 섰다. 2030대 젊은 분들까지 커버하려 했던 아니 커버할 수 있을 거란 나의 자만과 오만이었다. 그 뒤로 내 나이 또래 전후 고객님들을 핵심 주수요층으로 설정하고 관련된 영상 콘텐츠를 만들고 제공하는데 모든 노력을 기울이고 있는 중이다.

이렇게 큰 테두리 안에서 목표와 방향성을 설정하고 조금씩 세밀하고 날카롭게 좁혀가는 방식이 우리에게 좀더 맞는 방법이라 생각한다. 당연히 내가 말하고 싶고 하고 싶은 콘텐츠 주제나 방향성도 중요하지만 핵심 고객층이 궁금한 내용이나 현재 갖고 있는 문제점들에 대한 솔루션도 폭넓게 제공한다면 같이 소통하고 더불어 성장해나갈 수 있는 확률 또한 커질 것이다.

대한민국에 공기업에 다니다 퇴사한 사람 수는 셀 수 없이 많을 것이다. 회사를 다니고 퇴사하고 자영업 창업을 하신 분도 많다. 원룸다가구 건물을 매수해서 임대운영하시는 분들도 수천, 수만 명이 될 것이다. 주택임대사업자분들도 많고 유튜브를 하시는 분들 또한 지금은 너무나도 많다. 블로그에 글을 쓰는 사람들도 많고 알게 모르게 책을 출간한 작가님들도 많다.

여기서 내가 대한민국 아니 전 세계 전 우주에서 단 유일한 존재가 될 수 있는 방법을 알려드리겠다. 저 모든 경력이나 직업, 활동, 업적을 한꺼번에 앤드(&)조건으로 갖고 있는 사람은 우주에 나 하나밖에 없다! 그게 바로 평범한 우리 같은 사람도 온리원이 되는 유일한 방법이다!

공대출신 4년 연속 장학금+토익900점, 다수의 자격증+전력그룹사 공기업 차장 출신+이유식&반찬집 사장+주택임대사업자+3채 원룸건물주+투자재테크전문상담사+재테크블로거+재테크유튜버+자기계발작가

이 조건을 모두 갖춘 사람이 세상에 얼마나 있을까? 온리원이 별게 아니라고 보시면 된다!

향후 다음 10년 넥스트 스텝으로 단기임대, 에어비앤비, 농어촌민박업에 도전할 계획이다. 정말 장기간 성공적인 운영을 할 수만 있다면 또 다른 전문가 활동을 할 수도 있을 것이다. 이 분야 상담 또한 할 수 있게

된다. 여기에 정말 책이 출간되어 인세를 받는 작가로서 강의나 세미나를 통한 추가적인 수입도 만들 수 있을 것이고 저 많은 무기들 중에 하나가 더 추가된다면 나는 더 강력한 사람이 되어있지 않을까?

이런 말도 안 되는 결론을 말씀드려 조금 허망하고 허탈하실 지도 모르겠으나 어느 정도 사회생활을 경험한 40대 이상인 우리가 이제는 나만의 브랜드! 나만의 경쟁력! '퍼스널브랜드'에 대한 나름대로의 정의를 내려 볼 시기라고 생각한다.

내 친구 준재를 예시로 들어보면 이렇게 나올 수도 있을 것이다.

#영업의 신(15년간 영업직에만 종사) #직장인 퇴사 후 펜션사업 도전 #농어촌민박업, #애어비앤비 #단기임대 #40대 펜션 임대사업자 이야기 #시골살이 #올바른 처세법 #인간관계 잘 유지하는 방법 #부동산 초보가 경기도 아파트에 투자해서 성공한 방법 #신생아특례대출로 집사는 방법.

지금 막 떠올려도 이 정도가 나온다. 이런 분야에 있어서 본인이 제대로 각을 잡고 영상을 제작해서 올리면 분명히 꾸준한 유입이 가능할 것으로 판단했지만 결국 차일피일 미루다 시작하지 못했다. 아마 영영 못할 것으로 판단된다. 역시 사람은 쉽게 변하지 않는다.

4년 전에 상담해드렸던 신혼부부 분들 사례도 안타깝다. 결혼하기 몇 달 전이라 소개하고 유튜브에서 저를 보고 만나고 싶어 연락드렸다고 했다. 유튜브에 도전하고 싶다는 두 분의 의견을 듣고 나는 그 당시에 채널 방향성과 콘텐츠 주제들에 대해 말씀드렸었다. 그 당시는 신혼부부가 유튜브를 하시는 분이 많이 없어 잘만 해나가면 크게 성장하겠다 싶었다.

#결혼준비과정 #결혼비용 #신혼집마련 #신혼집계약 #신혼부부절약 #짠테크 #부동산임장 #1주일간 가계부영상 #주1회 금요일 저녁 퇴근 후 맥주타임 가지며 진솔한 대화 #주변친구들 사례(재테크, 돈, 투자, 부동산, 주식, 코인 등) 할 게 너무나도 많고 성장가능성이 무궁무진하다고 하며 응원하고 헤어졌다.

한 달 뒤 연락해본 결과는 예상하셨겠지만 영상 2개 정도 올리고 그 뒤로는 못 올리고 있다는 답이 돌아왔다. 너무 바쁘다는 것이었다. 4년 전이니 그때부터 지금까지 꾸준히 영상 올렸으면 최소 100개는 되지 않았을까? 다른 신혼부부처럼 일반적인 삶으로 돌아갔다. 나중에 아이 낳고 키우면 더 바쁘고 더 정신없고 시간, 돈이 더 없을 건데, 그렇게 또 현실에 순응하게 된다. 지금은 나를 비웃는 사람들이 많을지도 모른다. 말도 안 되는 긍정회로 돌리며 낙천주의에 빠져 있는 게 아니냐고? 그렇다면 나도 그런 분들께 질문을 던져본다.

혹시 남들 다하는 일해서 버는 돈 말고 다른 활동을 통해 돈 번 적 있는지?

남들이 일궈놓은 업적에 대해 비웃는데 정작 본인은 내세울만한 무언가가 있는지?

누군가는 퇴근 후, 주말에 쉬지 않고 본인의 브랜드를 만들기 위해 노력하는데 본인은 뭘 하셨는지?

결혼해서 2세가 있다면 정말 떳떳하게 부모로서 아이들에게 해줄 말이 있는지?

혹시 다른 분야에 대한 도전을 잘 못하거나 실패할거 같아서 시도조차 못하는 건 아닌지?

본인 스스로 나는 안 될 거야, 내가 뭐라고 무한 부정, 혐오, 비관주의에 물들어 있지 않는지?

지금 다니고 있는 회사에서 나오게 되면 그 다음에 뭐해 먹고 살지 진지한 고민을 해본 적은 있는지?

현실에 순응하거나 굴복한 게으른 패배자의 삶을 선택한건 아닌지?

세상에 태어나서 그냥 아무 생각 없이 살아가는 게 아닌 정확한 인생의 목표와 방향성을 설정하고 매일 최선을 다해 살아본 적이 단 한 순간도 있는지?

맨 처음 소개해드렸던 차박캠핑 유튜버처럼 현실의 벽 앞에 무너지지 않고 생존하기 위한 방법을 찾아 본 적은 있는지?

#직장인 #힐링 #해외여행 #월급은통장을스쳐 #미래준비는개나줘버려 #아무것
도하기싫어 #마이너스인생 #인생한방 #혐오주의 #비관주의 #퇴근후맥주와야
식 #주말에늦잠 #잡코인잡주식 #로또추첨일

이런 키워드들이 내 온몸을 감싸고 있다고 생각하면 무섭지 않은가?
세상에 성공하는 사람들이 다 했던 그런 지루하고 힘든 고통의 과정이
아닌 쉽고 빠르며 뭔가 남들이 잘 알지 못하는 그런 획기적인 성공방법
은 세상에 없다라고 생각하면 편하다. 매번 부정적이고 잘 살아가고 있
는 남들 밑바닥으로 끌어내리려고 하는 인생이 무슨 의미가 있을까?

나 스스로도 대단한 소명의식이 있는 건 아니지만 그래도 내가 지금
까지 살아오면서 내가 만든 글과 영상의 콘텐츠를 통해 사람들의 문제
점을 해결해주고 그들의 시간과 돈을 아껴주는데 조금이라도 도움을 주
었다면 그런 활동들을 통해 내가 살아있음을 느끼고 잘 살아가고 있구
나라는 피드백을 받는 인생. 그게 내가 열심히 살아가게 하는 원동력이
자 소명의식이 아닐까 생각해본다. 그 정도 최소한의 책임감이 우리 삶
에게 반드시 주어진다는 것을 명심해야한다.

이제는 정말 우리 독자님 차례이다.
독자님들만의 '퍼스널 브랜드'는 무엇인가?
이 챕터를 넘어가시기 전에 반드시 생각해보시고 적어보셨으면 좋겠

다. 내가 좋아하고 잘하는 일이 명확하게 설정되면 그것을 통해 사람들의 고민과 걱정을 해결해주고 나 또한 경제적 자산이 커지고 내 영향력 또한 커져나간다! 나를 보고 싶고 만나고 싶어 하는 사람들도 점점 많아져간다. 그렇게 해야 하루하루 최선을 다해 열심히 살아갈 에너지가 샘솟는다. 나는 부동산재테크뿐 아니라 전반적인 한 사람에 대해 강점과 장점을 파악하고 약점과 단점을 보완하여 오히려 그 사람보다 더 객관적으로 내면을 파악한 뒤 그 너머에 있는 모든 가능성을 알려줄 수 있는 상담사와 컨설턴트로서의 퍼스널브랜드 또한 계속해서 갈고닦아 나갈 예정이다. 생각만 해도 설레는 삶 아닐까?

4

농익은 마흔,
이제는 승부를 걸어야할 때!

슬램덩크가 극장판 영화로 나왔을 때 우리 4가족이 영화관으로 총출동했던 날이었다. 우리 또래 남자들 중에 학창시절에 슬램덩크를 안본친구는 없을 것이다. 수십년 만에 극장판으로 나왔다고? 2시간 영화 상영시간 동안 나는 초집중하며 실제 농구 코트장에서 내가 그들과 같이 경기를 뛰는 듯한 착각에 빠진 듯 몰입해서 봤다. 아, 나도 대학시절 농구동아리에서 운동했었는데 옛날 생각도 나면서. 물론 열심히 주전선수들을 위해 물도 떠오고 응원도 열심히 했던 기억이 많지만. 마지막에 강백호가 무리하게 아웃되는 공을 잡다가 허리를 다치는 장면이 나온다. 이미 만화책으로 다 봤고 내용을 알고 있었지만 정말 안타까운 장면이었다. 여기서 팀 감독인 안감독의 결정과 나중에 후회하는 장면들이 연달아 나왔다. 나 같은 다 큰 성인남자들도 다들 눈물 흘리며 봤을 감동적인 장면들의 연속이었다. 바로 허리를 다치는 큰 부상을 입었던 백호, 그 백호의 몸 상태를 알고 있었지만 그 경기, 그 타이밍에 투입할 수밖에 없었던 안감독의 고백을 말이다. 바로 그 경기는 누가 리바운드를 따내는가, 거기서 승패가 결정나는데, 백호가 그 역할을 해줄 유일한 선수란 것을 안감독이 알았기에 그 선택을 할 수밖에 없었던 것이다.

더 이상 출전이 힘들다고 판단한 감독이 백호를 엔트리에서 제외시키려하자 마지막 백호의 말이 모두의 심장을 녹게 만들었다. "감독님의 전성기는 언제인가요? 선수로서는 국가대표? 감독으로서는 지금? 영광의 시대는 언제였나요? 나는 지금입니다!" 풋내기 강백호가 이제 더 이상 풋내기가 아닌 성장형 캐릭터가 됐다는 것을 보여줬다.

모든 것에는 다 때가 있다고 한다. 인생은 타이밍이란 말도 있다. 안감독이 그 순간 백호를 경기에 투입시켰던 그 타이밍! 그리고 이기려면 뛰어야 한다는 그때! 지금 우리 나이 또래 대부분 선후배, 동료분들이 가장 힘들다는 걸 저도 알고 있다. 왜 모르겠는가?

최근에도 친구 중 한명이 회사로부터 권고사직을 받았다고 연락이 왔다. 올해가 가기 전 12월에 만나서 소주 한 잔 하기로 약속했다. 43살의 나이에 권고사직이라. 아직 아이들도 어리고 와이프도 몸이 안 좋아 현재 친구 혼자 외벌이 상태인데 이 가정을 어찌하시라고 그러는 건지

막막했다. 천만다행히 이직할 회사가 있다고 하니 그나마 안심이다. 나 또한 지금 하고 있는 매장 매출이 시간이 지날수록 점점 하향곡선을 그리고 있다. 앞으로 정말 몇 년을 더 버틸 수 있을까 걱정이다. 그렇지만 존버하기 위해 와이프와 나는 오늘도 열심히 일했고 고객들의 대문 앞까지 배송을 해드렸다. 신메뉴나 아이들이 더 좋아하는 메뉴가 어떤 것들이 있는지 계속해서 연구하고 개선해나갈 것이다. 그래도 우리는 아직 현직에서 일하고 있고 돈을 벌고 있지 않은가? 권고사직을 당하더라도 아직 40대인 우리는 아직도 할 수 있고 다른 회사에서 돈 벌 수 있는 기회가 있는 것이다. 우리 나이 대를 보는 50대 이상 선배님들이 보시기에 우리는 아직 젊고 창창하고 기회가 많은 부러움의 대상이 될 수도 있는 것이다.

지금의 40대는 예전의 40대가 아니다. 얼마 전에 유튜브 쇼츠 영상으로 엄청난 조회수를 기록한 영상이 있었다. 20~30년 전 전국노래자랑 영상이었다. 아니, 어떻게 저 얼굴이 20대 중반 청년의 얼굴이지? 아니 저분이 어찌 30대 중반 기혼 미용실 여사장님 얼굴이지? 지금보다 최소 20년을 더 나이 들어 보였다. 그 시절에 대체 무슨 일이 있었던 것일까? 평균수명이 80대 중반을 넘어간다고 한다. 아직 우리는 인생의 절반도 지나지 않았단 것이다. 공자 맹자시절에야 40살이 불혹! 즉 미혹되지 않는다는 의미로 사용되었지만 지금은 인생 반도 지나지 않은 청년이자 인생의 황금기라고 믿어야 한다. 유튜브, 블로그 또한 이제 그거 레드오

선이야. 한물 갔어라고 말하는 사람들이 많다. 매년 새롭게 탄생하는 수만, 수십만, 수백만 유튜버는 어떻게 설명이 가능할까? 매년 새롭게 태어나는 파워블로거는 어떻게 해석하면 될까?

출판업계 또한 이제는 저물었고 책 팔아서 돈 버는 시대는 끝났다고 한다. 물론 시대가 바뀌었으니 인정할 부분은 인정해야한다. 대한민국 성인 독서평균이 1년에 책 1권도 읽지 않는다고 하니 말해 뭐하겠는가? 하지만 밀리의서재와 같은 오디오북시장이 날로 커지고 있어 각 출판업계가 해당시장영역으로 영역을 넓혀 매출을 확보하려는 노력을 꾸준히 한다고 한다. 이제는 작가 또한 베스트셀러로 책인세로만 먹고 사는 시대는 지나갔다고 생각하는 게 좋다. 작가 타이틀을 바탕으로 강연, 강사, 독서모임, 출강 등 이제는 스스로 외연확장과 수입확보를 위해 발로 뛰고 스스로 홍보마케팅을 적극적으로 해야 하는 시대다.

이제는 정말 승부를 걸 때이다!더 이상 물러날 곳이 없다! 40대인 우리는 안정적으로 정년까지 보장되는 몇몇의 절대소수의 기업에 다니는 직장인이 아니라면 지금부터 조금씩 준비할 때이다.

몇 년 전 본 기사에서 대한민국 평균 직장인 퇴사연령이 40대 후반이라고 하며 65세부터 받는 국민연금평균금액이 50만원을 넘지 않는다고 했다. 넉넉잡아 50살에 회사를 나왔는데 월급이 없다. 국민연금 받을 날까지 15년이 남았다. 연금보릿고개라고 했다. 21세기에 보릿고개라니. 하지만 국민연금 또한 50만원! 그 걸로는 한 달을 먹고 살수 없다! 더 최악은 그 연금조차 고갈될지도 모른다! 아직 살날은 최소 30년이 남았는데 앞으로 뭐 먹고 살 것이냐는 질문을 던지지 않는 게 이상하다.

이미 큰 성공을 거두고 충분한 자산을 형성한 분들이나 월급을 대체할 현금흐름시스템을 만든 분들께 지금 내 책의 내용이 별것도 아니고 우습게 보일지 모른다. 하지만 퇴사 이후 삶이 두렵고 은퇴가 무서운 분들께 지금까지 반복적으로 말씀드린 저의 경험이 어쩌면 현실적인 대안과 솔루션이 될 수도 있는 것이다.

회사에서 일해서 버는 근로소득은 내 젊을 팔아 버는 돈이라고 하며 투자를 해서 버는 투자소득은 내 지식과 정보를 바탕으로 수많은 인내, 인고, 고통의 시간을 감내하여 버는 돈이라고 했다. 그만큼 절대적인 시간이 지나야 어느 정도 자산이 커지고 현금흐름이 만들어지기 때문이다. 위 두 가지 소득 모두 다 힘들고 매일매일이 어렵다. 먹고 살아야하니 어쩔 수 없이 해야 하는 선택이다.

하지만 세 번째 소득인 콘텐츠&지식 소득은 다르다. 내가 정말 좋아하고 잘하는 일을 바탕으로 사람들을 도와주고 그들의 문제점 해결해준다. 수익의 목적 자체와 수익을 얻는 방식이 그것들과는 완전히 다른 것이다. 근로와 투자소득의 두 바퀴로 가는 것보다는 콘텐츠 소득까지 더해 세 바퀴로 더욱더 견고하고 단단하게 가야한다. 두발자전거보다 세발자전거가 더 안전하듯 말이다. 우리는 점점 나이가 들수록 근로, 투자소득에서 콘텐츠지식소득 쪽으로 무게 추를 조금씩 이동해야한다. 물론 나이가 들어서 내가 해야할 소일거리는 있어야 하며 안정적이고 보수적인 수익형부동산투자에 대한 포지션은 유지해야한다. 현직에 있고 퇴사하기 전에 반드시 투자소득과 콘텐츠&지식 소득의 구조를 만들어 놓고 나와야한다는 것을 반드시 명심하자. 사회적인 사망선고라는 퇴직 전에 무조건 미리 준비해야 하는 것이다. 나와서 하면 되겠지 나와서 뭘 못하겠어? 어, 아니다. 절대로 못한다.

내 경험상 오히려 바쁜 직장생활을 쪼개서 부동산투자를 통해 어느정도 안정적인 자산을 구축하니 직장생활은 하는데 있어서도 도움이 되었다. 이 회사에 몸 바쳐서 올인해서 승진해야만 나는 살아갈 수 있어라는 마인드가 아닌 일단 내 1인분 역할에 최선을 다하고 동료에게 피해를 주지 않으며, 나는 나만의 투자소득과 자산을 구축해가고 있으니 남한테 비굴하게 굽실거릴 필요도 없고 쓸모없는데 시간과 에너지를 투입한다거나 퇴근 후, 주말에 직장상사를 만나 골프치고 술 마시지 않아도 된다는 긍정적인 효과도 있었다는 것이다. 그만큼 내 자식 같은 투자자산을 통해 확실한 믿는 구석 하나가 생긴 것이다. 근로와 투자소득의 두 바퀴가 잘 돌아가게 만든 다음 그간의 경험과 노하우를 가진 우리가 해야 하는 일이 바로 콘텐츠 지식을 만드는 도전이다. 글과 영상을 지속적으로 생산하고 내 글과 영상이 세상 사람들의 관심을 받고 어느 정도 탄탄한 수요층이 생긴다면 우리는 회사를 퇴직하고 난 다음에도 생존해나갈 수 있는 새로운 방법과 길을 스스로 창조하는 것과 같다고 생각한다. 그것을 바로 지금 우리 40대에 시도하고 실행해야만 한다! 해내야만 하고 무조건 실행해야한다!

20~30대부터 내 시간과 열정을 투입해서 주업과 일을 해나가며 쌓은 실제경험사례들을 글로 기록해나가야 한다. 10년 이상의 시간이 누적됨에 따라 그것들은 나의 무기가 되고 다른 사람들이 가진 문제를 해결해주는 또 다른 콘텐츠 지식 수익원으로 발전할 수 있는 기본이 된다. 근로소득을 통해 내 현금을 지속적으로 투자자산으로 교환하여 시간의 힘을 먹고 자라게 한다. 근로, 투자, 콘텐츠 지식의 세 바퀴가 어느 정도 기간이 흐른 시점에는 이렇게 동시에 같이 굴러가야하는 것이다. 이때 중요한 것은 아직 젊은 우리는 우리의 본업과 일에 더 집중해야 한다는 것이다. 헛바람이 들어 투자에만 올인 한다거나 콘텐츠&지식 소득에만 몰두하면 안 된다. 본질이 사라지게 되는 것이다.

내 일을 더 열심히 하고 동시에 내 경험과 노하우를 글과 영상으로 생산하여 세상에 뿌리는 과정을 지속적으로 한다면 나를 찾는 사람들은 계속해서 늘어나게 되는 것이다. 뿌리 깊은 나무가 튼튼하고 오래 살 듯 우리 인생에서 근로와 노동을 통한 소득의 중요성은 아무리 강조해도 부족함이 없다.

투자자산은 상승하기 위해 반드시 장기적인 시간축적이 필요하다. 어차피 투자해놓고 몇 년은 기다려야 한다는 것이다. 그렇기에 우리는 근로소득을 항상 중심, 내 삶의 근간에 두면서 내 콘텐츠 지식을 통해 세상 사람들의 문제해결에 중점을 기울이면 된다.

한두 개의 직업을 통해 앞으로는 5~6개의 추가소득원로 확대 재생산 할 수 있는 세상이다. 투자자산에 대한 관심은 주기적으로 주기만 하면서 그렇게 우리 일을 하면 되는 것이다. 최대한 시간에 대한 기회비용을 놓치지 않기 위해 3가지 모두를 동시에 할 수 있는 우리가 되어야 한다. 반드시 할 수 있다. '승부'는 바로 이렇게 막다른 골목에 서있고 일생 일대의 위기의 순간에 걸어야한다. 그래야 그 절박함 속에서 내가 행동하고 실행하게 되어있다. 마음이 조급하고 어지러울 때 일수록 우리는 찬물에 세수를 하고 정신을 올바르게 차리며 마음을 정돈해야 한다. 회사 밖에 나가는 순간 정말 끝장이다! 아무것도 준비 안 된 채로 나가서 6개월 동안은 퇴직금 받은 돈으로 그동안 못해봤던 여행도 실컷 하고 늦잠도 실컷 자고 먹고 싶은 것도 마음껏 먹고 만나고 싶었던 지인, 친구들도 마음껏 만나고 행복하게 살아야지라고 하는 생각은 2달이 안 되서 허무함 불안함으로 바뀐다. 통장 잔고는 나날이 점점 줄어가는 게 보이고 만날 사람은 다 만났고. 주중에 나 빼고 다들 일하니 더욱 더 만날 사람은 없고, 집에서 밥 세 끼 먹는 것도 슬슬 눈치 보이며 술 먹는 것도 노는 것도 하루 이틀이지 더 이상 만나서 할 이야깃거리도 다 떨어졌고 여행도 마음이 편치 않아 머릿속에 잡생각이 떠나지 않는다.

다시 재취업이라도 해야 하나 하지만 나를 써줄 용감한 사장은 대한민국에 없다. 그게 현실이다. 다른 사람의 현실이 아니고 나와 우리 독자분들의 현실 말이다! 지금 40대의 어려움과 고통 직장 내에서 스트레스와 경제적 문제는 50~60대의 그것과는 차원이 다르다.

그래서 절실함과 절박함이 있는 지금이 타이밍이고 그 '때'라는 것이다! 오늘 이 순간에 반드시 홀로 조용히 내가 좋아하는 시간에 내가 좋아하는 공간으로 가자. 그리고 이번 챕터에서 계속 말씀드렸던 나만의 키워드를 만들어야 한다! 내가 잘하고 좋아하는 것을 바탕으로 만든 키워드를 다른 사람의 고민, 걱정, 문제점과 연결하면 돈이 보인다. 이것이 바로 콘텐츠&지식 소득이다!

수십 년 동안 회사와 조직이라는 준거집단에서 많은 인간관계로부터 오는 스트레스도 많았고, 시키는 일만하고 부속품처럼 살아온 인생에서 이제는 혼자 조용히 나만의 장소에서 내 콘텐츠를 구상, 기획하고 글과 영상을 통해 생산해내는 생산자의 삶을 당장 시작해야 한다! 이 즐거운 놀이와 재미의 중독에 한번은 빠져보는 선택이 필요하다. 지금도 나는 평일 밤 9시가 넘는 이 시간에 집근처 시립도서관에 앉아서 이 글을 쓰고 있다. 밤 10시까지 이용료도 내지 않아도 되며 세상의 모든 지식과 정보가 들어있는 수십만 권의 책을 무료로 다 빌려볼 수 있다. 이 얼마나 감사하고 축복받는 인생인가? 이제 우리는 제2의 인생 시작점 앞에 서있다! 그렇게 우리는 재탄생해야한다.

우리가 지금까지 살면서 얼마나 많은 경험이 쌓였겠는가? 사람의 생각은 내가 실제 경험하고 겪은 일들 중을 바탕으로 생겨난다고 한다. 지금까지 사회생활, 내가 했던 일과 깨달았던 것들 그리고 취미생활 등을 바탕으로 이제부터는 내 자신과 진지하게 고민하고 대화할 차례이다. 내가 뭘 좋아하고 잘하는지 나보다 잘 아는 사람은 세상에 없다. 그리고 모든 사람은 잘하고 좋아하는 일이 반드시 있으니 의심하지 말고 일단 생각하고 적어 나가보자!

우리의 뇌는 무한하게 생각하는 무한의 용량이 있을 거라 생각하지만 실제로는 물리적인 한계가 있다고 한다. 이상한 잡생각이나 불필요한 고민과 걱정들이 내 머리와 뇌 속에 가득차 있다면 우리가 진짜 중요하고 당장 해야 할 것들에 대한 생각이나 고민할 여유와 용량이 부족해진다는 것이다.

먼저 비워내야만 새로운 것들을 창조해낼 수 있다! 40대 우리의 뇌는 아직 싱싱하고 앞으로 긴 인생을 살아감에 있어 중요한 의사결정들은 지금부터 정말 많아질 것이기에 이제부터는 정말 선택과 집중의 시간이다. 누가 잘하는가 그리고 누가 먼저 하는가의 싸움이다!

마지막으로 슬램덩크 강백호의 질문을 독자님들에게 던져보겠다

"당신의 영광은 언제였나요? 당신의 전성기는 언제였나요?"

이제부터는 나를 팔아 돈을 버는 시대이다! 남들을 도와주는 관종이 성공하는 시대이다! 100명 중 99명이 포기하고 1명만 성공한다. 우리는 그냥 매일매일 꾸준히 성실하게 해나가면 된다! 세상에 나의 분신 같은 내 콘텐츠들이 돌아다니고 적재적소에 필요한 그 누군가에게 도달한다! 그분들은 나를 찾게 되어있고 나는 그분들의 문제점과 고민을 해결한다! 내 영향력을 커질 것이고 나는 돈을 번다! 내 채널과 구독자, 조회 수가 점점 더 늘어나고 커진다. 먼저 누가 선점하는가! 누가 그것을 지치고 포기하지 않고 해나가는가. 그리고 이것들은 선택이 아니다! 필수적으로 나와 우리 독자님 모두가 반드시 해야 할 우리 몫이다.

나는 지금은 1시간당 10만원의 상담료를 받고 일대일 상담을 진행하고 있다. 만약 1시간당 10만원의 상담을 10분에게 하게 된다면 월 100만

원의 소득을 벌게 된다. 시간이 더 흘러 100만원의 상담을 한 달에 한 분에게만 해드릴 수 있는 능력이 된다면 월 100만원의 소득을 벌게 될 것이다. 100만원의 상담을 10분에게 해드릴 수 있다면? 1000만원의 상담을 단 한분에게라도 해드릴 수 있다면? 우리는 우리의 몸값을 스스로 정할 수도 있고 그 상담료 이상의 지식과 노하우를 전달하여 그분 삶에 상담료대비 최소 2배 이상의 효과를 발휘할 수만 있다면 서로에게 도움되는 가장 최고의 상황이 되는 것이다. 세상은 점점 이렇게 변하고 흘러간다. 최소 이 정도 목표와 계획이 있어야 하루하루를 열심히 살게 되지 않을까?

저는 지금이 비록 전성기는 아니지만 저의 전성기를 위한 머나먼 여정을 시작했습니다!
저와 같이 1%만이 선택하는 그 길을 같이 뚜벅뚜벅 걸어가 정상에서 같이 손잡고 만납시다!

끝, 그리고 다시 시작!
오늘까지의 나는 죽었고 내일부터 다시 태어난다.

저는 제 매장에 새벽 6시 조금 넘어 출근해서 남들과 똑같이 열심히 땀 흘려 일하고 배달까지 하는 대한민국 평범한 자영업자 중 한 명입니다. 오후 5~6시쯤 매장 일을 마치고 제가 먼저 퇴근해서 아이들 태권도, 영어, 수학학원 가기 전 밥을 차려줍니다.

아이전문 반찬매장을 운영하다보니 어쩌다 팔고남은 여유 반찬이 있다는 것에 항상 감사함을 느낍니다. 저희 아이들에게 차려주기도 편하고 엄마 아빠가 직접 100% 모든 재료를 손질하고 만든 건강한 레시피이기 때문에 더욱더 안심입니다. 한 달 최소한 몇 십만원 정도의 식비를 절약하고 있습니다.

11월이 되다보니 제법 새벽 6시의 풍경은 아직 어두컴컴합니다. 자전거를 타고 출근하는 길의 새벽 공기가 제법 코끝을 차갑게 찌릅니다. 아직은 이른 새벽, 그 시간에도 부지런한 몇몇 분들은 벌써 일터로 가고 계십니다. 약간 두터운 점퍼를 입기 참 잘했다는 생각입니다. 오늘도 이렇게 자전거타기로 운동을 하면서 출근도 할 수 있음에 감사합니다.

지난 과거 3년 동안 전국각지에 부동산을 여러 채 보유한 저는 최악의 시기를 보내게 됩니다. 3년간 기나긴 어둠, 바닥, 무기력 등이 과연 끝나는 날이 올까? 정말 탈출하기 힘들었습니다. 극복하기 너무 힘들었습니다. 그냥 이 또한 지나가리 아니, 지나가지 않더라는 게 제 솔직한 심정입니다. 제가 극복하고 이겨낼 수 있었던 건 현실적으로는 과감히 손해를 보더라도 물건들을 정리했고 심리적으로는 독서, 가족들의 응원, 유튜브 공간 구독자님들과 소통, 나와 마음 통하고 속내까지 털어낼 수 있는 친구들과 가끔 나누는 소주 한잔을 통해서였습니다.

사실 아직 위기는 끝나지 않았습니다. 끝날 때까지 끝난 게 아니다! 아직도 저는 가끔 새벽에 잠에서 깨곤 합니다. 불과 몇 년 전에 저는 '아, 이 어둠과 좌절, 고통의 시간이 언제 끝날까? 과연 끝이란 게 있을까? 너무 힘들다. 이 고통을 누구에게 말할 수도 없고 미치고 팔짝 뛰겠네. 왜 자꾸 깨는 거야. 돌겠다. 정말 어서 빨리 잠 들어야 내일 또 일하는데, 어서 자자, 자자.' 불안과 초조의 지옥의 고통 속에 몸부림치며 살아왔다면 이제는 180도 생각을 바꿔보았습니다.

뭐야, 아직 4시 30분이면 6시까지 1시간 30분이나 남았네.

아, 더 잘잘 수 있는 시간이 있어 너무 감사하다.

눈 뜰 수 있고 내 심장이 아직 멈추지 않음에 또한 행복하다.

예전에 모 부동산투자 고수님께서 이런 말씀을 해주셨습니다. 세상의 모든 투자란 '칠흑 같은 어두운 길 혼자 뚜벅뚜벅 걸어가는 것' 그렇습니다. 누가 투자하라고 칼 들고 협박하지 않았습니다. 100% 내 생각 내 의지이고 내가 스스로 한 것이기에 모든 투자의 결과에 따른 책임을 스스로 다하면 되는 것입니다.

'따로 같이' 전략!

따로!

열심히 내 스스로 투자에 대한 모든 공부, 임장, 임대관리를 해서 최고의 수익을 거두기 위해 스스로 노력하고 결과로 증명해보여주며

같이!

든든한 본진, 내 가족, 내 가정, 내 집, 내 건물이 있는 것에 항상 감사하는 마음이 있다면 반드시 위기의 순간 또한 극복하고 이겨낼 수 있습니다. 과거에 철저하게 외로운 나 혼자라고 생각했다면 이제는 아닙니다. 내 가족들이 있기에 저는 반드시 이겨낼 수 있습니다. 저는 잘나지

에필로그

도 않았고 머리가 뛰어나지도 않습니다. 부동산투자 관련 전문서적을 출판할 정도가 아님을 제자신이 너무 잘 알고 있습니다.

대한민국 40대!!

대한민국이란 나라의 국가의 허리를 담당하고 있다고 해도 과언이 아닐 것입니다. 친구들의 이직, 원치 않는 퇴사, 자영업 도전, 투자, 실거주 아파트 마련, 실패 스토리, 회사 내에서의 갈등, 부부들이 겪는 현실적인 갈등 이야기 등등... 10년 동안 제가 경험하고 듣고 보고 느낀 내용을 담아보려 노력했습니다. 저는 부동산투자 전문가도 아니고 그렇게 처절하고 절실하게 열심히 살았던 것도 아니고 매일매일 주어진 일과 그때그때 상황에 최선을 다해 대한민국 자본주의 세상에서 살아남기 위해 노력한 그냥 그런 사람입니다. 이 글의 내용 또한 우리 모두의 이야기입니다.

2023년말부터 한 주제씩 글을 썼다 지우고 썼다 지우기를 반복하면서 2년 가까이 되는 시간이 흘렀습니다. 온전히 해당 주제글의 완성도를 높이고 집중할 수 있는 시간을 위해 방문한 곳이 집근처 시립도서관이었습니다. 아이들과 손잡고 책을 읽으러 오는 젊은 부부들, 시험공부 하러 오는 중고등학생들, 소설책을 읽으러 오시는 중년의 아주머니분들, 저는 근데 그 많은 사람들 중에 단연 60대 이상 남성분들에게 시선이 갔습니다. 저분들은 왜 이 시간에 여기에 있는 것일까? 특정 자격

중을 공부하시는 분, 영어공부하시는 분, 경비지도사 공부를 하시는 분, 한여름 더위를 피해 오시는 분, 책상에 엎드려 주무시는 분, 도서관에는 빈자리가 없을 정도로 사람들이 많았습니다.

아직 저는 미완이고 여전히 실평수 16평, 30년 넘는 지방의 구축아파트에서 4인 가족이 살고 있습니다. 매일매일 아이들과 공부와 학업으로 숙제로 티격태격 하고 있으며, 더 좋은 학군지로 언제 이사가야하나 와이프와 머리를 맞대고 고민도 하고, 운영 중인 자영업 매출과 매장고객 확보를 위해 열심히 장사하고 있는 평범한 대한민국 40대 가장입니다. 있는 그대로의 사실과 제 경험담을 과장되지 않고 최대한 군더더기 없이 녹아내려 애썼습니다.

그런 말들이 많습니다. 40대!! 지금 위기이다! 이 책이 조금이라도 우리 또래 40대분들께 마음의 위로가 되었길 진심으로 기원합니다. 기회가 위기가 상존하는 지금, 저는 아직도 진화하고 있으며 더 넓고 좋은 집으로 상급지로 갈아타기를 위해 끊임없이 노력할 것입니다. 매일이 똑같은 다람쥐쳇바퀴 같은 일상이지만 매일매일 맡은바 최선을 다해 살아가면서 저와 제가족의 인생의 방향성에 맞추어 조금씩 한발씩 나아가고 있습니다. 아직은 젊고 해야 할 일이 많다고 생각합니다. 제 매장운영과 투자 또한 계속해나가고 싶고 유튜브 크리에이터 활동도 나이 들어서도 해나가고 싶습니다.

에필로그

부부끼리 공유해주시고 가까운 친구들한테도 추천해주시면 더욱더 감사하겠습니다.

즐겁게 봐주시면 좋겠습니다.